移動する人びとの教育と言語

中国朝鮮族に関するエスノグラフィー

趙 貴花

三元社

移動する人びとの教育と言語

中国朝鮮族に関するエスノグラフィー

———————

目次

第 I 部

中国東北部における朝鮮族学校の二言語教育

第 1 章　中国における朝鮮族学校の二言語教育の実態とその変容

第Ⅱ部

朝鮮族の中国内における移動と言語意識の変化

第2章　北京の「韓国城」（コリアンタウン）
改革開放が生み出した新しい都市コミュニティ ……………………………… *81*

第Ⅲ部

朝鮮族の国際移動とアイデンティティの変容

グローバル化時代の朝鮮族の移動と言語教育

1．移動する人びと

　ジグムント・バウマン (2010) は、近年のグローバル化の現象が、人間の日常や生活の空間にもたらす影響を考察した（同上：p.189）。その主軸をなすのが「移動の自由という新しいグローバルな自由がもたらすもっとも根本的な影響」に関する考察である（同上：p.95）。彼がたどりついた結論は、以下のようなものであった。

　　　今日の世界は、グローバルなものとローカルなもの、すなわち、社会的な昇進、優越、成功の兆しであるグローバルな移動の自由と、敗北、挫折の人生、落伍の不快な臭いを放つ不可動性とのヒエラルヒーの上下にわたって拡がっている。グローバル性とローカル性は、徐々に、相反する価値としての性格を帯びつつある。それらは、激しく切望されるか、あるいは忌み嫌われる価値であり、人生の夢、悪夢、闘争のまさに中心に位置づけられる価値である。人生の希望はなによりも、可動性、居住場所の自由な選択、旅行、世界を見る、といった言葉で表現される。人生の恐怖は、反対に、閉じ込められること、変化の欠如、ほかの人々が簡単に立ち入って、探究し、楽しむ場所から自分が締め出される、といった観点から語られ

る。「良い人生」とは移動する人生である。より正確には、そこにとどまっていることにもはや満足できなくなったときには、自分は移動できるという能力を確信している安心感である。自由とは、第一に選択の自由を意味するようになった。そして、選択は、顕著に空間的な次元を備えている。　　　　　　　　　（同上：pp.169-170）

　「移動の自由」そのものへの希求、それこそが本研究の対象となった中国朝鮮族の人びとの近年における爆発的な移動の実態を解明する言葉である。中国東北部から、中国の国内外に向けて移動を開始した朝鮮族の人びとは、各地での幾多の法的・制度的・社会的・文化的障害を乗り越えて、世代を超えて移動し続けている。2003年以来、10年近くにわたって彼らを北京近郊、ソウル、東京へと追いかけ、何時間もかけてインタビューをし、生活を共にして参与観察をし、その生活に関する詳細なエスノグラフィーを記述する過程で理解したのは、「移動の自由」という新しい経験のもたらす歓びであった。

　本書は、日中韓3国を移動する中国朝鮮族の人びとの移動先での生活の実態をエスノグラフィーとして記録することを目的とする。彼らは移動を開始する前には、中国東北部において集住し、自分たちの文化と言語を所与のものとして受け入れ、次世代へ継承してきた。そして、後述するように、中国における朝鮮族学校の二言語教育（中国語と朝鮮語の教育）を受けることで、政治的には「中国国民」であり、同時に、文化的には「朝鮮族」というエスニック・グループに帰属することをなんら疑うことなく受け入れていた。

　改革開放後の中国に突然に移動の自由が生じた時、彼らは、その二重言語能力を武器に、率先して中国内外への移動を開始し、その勢いは増すばかりである。さらに顕著なことは、彼らが中国東北部への帰還に対して、決して積極的でもなければ、帰還することが当然だと考えているわけでもないことである。彼らを移動へと突き動かしているものはなんなのか、移

動する朝鮮族の人びとは自分をどのように認識し、次いで、子どもの将来をどのように考えているのだろうか。朝鮮族の人びとの移動が、中国の他のエスニック・グループや漢族と比較しても、突出しているのは、後述するように彼らの二重・三重の言語能力による優越性に基づくものであることは明らかである。当然、そのことを自覚した移動する人びとは、子どもの将来と言語教育とにおいて、どのような戦略を立ててきたのだろうか。本書は、こうした移動する人びとが、自己のアイデンティティをどう再構築し、グローバルな移動空間との交渉の場において、子どもの教育と言語選択とにおいてどのような教育戦略をもち、実施しているのかを探求しようとするものである。

2. 新しいライフスタイルとしての移動

今日、グローバリゼーションの急速な進行とともに、世界中のモノ、カネ、情報、そして国境を越える人の移動が、かつてないほど迅速に行われている。2010 年 11 月 28 日の国際移住機関（IOM）の発表によると、2009 年の世界的な国外移住人口は 2 億 1400 万人に達しているとされる[1]。同報告書では、過去 20 年間の割合で国外移住者の増加が続くなら、2050 年までにその数は 4 億 500 人になると予測している。国際移動は、21 世紀を生きる人びとにとって、すでにライフスタイルの選択肢の 1 つになっている。

生まれ育った地域を離れて移動する人びとの研究は、これまでは経済的観点からのものが多かったが、移動する人びと自身への密着した調査によって、彼ら自身が移動の目的をどう認識しているのかに注目してみると、

1　Excite ニュース 2010 年 11 月 30 日記事。http://www.excite.co.jp/News/chn_soc/20101201/Recordchina_20101130016.html（アクセス、2012 年 11 月 24 日）

そこには新しいグローバル化の時代の、新しい移動のあり方が見えてくる。それは新しい土地や新しいライフスタイルへの憧れであったり、より良い教育を受けようとする野心であったり、決して経済的領域に限定されるのではない「社会的な昇進、優越、成功」を求める文化的・社会的な要因であることが見えてくる。

　中国は 2010 年には GDP が 39 兆 7983 億元になることで「世界 2 位の経済大国」になった[2]。こうした中国の経済成長は、中国における多くの富裕層を生み出し、彼らは経済的に余裕のあることから、従来とは異なるライフスタイルを追求しようとしている。その新しいライフスタイルの 1 つが国際移動である。2010 年に中国社会科学院が発表した報告書『全球政治与安全』(世界政治と安全) によると、現在国外に移住している中国人は約 4500 万人に達しているとされる[3]。また、2011 年に中国銀行プライベートバンクと胡潤研究院の共同発表による『2011 中国私人財富管理白書』では、1000 万元 (2012 年 11 月 29 日のレートで 1 億 3813 万円) 以上の投資資産を有している中国の富裕層が約 50 万人に達しているが、その中で国外資産を有している人が 3 分の 1 を占めると報告する。その国外資産の 3 分の 1 の国外投資が移民を目的としている。そして、全体の富裕層の中で、約 14% の人びとはすでに移民しているかあるいは移民の申請を行っており、そのほかの約 46% の富裕層は移民することを考えているとのことである[4]。こうした富裕層が国外へ移住する目的には、医療や食品、

2　朝日新聞 2011 年 1 月 20 日の記事。http://www.asahi.com/business/update/0120/TKY201101200149.html (アクセス、2012 年 1 月 10 日)

3　人民网 2011 年 12 月 2 日《关注中国富豪移民，移民潮并非传说 流失的不仅是钱》(人民網 2011 年 12 月 2 日記事「中国の富豪移民に注目する、移民の波は伝説ではない　失われるのはお金だけではない」) http://mnc.people.com.cn/GB/16468976.html (アクセス、2012 年 12 月 4 日)

4　财新网 2011 年 10 月 31 日《中国千万富豪已移民或拟移民 美国加拿大是首选》(財新網　2011 年 10 月 31 日の記事　「中国の千万富豪はすでに移民あ

出入国の自由、安全な投資環境などを求めることが含まれるが、最も重要な目的として挙げられたのは子どもにより良い教育を与えることであった。中国においては、こうした文化的な要因による移動が、一種の新しいライフスタイルとして登場してきた。

　本書では、「移動」という語を用いる。それは永住を目的として新しい地に移り住むことを指すのではなく、一時的あるいは長期的な滞在を目的として、1つの国や地域からそれとは異なる国や地域へ移り住むことや、複数の国や地域の間を往復する行為を指すものである。本書では、移動する人びとの移動に関する主体的な考えに重点を置くこととし、彼らの戸籍や国籍を分析基準にしない。

3. 中国の改革開放と朝鮮族の移動

　社会のさまざまな変化は人の移動として現れる（伊豫谷　2007, p.8）。中国朝鮮族の中国内外への活発な移動は、中国の改革開放による社会変動とともに始まった。

　中国では1978年に中国共産党第11回3中全会で「対内改革、対外開放」の戦略政策を提起し、実施を開始した。対内改革は主に経済体制の改革と政治体制の改革を指すが、計画経済体制から市場経済体制への転換は中国における経済の活性化を促した。対外開放は主に外国に対して門戸を開くことを指す。こうした改革開放は一部の地域や都市において実施され始めた。1980年に中国政府は広東省の深圳、珠海、汕頭と福建省の厦門において経済特区を設置し、1984年には大連、青島、上海などの14の沿海都市を開放し、1985年には長江デルタ、珠江デルタ、閩南トライアングルを経済開放区として設置した。その後も、海南島における経済特区

るいは移民しようとする　米国とカナダは一番人気」）http://special.caixin.com/2011-10-31/100319439.html（アクセス、2011年12月1日）

の設置や上海浦東新区の開発などが行われ、中国沿海都市から内陸の都市の開放などが次々に行われている。こうした経済特区の設置や沿海都市の開放などは、主に対外経済協力や技術交流を促進し、外国の資本や技術の導入などを行うことで国内経済の活性化を促進することを目的としている。こうした沿海地域を中心とする一部の都市や地域において外国の企業や人びとおよび資本が集中することで、中国における地域間の経済格差も徐々に現れている。したがって、さまざまな就職の機会を求めて農村から都市へ、小都市から大都市へ、内陸から沿海都市への人の移動が急激に増加しつつある。特に、1990年代以降の中国では、戸籍登録地を離れて他地域へ移動し常住する人口が急増している（厳善平　2009, p.45）。中国政府の『中国流動人口発展報告2010』によれば、2009年の中国の移動人口は約2億1100万人に達しているとされる[5]。こうした移動する中国人の中には、漢族だけでなく、少数民族の人びとも含まれている。新華社の2010年9月15日の報告によれば、現在中国で移動する少数民族の人口は毎年約1000万人に達するとされる[6]。

　中国朝鮮族は、主に19世紀以降朝鮮半島から数次にわたり中国へ移住した朝鮮人および彼らの子孫を指し、中国の国民として中国国籍を有し、中国の戸籍に「朝鮮族」と登録されている人びとを指す。中国の2000年

5　　中国政府门户网站2010年6月26日《我国流动人口达2.11亿 未来人口流动呈四大态势》（中国政府網2010年6月26日の記事「我が国の移動人口は2.11億に達している　未来人口移動の4大情勢」）http://www.gov.cn/jrzg/2010-06/26/content_1638133.htm（アクセス、2012年12月4日）

6　　中国政府门户网站2010年9月16日《我国少数民族流动人口目前大部分进城务工经商》（中国政府網2010年9月16日の記事「我が国の少数民族の移動人口は、現在そのほとんどが都市へ移動し、アルバイトや商業を営んでいる」）http://www.gov.cn/jrzg/2010-09/16/content_1703606.htm（アクセス、2012年12月4日）

の人口統計によれば、朝鮮族の人口は192万3842人とされている[7]。彼らは、これまで中国の東北3省（黒竜江省、吉林省、遼寧省）と内モンゴル地域に集住し、エスニック・アイデンティティを強固に保持してきた。その背景には子どもたちに中国の国家語である中国語に加えて、朝鮮族のエスニックな言語である朝鮮語を教えるという二言語教育が重要な役割を果たしてきたと見られる。その二言語教育は、彼らが中国と朝鮮半島の文化的・経済的な交流に寄与し活躍できる基盤となった。さらに、日本との歴史的な関係の中で多くの若い朝鮮族たちは、中等教育で外国語として日本語を習得することで、さまざまな領域における日本との関わりも深まってきた。このような多言語習得によって、朝鮮族の東アジアにおける交流の最前線で活躍する機会が飛躍的に増加している。

　1980年代以降、とりわけ1990年代以降の中国の朝鮮族社会は劇的な変化を経験している。その最も大きな変化が人びとの移動である。1980年代にはまだ小規模の東北地域内、または国内の農村と都市間の移動が行われ、国外への移動はまだ少数にすぎなかった。けれども、1990年代には、韓国、日本をはじめ国外への移動が急速に増加し、これと同時に国内での移動も東北部に限らず、東南沿海部地域や大都市を目指した全国的な移動が大きく増加した（李鋼哲　2006, p.6）。まず、彼らの中国内における移動を見ると、その移動の人数の把握は難しいが、中国の黒竜江新聞の2005年の調査によると、朝鮮族の人びとは以下の地域へと移動していることが分かる。すなわち、彼らは従来の居住地である中国東北3省と内モンゴル農村地域から、次第に経済発展地域である沿海都市へと拡散しながら移動している。例えば、深圳、広州を中心とした華南地域への移動人数は約6万人であり、上海、南京、義烏、杭州を中心とした華東地域に

7　中華人民共和国国家統計局第五回人口統計データ http://www.stats.gov.cn/tjsj/ndsj/renkoupucha/2000pucha/html/t0201.htm （アクセス、2011年6月14日）

は約 8 万 5000 人、青島、威海、煙台を合わせた山東地域には約 18 万人、北京、天津を中心にした首都圏地域へ移動した朝鮮族は約 17 万人に達している。さらに、西部大開発の進行で、成都、西安を中心とした西部地域へ移動した朝鮮族は約 2 万人とされる。また、東北 3 省と内モンゴル地域には現在約 120 万人が居住している（韓光天　2006, p.159）。このような朝鮮族の移動は、都市への集中が特徴と見られる。次に、朝鮮族の国外への移動を見ると、彼らは韓国、ロシア、日本、北朝鮮、アメリカ、カナダ、オーストラリア、ニュージーランド、イギリス、ドイツ、シンガポールなどを含めた幅広い地域へと活躍の場を広げている。その中で朝鮮族が一番多く移動している国は韓国であり、2012 年 7 月 31 日現在韓国に滞在している朝鮮族は 46 万 7981 人に達している[8]。

　朝鮮族社会は現在、移動による激動の時代を迎えている。彼らはさまざまな機会を求めてこれまで集住していた中国東北部を離れて新しい地に移動している。そして、移動先での新しい空間において生活をし、子どもを育てていく。本書は、日中韓 3 国における朝鮮族、その中でも高学歴朝鮮族に焦点をあてて、彼らの移動のパターンや移動先における社会的立場、子どもへの言語教育戦略の多様性、そして彼ら自身のアイデンティティが「ハイブリッド化」している様相を論じていく。また、朝鮮族のアイデンティティがどのような教育を通じて次の世代へと引き継がれていくかを明らかにする。

　なお、ここでアイデンティティや文化のハイブリッド化に関して、先のバウマンは、それこそがグローバル化時代の移動の 1 つの特性である

8　（韓国）出入国・外国人政策本部ホームページ http://www.immigration. go.kr/HP/COM/bbs_003/ListShowData.do?strNbodCd=noti0097&strWrtN o=100&strAnsNo=A&strOrgGbnCd=104000&strRtnURL=IMM_6070&st rAllOrgYn=N&strThisPage=1&strFilePath=imm/（アクセス、2012 年 9 月 20 日）

とし、Jonathan Friedman（1997, pp.70-89）を引用して、次のように論じている。すなわち「都会の貧しい、民族的に混在したゲットーは、斬新なハイブリッドのアイデンティティの構築を直接もたらす場所ではな」く、「グローバルで、文化的にハイブリッドであり、国際政治、学術研究、メディア、芸術に結びついた、世界についての特異な経験を共有する個人たち」が創造するものであると指摘している（バウマン　2010, p.142）。

　一方、Stefanie Schumann（2011）は、トルコ系ドイツ人の事例を取り上げ、彼らの中で行われるドイツ文化を受容するのか、それとも自分たちのエスニック文化を維持するのかという両者の間の絶え間ない交渉は、一種の特別なアイデンティティを創造すると主張する（同上：p.2）。すなわち、自分の文化を選択することでもなく、相手の文化を選択することでもなく、両方の文化を持つことで、「Third Space」（第三スペース）とも呼ばれるものとしての「Hybrid Identity」（ハイブリッド・アイデンティティ）が創出されるとしている。また、Keri E. Iyall Smith（2009）は「第三スペース（third space）は中間的な場であり、新しく巧妙に作られた場でもある」（同上：p.8）と指摘する。そして、「第三スペースは、アイデンティティが融合することで初めて現れるものであり、文化的な境界が交わり、不鮮明になることで起こる、一種のハイブリッドなアイデンティティである」（同上 p.8）と説明する。

　本書では、個々人の内面における複数の文化の交渉あるいは統合による新しいアイデンティティの創造に注目することで、2つ以上の国やエスニック・グループあるいはそれとは異なる次元の複数の集団の文化を同時に有し、そうしたグループに帰属意識を持つことを「ハイブリッド・アイデンティティ」と呼ぶ。なお、こうしたハイブリッドなアイデンティティは、最初は Schumann の定義した自分の文化と相手の文化の両方を併せ持つという形になるとしても、Smith が指摘したように彼らの持つ複数の文化はしだいに融合して新しい文化として現れる。本書では、そうした複数のアイデンティティを並列的に持つ段階から徐々にその境界が曖昧にな

り、併存するアイデンティティが融合して新しいアイデンティティを創造する過程にある、「ハイブリッド・アイデンティティ」としての朝鮮族のアイデンティティのありかたを描こうとしたものである。

4. 先行研究の検討

　以下では中国朝鮮族の移動と教育に関するこれまでの研究を中心に、本研究と緊密な関連がある先行研究を整理していく。

4.1. 中国の少数民族と二言語教育

　これまで、中国の少数民族に関する先行研究は主に少数民族政策（小川 2001; 岡本 2008）や少数民族教育（何俊芳 1998; 張瓊華 2001）、民族関係（長谷川 2010; 塚田 2010; 菅野 2001; 松岡 2001; 鄭雅英 2000）、少数民族の習俗文化（厳汝嫻 1996; 金旭賢 1999; 池春相 1999）などに焦点をあてて議論することが多かった。これらの研究には以下の点が指摘できる。第一に、改革開放以前を対象としているものが主であり、改革開放以降の状況を十全にとらえているとは言いがたい点である。第二に、少数民族政策や少数民族教育、少数民族の習俗文化に関する先行研究では、中国の自治州に住んでいて、少数民族学校に通う少数民族というカテゴリーを前提としており、このカテゴリーにあてはまらない移動する少数民族などは等閑視されてきた点である。第三に、民族関係についての先行研究では、東南アジア地域との国境地帯を対象として国境を越える移動や、その地域における民族関係および文化の変容に関する知見は興味深いものがある。しかしながら、雲南省などの一部の地域や少数民族に限定されており、より広い地域の少数民族についての研究がなされるべきである点である。

　以下では、主に本研究の重要なキーワードの1つである中国の少数民族の二言語教育に関する先行研究を見てみよう。

　まず、中国の少数民族の言語状況と中国政府の少数民族政策の一環であ

る二言語教育について見てみよう。中国は公式には漢族と 55 の少数民族から構成される多民族国家である。したがって、中国における言語も多様であり、地域ごとの方言だけでなく、さまざまな民族集団による多様なエスニック言語も存在する。けれども、すべての少数民族が自分たちの言語と文字を有しているのではなく、全体の中で 21 の民族による 39 種類の文字しか維持されていない。この 39 種類の文字は主に二種類に分けられる。一種類は中華人民共和国が成立する前にすでに使用されていた文字であり、もう一種類は中華人民共和国が成立した後に中国政府が文字のない少数民族のために創ったアルファベットを基にするピンイン（拼音）文字である。現在、21 の民族が有している 39 種類の文字の中で、自民族の集団の中で普遍的に通用している民族文字は約 10 種類にすぎない（滕星・王軍　2002, p.339）。すなわち、モンゴル語、チベット語、ウィグル語、朝鮮語、タイ（傣）語、カザフ（哈薩克）語、ウズベク（烏孜別克）語、クルグズ（柯尔克孜）語、タタール（塔塔尔）語、ロシア（俄罗斯）語である。

　中国政府は建国以来国民統合の重要な一環として少数民族政策を実施してきた。中国の少数民族政策に関する研究として小川（2001）の研究が挙げられるが、小川は中国の「民族平等」に注目し、中国政府がどのような政策理念に基づいて「民族平等」を実現していこうとしているのか、それが少数民族の教育にどのように反映されているのかを考察した。小川は、中国政府の少数民族政策の柱の 1 つとして少数民族文化の尊重が挙げられるが、その少数民族文化尊重の核心が言語にあると指摘する（同上：pp.125-126）。こうした中国の少数民族政策は民族区域自治と少数民族教育を特徴とする。少数民族教育は、主に少数民族の集住する地域に少数民族学校を設立し、そこにおいて中国語と少数民族言語の二言語教育を行うことである。中国の少数民族学校では、基本的に少数民族の伝統的な風俗習慣を教えることがないため（同上：p.146）、少数民族の言語を教えることは中国政府側と少数民族自身の両方にとって少数民族文化の維持と継承のための最も重要な方法になっている。

中国における少数民族の二言語教育に関して、全体的な見取り図を呈示している研究として何俊芳（1998）を挙げたい。何俊芳は、中国の少数民族の二言語教育の現状とその歴史的発展について分析し、特に少数民族の民族学校における中国語と少数民族言語の二言語が教授言語としてどのような特徴を有しているのかを全体的に分類し、綿密に分析したことに特徴がある。また、社会統合を成しうるために二言語教育が果たす役割を示したものとして、張瓊華（2001）の研究がある。張瓊華は、中国の阿覇チベッド族自治州の事例を取り上げ、二言語教育における教授言語を明らかにすることで、教授言語が生徒たちの民族アイデンティティやナショナル・アイデンティティに与える影響について分析した。そして、そうした生徒たちの帰属意識のありかたから、中国における民族共生と社会統合の可能性について考察したものである。張瓊華は「多文化主義はその多文化教育・二言語教育のあり方によって、同化を強化することもあれば、異化へ導くこともあり、さらには統合に寄与することもありうる」ことを示し、「教育や文化レベルに限って言えば、多文化主義の成否は、多文化教育・二言語教育のあり方にかかっていると言えよう」と指摘する（同上：p.186）。張瓊華が、二言語教育において社会統合に寄与する類型として挙げたのが、少数民族の学校において生徒たちに共通言語（筆者注：中国語を指す）を教授言語とする教育と民族言語を教授言語とする教育の両方を受けさせることである。その理由として、そうした共通言語と民族言語の両方を教授言語とする教育を受けてきた生徒たちのほうが、一貫して民族言語あるいは共通言語のみを教授言語とする教育を受けてきた生徒より、民族文化の共有としての民族的アイデンティティと信念体系の共有としてのナショナル・アイデンティティの両方を育んでおり、他民族に対して有機的志向を育む傾向があるということである（同上；p.180）。すなわち、張瓊華は少数民族学校の生徒たちがエスニック・アイデンティティとナショナル・アイデンティティの両方を獲得することにおいて、学校におけるエスニック言語とナショナル言語の両方を教授言語とすることが重要であることを示し

ている。これと比べて、本書では第1章において中国東北部の朝鮮族学校における二言語教育の実態を、朝鮮族の集住する地域と朝鮮族が漢族と混住する地域の両方の比較を通じて、学校だけでなく、地域や家庭の言語環境にも目を向け、異なる言語環境にいる朝鮮族生徒たちの言語使用状況や彼らのエスニック・アイデンティティおよび国民的帰属意識がどのように異なるのかを分析する。

　ほかに、本研究と共通の問題意識を持つものとして岡本（2008）がある。岡本は、教育と言語の視点から中国の少数民族政策について分析し、さらにモンゴル族や朝鮮族、チベット族、イ族および新疆ウィグル自治区や広西チワン族自治区などの地域における言語教育を中心とする少数民族教育の歴史と現状について述べた。岡本は、朝鮮族に関して、市場経済化が推し進められる中、朝鮮族地域でも漢語の優位がますます高まっているが、朝鮮族の場合にはほかの少数民族と違って、改革開放や市場経済が必ずしも朝鮮語教育を衰退させているとはいえない状況が生まれていると指摘する（同上：p.181）。それは韓国の存在があるために、中国と韓国の交流が拡大する中で、朝鮮族の人びとは中国の先を行く韓国の情報や、中国より進んだ自然科学の知識も民族語で得ることができるということが挙げられている。けれども、中国内で地位を得るためには中国語ができなければならない状況に変わりはないが、これは朝鮮語や朝鮮語による教育に少なからぬ影響を与えることを示している。これは、朝鮮族の若い人たちの言語選択における動機に注目する点では本研究の問題意識と共通するが、本研究では言語選択とアイデンティティの関連により重点を置くことで、異なる視点を提示したい。

4.2.　朝鮮族の移動と教育

　中国における朝鮮族に関する研究は、主に1950年代中頃から始まり、その後一時期中断されたが、1982年から研究書が刊行され始めたことで本格的な研究が始まったと見られる。中国朝鮮族の教育に関する研究は、

1980 年代までは主に政府の民族教育政策に関する分析がほとんどであり、1990 年代からは朝鮮族教育と経済発展（金舜英　1994）、朝鮮族の子どもの漢族学校就学の問題（崔成学　2002）、朝鮮族の教育史（朴泰洙　2002）、二言語教育環境（朴泰洙　2003）、朝鮮族の歴史（黄有福　2009）など多様な研究が増えてきた。朴泰洙は、過去における朝鮮語文と漢語文の授業数にこだわる研究とは異なり、二言語教育は教科書の編纂、教学方法の制定、教師の授業の準備などと緊密に関連づけなければならないと指摘する（朴泰洙　2003）。しかし、これらの研究には次のような限界がある。研究対象が朝鮮族の自治区や一部の地域に限られる場合が多く、他の地域や移動先における朝鮮族の教育状況に関する研究は少ない。また、二言語教育に関する研究は理論的研究と統計データによる分析をもとにした研究がほとんどである。朝鮮族のアイデンティティやその変化などに関して、量的研究では深く追えない部分を分析するための、学校現場の当事者、すなわち学校教員、生徒および保護者の声を忠実に反映したような研究は管見の限りではほとんどない。

　1978 年以降、改革開放政策の実施と中国内における市場化の進展によって、中国の人びとの国内外への移動が活発に行われている。特に、国内においても人びとはすでにこれまで居住していた地域を離れてさまざまな地域へ移動し、移動地において短期的あるいは長期的に滞在している。こうした中国内における人の移動をとらえた研究として、例えば厳善平（2010）、大橋（2011）、李天国（2000）などが挙げられる。厳善平は、統計データと質問票調査に基づいて、上海市と珠江デルタにおける農民工の就業状況や賃金、現地での暮らしおよび子どもの教育について考察した。大橋はジェンダー研究の視点から中国における改革開放以降の農村出身家事労働者の都市（主に北京）への移動と再生産労働力の供給などを述べた。また、李天国は、改革開放後のウィグル族が、漢族の多い大都市へ移動する実態を明らかにした。中国内の 3 つの都市（ウルムチ市、北京市、広州市）におけるフィールドワークを通じて、移動先でのウィグル族の飲食を中心

とするエスニック・コミュニティの生成と彼らの生活を描いたことにより、中国少数民族の移動の研究において重要な一書となった。また、朝鮮族に焦点をあて、地方から北京へ移動した朝鮮族の人びとが望京という地域に形成したコミュニティを「脱国家化、脱政治化した自律的な共同体」としての「種族共同体」ととらえた研究にイェ・ドングン（예동근 2009）がある。イェ・ドングンは、商業的な面に焦点をあてて朝鮮族を韓国や韓国人と関連しながら分析した点においては、本研究で文化的な側面から取り上げた望京コリアンタウンの研究とは異なる視点を提示する。

　移動する若い人びとにとって大きな課題の1つが子どもの教育である。中国では農村と都市を厳格に分ける戸籍制度があるため、国内の移動地において長期的な生活を行うとしても、移動地の戸籍を取得することは容易ではない。したがって、移動先の戸籍がない場合にはその地における子どもの就学も困難になる。これに加えて、少数民族の子どもの場合には移動地において自民族の言語を習得する民族学校に入ることは極めて難しいことである。それは彼らの新たな移動先に少数民族の民族学校がほとんどないからである。岡本（2008）が指摘したように、中国の少数民族政策は個人ではなく、民族集団を単位とし、かつ民族自治地方内で実施されるため、従来の民族自治地方を単位とした政策は、改革開放政策の下で増大した都市に分散居住する少数民族に対応できていないのである（同上：pp.171-181）。すなわち、少数民族教育において、民族学校は基本的に各少数民族の自治区や彼らが長年集住してきた地域に限って設立されているため、彼らの新しい移動地には民族学校が設置されていない。一方、今日中国の急速な経済発展は、中国語の世界的な需要も高めている。中国内においても、市場化の進行とともに中国語の言語的な市場価値も上昇することで、中国内の少数民族の中国語習得への必要性も高まりつつある。

　こうした時代的言語的な背景の中で、中国の少数民族の人びと、その中でも移動を始めている、あるいは移動を考える人びとは、自民族の言語を維持するかそれとも放棄するかの選択を迫られている。朝鮮族の場合にも、

これまで主に中国の東北3省に集住し、そこにおいて朝鮮族学校に通い、中国語と朝鮮語を学ぶことが一般的であった。したがって、家族の世代間の共通語も朝鮮語であることが珍しくなかった。けれども、1990年代以降の中国内外への移動とともに、次世代の教育のありかたは大きく変化している。特に、中国の東北3省を離れて、大都市や沿海地域へと移動する朝鮮族にとって、彼らの子どもたちはすでに彼らの親のように自然に朝鮮族学校に通うことがほとんど不可能になっている。本書では、こうした時代的な変化と朝鮮族社会においても最も注目されている移動と言語の問題に関して、その実態を明らかにすることをねらいとする。

　朝鮮族の中国内における活発な移動とともに、彼らの子どもの教育への関心と憂慮も高まっている。それを反映した研究としてまず黄有福（황유복　2011）が挙げられる。黄有福は、朝鮮族社会の変化を教育と関連づけて「21世紀において朝鮮族社会が生き残る道は持続的な経済成長と新しい文化を創出する道しかない。新しい朝鮮族文化の創出は朝鮮族の民族教育を前提にする」と述べる（同上：p.20）。そして、黄有福は、朝鮮族の人びとが現在都市に移動するとともに、都市における朝鮮族の民族教育の解決策として、都市における漢族公立学校の人的資源と空間を利用して民族教育を発展させることや私立全日制民族学校による教育、そして週末学校などを提案している（同上：pp.20-21）。ほかに、中国の青島市の朝鮮族学校に注目した鄭信哲・黄娜（2010）は、青島市における民営の朝鮮族学校の経営難やそれに対する中国政府の関心の不十分性を指摘し、少数民族の自治区以外の地域においても、少数民族政策を実施することの必要性を提示した（同上：pp.32-33）。

　また、朝鮮族の中国内の新たな移動地における生活や諸活動について、人類学的な研究方法を用いた佐々木（2007）の研究がある。佐々木は、中国青島に移住した朝鮮族の事例を取り上げ、彼らが現地で構成するコミュニティと社会的ネットワークに注目している。佐々木は、「青島における朝鮮族のエスニックな集団としての社会的特徴は、企業家たちによるリー

ダーシップのもとに組織化されている。政治的、社会的な機能を持つ人的ネットワークは組織的な活動の上に支えられており、彼らのコミュニティが体制から認知されている」と報告する（同上：p.13）。

　ほかにも、朝鮮族の中国内における移動に関して、研究書ではないが中国の朝鮮族メディアである黒竜江新聞社による現地調査に基づいて編纂したイ・ジンサン（이진산　2006）が挙げられる。同書は、中国の沿海地域、東北地域、西部地域、内モンゴル地域などの幅広い地域における現地調査を通じて、中国全域における朝鮮族の移動の動向を把握しようとしたものである。朝鮮族の移動先での移動人数や従事する職業および子どもの教育、そして彼らが韓国人とどのような相互関係の中で生活しているのかなどを、朝鮮族の集住地域における観察や韓国大使館、さまざまな団体、教育機関への訪問および個々人へのインタビューを通じて新聞記事として黒竜江新聞に載せたものをまとめて編纂したものである。イ・ジンサンは、朝鮮族の近年の中国内における幅広い地域への移動に関して、その移動地と移動人数そして移動地における朝鮮族の生活などを全体的に把握することにおいて重要なデータを提供している。

　2000 年以降、朝鮮族の移動に関する研究は増えつつある。朝鮮族が1990 年代以降に人数的に一番多く移動している韓国でも、朝鮮族への関心が高まることで朝鮮族に関する研究が活発に行われている。その多くが韓国在住の朝鮮族に関する研究であり、以下のようなものが見られる。例えば、朝鮮族労働者の法的地位に関する研究（蔡漢泰　2005）や法的・経済的・社会的地位に関する研究としてユン・ファンら（윤황・김해란　2011）、そして朝鮮族の労働者集団の形成過程に関する研究としてイ・ジンヨンら（이진영・박우　2009）や朝鮮族労働者の葛藤に関する研究としてムン・ヒョンジン（문형진　2008）などがある。また、朝鮮族女性の移動と就労に焦点をあてたイ・ヘギョンら（이혜경・정기선・유명기・김민정　2006）とイ・ソンイら（이송이・홍기순・손여경　2010）、朝鮮族の韓国への移動を「母国への帰還」としてとらえたジョン・ヒョングォン（전형권

2006)、朝鮮族の韓国での定住意識と朝鮮族コミュニティの関係について分析したキム・ヒョンソン（김현선　2010）、朝鮮族コミュニティにおける朝鮮族の社会的連携に注目したパク・セフンら（박세훈・이영아　2010）など多様な研究がある。従来では、一括して労働者という側面が強調されてきた。これらの研究は、少数民族としての朝鮮族に注目するあまり、移動する人にとっての教育問題はかえって見逃されてきた。朝鮮族の教育に関する研究としては、朝鮮族の移動による中国における朝鮮語・韓国語教育の危機をとらえたキム・ビョンウン（김병운　2007）や韓国へ出稼ぎに行った両親と離れて生活する中国における朝鮮族の子どもたちの生活環境と適応問題を取り上げたチョ・ボクヒら（조복희・이주연 2005）などが挙げられる。

　このほかに、朝鮮族の近年の移動を取り上げた研究として、グォン・テファン（권태환　2005）がある。同書は、社会人類学の研究方法を用いて、1990 年以降の中国東北部の朝鮮族の中国内での移動と韓国への出稼ぎによる朝鮮族社会の全体的な変化を提示した。主には、従来の朝鮮族共同体の解体、家族の分散と解体および親の韓国への出稼ぎとそれにともなう家庭の解体が中国に残っている子どもたちに与える影響、朝鮮族労働者や女性など多方面に焦点をあて、現地調査で行ったインタビューデータに基づいて論じたものである。これらは、朝鮮族の中国内における移動や韓国への移動による朝鮮族社会の近年の変化を、ミクロな視点から把握することにおいて重要な先行研究となる。1990 年代以降の朝鮮族社会における変化を移動という視点からとらえることの重要性について、グォン・テファンは「朝鮮族社会の変化は、単純に村の解体と新しい環境への適応の問題に帰着するのではない。変化とそれによる危機は総体的で全方位的である。その始まりには多様な要素が作用しているが、そのすべては人の移動と関連する。（中略）しかし、朝鮮族社会の危機に関するホットな議論が行われているにもかかわらず、移動に関する具体的な深層的な研究はほとんどないのが実情である」と指摘する（同上 : p.2）。

また、韓国における朝鮮族研究の中で、社会人類学的な研究方法を用いたものとしてパク・グァンソン（박광성　2006）が挙げられる。パク・グァンソンは、1990年以降の朝鮮族の移動にともなう朝鮮族社会の変化を「朝鮮族の大規模な分散移動は朝鮮族社会の解体をもたらすのではなく、既存の地域に基づいた同質性が高い民族社会から脱地域へ、そしてネットワーク化され多元化された民族社会へと変化している」と指摘する（同上：p.185）。また、パク・グァンソンは朝鮮族の社会変化の中で家族共同体が重要な機能を果たしていることと、既存の社会的関係も移動地での適応と定着において重要な役割を果たしていることを示している。

　韓国に移動した朝鮮族に関する研究の中で、参与観察とインタビューという調査方法を用いたチェ・グムヘ（최금해　2006）も挙げられる。チェ・グムヘは、韓国人男性と結婚した朝鮮族女性たちの韓国生活への適応過程に注目しており、その適応過程を「朝鮮族女性たちが韓国で結婚生活をする中で多様なストレスを経験し、ストレスに対処し、未来への計画を立てることで最終的に『人生の主人になろうとする』欲求をもつ過程である」と指摘する（同上：p.128）。こうしたストレスの原因に関して、チェ・グムヘは韓国人男性と結婚した朝鮮族女性たちの低い学歴による低い社会的地位、姑との間の葛藤および夫の家父長的な行動などを挙げている。低い学歴を有する朝鮮族女性を取り上げたこの論文とは異なり、本書では第4章において韓国における高学歴朝鮮族を取り上げることで異なる視点を提示する。

　朝鮮族の日本への移動は1980年代から始まったと見られるが、日本在住の朝鮮族に関する研究はまだ少ない。その中で、朝鮮族の中国内における移動と関連するさまざまな問題を取り上げた中国朝鮮族研究会（2006）や朝鮮族の来日においてエスニック・ネットワークの存在が、合法・非合法を問わず重要な役割を果たしていることを示した権香淑（2011）などが挙げられる。このほかに、日本における朝鮮族研究には、中国の改革開放政策による中国朝鮮族社会の変化とそれによる中国朝鮮族社会の直面する

危機について分析した李向日（2009）や、朝鮮族の韓国への移動を経済的な要因による移動としてとらえた李向日（2010）などがある。韓国在住の朝鮮族を取り上げた研究として特に挙げられるのは鄭雅英（2008）である。鄭雅英は朝鮮族の韓国移住労働に注目して、韓国政府の中国朝鮮族労働者に対する「訪問就業制」に至るまでの受け入れ政策について分析し、韓国の在外同胞労働者に対する受け入れ政策が日本の政策[9]と比して「遅れている」と指摘する（同上：p.93）。ほかに、延辺朝鮮族自治州の朝鮮族の労働力移動に注目した鄭菊花（2012）では、その労働力移動が顕在化した原因を中国政府の1994年の元切り下げ政策にあると指摘し、同政策は先進国との賃金格差を一層拡大させることとなり、韓国等先進地域への延辺州朝鮮族の労働力移動に拍車をかけたと述べる（同上：p.97）。日本における朝鮮族研究の中で移動する朝鮮族の教育に関する研究は少ない。その中で挙げられる金花芬・安本博司（2011）では、日本在住の朝鮮族の子どもの学校選択や言語継承における親の悩みに関して分析し、その親の中に日本の公立学校や私立学校を選択する傾向があることや子どもの中国語の習得を重んじるが親自身が中国語が流暢でないため子どもに教えられないという事例を提供している。この点において、本書では第6章において日本在住の朝鮮族の子どもへの言語教育戦略を、多様な朝鮮族家庭の事例を分析し分類することで、その親たちの言語能力と彼らの主体的な教育活動について描いている。

4.3. 移動とアイデンティティ

　中国朝鮮族の韓国への移動と彼らのアイデンティティを取り上げる際に、日系ブラジル人の日本への移動に関する研究は1つの参考になる。朝鮮

9　鄭雅英（2008）によれば、南米に移民した日系人を対象とする「定住」資格を1991年に新設して、日本での在留と就業を自由化した日本の政策のことである（同上：p.93）。

族の韓国への移動と日系ブラジル人の日本への移動は、両方とも故国への移動として共通点を有している。日系ブラジル人の場合にも、故国への移動によってアイデンティティの変化が見られる。まず、ブラジルにおける日系人たちのアイデンティティについて、山ノ内（2011）は、日系人たちがブラジルにおいては世代が進み、日本語から離れても、容姿や習慣の違いから、周りの人びとから独自の文化を持つエスニック・グループであると認知され、「ジャポネース（日本人）」と呼ばれていると述べる（同上：p.190）。続いて、子どもたちはナショナリティとしては「ブラジレイロ（ブラジル人）」であることを自認しているが、エスニシティのレベルでは、日本語能力の有無にかかわらず、大なり小なり自分のルーツが日本にあることを意識していることを示している。山ノ内によれば、近年では非日系から呼称される「ジャポネース」や日本人との血縁関係に基づく「ニホンジン」とも異なり、日本や日本の文化を肯定的に捉え、そこに自分たちなりの意味づけを加えつつも、日本人の血を引くことや日本語能力の有無には必ずしもこだわらない、「ニッケイ」という新しいアイデンティティを構築している。次に、日本在住のブラジル人のアイデンティティに関して、山ノ内は子どもたちの多くは同質性の高い日本社会においては自己を「ブラジル人」とアイデンティファイしていると述べる（同上：p.190）。日本の学校に通い、日本語を話し、自分の顔がいわゆる「混血顔」ではなく、「日本人顔」であっても、家庭やエスニック・コミュニティ内部での文化が、学校や地域社会のそれとは違うことを、在日ブラジル人の子どもたちは幼少の頃から自覚している。こうした在日ブラジル人の子どもたちは自らが「日本人」ではなく、「民族的・文化的に異なる存在」であることを容認し、「ブラジル人」としてアイデンティファイするようになっている（同上：pp.190-191）。こうした日本在住の日系ブラジル人の子どもたちのアイデンティティの構築について山ノ内は「それは必ずしも自らのルーツに関する肯定的なアイデンティティ形成とは限らない。日本社会において『異質な他者』として差異化され、排除され、ラベリング化された結果と

しての、否定的な『ブラジル人』としてのアイデンティティ形成である場合も多々あることに留意すべき」(同上: p.191) と指摘することで、日本社会における日系ブラジル人への排他的なまなざしが、日系ブラジル人の子どもたちに自己否定的なアイデンティティを構築させるという悪影響があることを提示している。筆者の本研究では、故国の言語を獲得した高学歴朝鮮族が韓国へ移動する事例を分析することで、日系ブラジル人の場合と似ていながら異なるアイデンティティの構築／再構築のありかたを提示したい。

　在日韓国・朝鮮人に関する先行研究も、朝鮮族の韓国や日本への移動をとらえることにおいて多くの示唆を与えてくれる。その文献の１つとして、聞き取り調査をもとにした福岡 (1993) が挙げられる。同書によると、日本で生まれ育った「在日」２世３世で、日本語の会話、読み書きに不自由する人は誰もいないが、朝鮮語・韓国語ができない「在日」の若者たちのほうが、多数派である (同上: p.54)。そして同書では、「在日」の３世たちは、日本社会では、日本人たちから"日本人ではない"とみなされても、韓国へ行けば、本国人から"韓国人ではない"と見られると指摘する (同上: p.52)。それは、「在日」の若者たちが韓国語を話せないこともあるが、彼らの髪型や服装、表情といった雰囲気から韓国の人びとに「韓国人ではない」、「日本人である」と判断される場合があることを示している。福岡は、そうした韓国語ができないなどの理由から韓国において韓国人扱いされなかった「在日」２世の韓国で居場所がないと感じる事例や「在日」の民族アイデンティティを支えるものとして本名が重要であることの事例を挙げた。本研究では、朝鮮族が朝鮮語ができても韓国において外国人扱いされることや、高学歴朝鮮族はどのように韓国において法的および社会的に受け入れられ、その中でも「中国人」としてのアイデンティティを再構築するなど、「在日」の場合とは少し異なる論点を提示したい。ただし、「在日」の場合には、日本への移住経緯や政治的・社会的・文化的背景において、中国朝鮮族と大きく異なるため、本書では比較の対象として扱わ

ない。

4.4. 言語とアイデンティティ

　移動する人びとは移動とともに常に自分はどこに属しているのかを意識させられる。彼らが移動先において常に聞かれるのが「どこから来たのか」、「なに人であるのか」、「なに族であるのか」といった地域的帰属や国民的帰属およびエスニックな帰属などである。そして多くの場合、そうした帰属を示すものとして言語やその集団に特有な文化が関連づけられる。

　学問領域においても、言語と文化およびアイデンティティの関係が研究対象としてよく取り上げられてきた。例えば、小野原（2004）は言語（あるいはことば）とアイデンティティについて「人はある言語や云いまわし（表現）を使い分けることで自分のアイデンティティを主張することがある。そのようなことばを選ぶことによって、自分の認知の仕方や社会的意識などを確認したり、表出したりするだけでなく、より積極的に聞き手に影響を与えようとするのである」と主張する（同上： p.26）。また、渡辺（2004）は言語と民族の文化の関係に関して「民族固有の文化や世界観を次世代に伝達し、次世代がそれを継承していくためには、それが反映されている言語が必須である」と述べる（同上： p.134）。そして、渡辺は言語は単なる伝達の道具ではなく、そこには言語外現実の範疇化をとおして見られる個々の言語のユニークな世界の認識が反映されていることを示している（同上： p.145）。ほかにもさまざまな研究があるが、多言語話者の言語意識とアイデンティティの関係について小泉（2011）は「言語に関する多様な経験から生じる言語に対する情意によって言語意識が形成され、越境による立場と言語の変化、ならびにそれらに対する自己認識と他者からの認識が個人のアイデンティティの意識化に大きく作用する。そして言語意識は、アイデンティティ形成の過程において多言語話者の国や言語にとらわれないアイデンティティの根拠としての役割を担う」と指摘している（同上： pp.155-156）。

こうした言語意識とアイデンティティの可能性について、本書では第6章において多言語話者である朝鮮族高学歴者の事例を通じて新たなアイデンティティの創造の可能性を示したい。なお、本書で用いる「エスニック・マイノリティ」という言葉は、ある国や社会において民族的に少数者であることを指し、主に中国において民族的に「少数民族」として分類され、戸籍上「朝鮮族」と書かれている人びとを指す。また、そうした人びとが中国からほかの国へ移動した場合、国籍の変更などに関係なく、居住先の社会において言語的・文化的に少数者として見られる、あるいはそのように自称する場合にも「エスニック・マイノリティ」と呼ぶ。「エスニック・グループ」は、同じ民族的な出自を持つ人びとで構成されたグループを指す。特に、そのグループの中では特定の文化や言語を共有することが特徴として見られる。

4.5. 移動、言語、教育

　日本においては、異文化間教育学会（1981年に設立）が「異質な文化の接触によって生ずるさまざまな教育の問題を学問対象として取り上げ、その研究を促進しようとする」[10]ことを主旨として、これまで海外子女・帰国子女教育や留学生教育、ニューカマー教育など移動と教育に関する研究を活発に行ってきた。研究方法においては、学会の萌芽期[11]と成長期では、質問紙調査や面接・聞き取り調査、文献の内容分析が主な研究方法として採用されている。しかしながら、拡大期前半から拡大期後半を経て、安定期に入るにつれて、研究方法は多様性を示し、例えば参与観察や心理学や

10　異文化間教育学会ホームページを参考。http://www.intercultural.jp/about/index.html（アクセス、2013年5月31日）

11　山田（2008）は、異文化間教育学会の設立（1981年）からの10年間を異文化間教育学研究の萌芽期として位置づけ、学会大会の第11回から第15回までの5年間を成長期、第16回から第25回までを拡大期、第26回から第28回までを安定期と定義した。

言語の領域で一般的に使用される実験やテストが方法として導入されるようになってきている（山田　2008, p.54）。

　こうした異なる文化の接触とそれによって生ずる教育の問題について研究を進めてきた異文化間教育学では、2000年以降になって言語の使用や継承および教育に関する研究が増えつつある。例えば、在日ブラジル人の年少者のポルトガル語と日本語のバイリンガリズムに関して論じたエレン・ナカミズ（2004）は、在日ブラジル人の年少者の言語能力と大きく関係しているのが彼らの来日した年齢と生活環境であると指摘する（同上：p.33）。その年少者の言語使用に関しては、「家庭」がポルトガル語の維持を担う唯一の領域であることや、ブラジル人コミュニティとつながりを持つことで、ポルトガル語の維持が容易になることを言及した。また、年少者の母語と母文化の維持における受け入れ社会の態度の影響や年少者の教育問題を和らげることにおいて保護者の教育に対する意識向上の必要性を提示した。すなわち、エレン・ナカミズはエスニック言語の維持・継承における家庭の言語環境と受け入れ社会の態度の重要性を提示している。この点では本書と共通の問題意識を有しているが、本書では家庭の言語使用や受け入れ者のまなざしおよびそれに対する移動する人びとの主体的な考えや行動を当事者の視点から描いている。

　異文化間教育学では、近年複数の異なる言語文化を有する家族を指す言葉として「国際家族」以外にも、「バイカルチュラル家族」[12]や「異言語間家族」[13]といった新しい用語が登場し、そうした複数の言語や文化を有す

12　西原（2007）は、国籍、民族、出身社会の違いを超えて1つの世帯として存在する家族を、複数の文化的背景を持つという意味で、「バイカルチュラル家族」と定義する。

13　山本（2007）は、複数の言語と関わりをもつ家族を「異言語間家族」（Interlingual families）と呼び、そうした家族に生起するさまざまな言語的事象を包括的かつ体系的に研究する学としての新たな研究領域を「異文化間家族学」と称した。

る家族に注目する研究が行われ始めた。特に、そうした家族の言語使用や言語・文化の継承およびそれにかかわる要因などに関する研究の進展が見られる。例えば、日系国際家族に関する研究を行った鈴木（2007）は、現地調査を通じてどの日系国際児も、程度はさまざまであっても共通しているのは、居住国（地）の言語・文化を継承しているが、居住国（地）以外の言語（異文化出身の親の言語）は必ずしも継承しているとはかぎらないことを報告することで、国際家庭においても複数の言語の習得は容易ではないことを示した。さらに、鈴木は「特に異文化出身の親の志向性が、彼らの子どもの言語、文化、教育に対する考えと密接し、家庭の言語・文化や学校選択に影響を及ぼし、言語・文化の継承に大きく関与していることが推察される」と述べる（同上：pp.17-18）。すなわち、親の文化的志向（出身国あるいは居住国）が子どもの言語・文化の習得に大いに影響することを示している。しかし、これらの研究では親の子どもの言語・文化の継承やそれに関する教育への意識的な指導が足りないことを報告している。この点においては、本書では親の言語選択や教育における戦略的な行為を取り上げることで、新しい事例を提供し、新たな可能性を提示することで重要な意義があると考えられる。

　異文化間教育学では、上記のように移動する子どもたちの言語や文化の継承および教育に関する研究が進みつつあるにもかかわらず、朝鮮族に関する研究はほとんど見られない。唯一挙げられるのは、出羽（2001）の研究であるが、中国の東北部の延辺朝鮮族自治州と長春の朝鮮族学校における質問紙調査を通じて、朝鮮族学校に通う中学生の言語状況ならびに衣食住などの民族文化への志向度に関して報告したものである。また、異文化間教育学では学校における調査に基づいた研究が比較的に多く見られるが、教員や保護者などの当事者の声を反映したものは少なく、文化人類学的な方法を用いた研究はまだ多くない。

　以上、筆者の管見の限りでの本研究と緊密な関連がある先行研究を取り上げた。すでに確認したように、これまで朝鮮族の移動に関する研究では

労働者、女性に焦点をあてるものが比較的多く、彼らを移動先における受身的な存在としてとらえることが一般的であった。教育の分野では、親の移動によって中国に残されている子どもの研究が主流であり、親とともに移動する子どもたちの教育状況をとらえるものは極めて少ない。したがって、本研究は従来の研究で取り上げられる機会の少なかった朝鮮族の中で主体的に移動し、子どもの教育を戦略的に考えて実行すると見られる高学歴者たちに焦点をあてる。なお、第5章で韓国における朝鮮族の労働者たちが集住するコミュニティについて述べるのは、韓国で朝鮮族の多数を占める単純肉体労働者の生活環境を概観することで、朝鮮族の韓国における社会的背景や社会的まなざしを映し出すことができるためである。

なお、経済的な要因による移動を取り上げる先行研究が比較的多く見られる。しかし、人の移動においては経済的な要因による移動だけでなく、移動先の国や地域への憧れやより良い教育を求めるなどの文化的な要因による移動も含まれる。朝鮮族の移動に関する研究においても、こうした文化的な要因による移動が看過されてきた。特に、高学歴朝鮮族の移動地における生活や彼らの子育ておよび言語やアイデンティティに関して、文化人類学的な研究方法を用いて考察したものはあまり見当たらない。しかし、朝鮮族の移動においては、1人ひとりにさまざまな葛藤やアイデンティティの揺らぎ、そして教育戦略などの現象が現れているため、そうした動きを描くことが重要になると考えられる。本書では、こうした先行研究では反映することが少なかった1人ひとりの朝鮮族、特に高学歴朝鮮族の活動や考えに焦点をあてて考察を進める。そのために、朝鮮族の国内外の複数の移動地における生活実態や子どもの教育および彼ら自身のアイデンティティの変化などを1人ひとりと向き合う文化人類学的な手法を用いて描き出す。朝鮮族の移動と教育に関する文化人類学的な研究は、中国の社会変動の中で、人びとの社会的・文化的な認識の仕方、自己アイデンティティの領域においてどのような変化が生じているのかを理解し、言い古された「ヒトの移動」のもつ意義を深く掘り下げていくことに繋がり、

移民研究において新しい視座を提供するものと考えられる。

5．研究の対象と方法

　本研究では、移動する人びとが教育についてどう考えているのかを明らかにするために、文化人類学の研究調査方法を用いて移動する人びとの移動の軌道に沿ってフィールドワークを行い、参与観察とインタビューを行った。

　文化人類学のフィールドワークは、現地の言葉を習得し、長期間、1人で、現地の人びとのまっただなかで、現地の人びとと同じように暮らしながら、そこでくり広げられる人びとの営みを細大もらさず記録することが理想的形態として考えられてきた（青木　1993, p.17）。調査者＝人類学者は、生活をともにする人びと＝インフォーマント（情報提供者）の社会生活に参加すると同時に、それらの活動を外部者の目で観察することで、インフォーマントの生活様式を調査するが、こうした研究方法が、参与観察として知られている（シュルツ／ラヴェンダ　1993, p.9）。また、人間の生活のあらゆる側面を扱う学問である文化人類学は、任意の1つの側面は必ずその他の種々の側面との有機的な連関のもとでなければ理解できない、という基本的な立場をとる（本多・棚橋・三尾　2007, p.208）ことで、人びとが生きている空間と環境のすべてを研究者もまた見て、聞いて、感じることにフィールドワークの重要さがある（波平・道信　2005, p.12）。

　筆者は、朝鮮族の移動と教育の実態を明らかにするために、主に中国の延吉市とハルビン市、北京市および韓国のソウル特別市、日本の首都圏という5つの都市や地域において、現地の人びとと同じように暮らしながら、長期的な調査を行った。筆者も朝鮮族と呼ばれている人びとの中の1人であり、調査を行う前から日常のコミュニケーションにおいて特に支障を感じないような中国語、朝鮮語／韓国語と日本語を身につけている。そして、筆者はハルビン市において20余年間、韓国のソウルおよびほかの都

市では調査期間を含めて 2 年余り、東京では約 10 年間の生活経験がある。また、延吉市と北京にも定期的に赴き、朝鮮族家庭で彼らと一緒に生活をする中で、彼らのライフスタイルを理解し、彼らの話に耳を傾けた。さらに、筆者は本研究の調査校であるハルビン市の B 校で約 1 年半教師を務めた経験があり、韓国でも語学講師の経験がある。こうした日中韓 3 国のそれぞれの調査地における長期滞在と現地の人びととの関わりの中で生活した経験やそうした営みの中で参与観察し、インタビューを行ったことによって、本研究の朝鮮族の日中韓における移動と教育に関するエスノグラフィーが書けると考えられる。

　「典型的な人類学のフィールドワークは、一つの場所でインテンシブ（集中的）に長期にわたって行われるタイプのものである」（山下　2005, p.7）。けれども、「21 世紀は、人・物・資本・情報が地球規模で動くグローバリゼーションの影響をほとんどの人が受ける時代であり、このような変化に対応して出てきたのが、マルチサイテッド・エスノグラフィー（multi-sited ethnography）（Marcus　1995）である。これには二つのタイプがある。一つは人・物・資本・情報の移動を追って、フィールドワーカーも複数の場所でフィールドワークを展開する文字通りの複数の場所（multi-sited）でのフィールドワーク、もう一つは、フィールドワークを実施する場所は一つだが、そのフィールドに作用している多様な場所との関係を取り込めるような仕掛けをリサーチデザインに取り込んでおく意味で multi-sited という場合である」（箕浦　2009, p.15）。本書で書いたのは、この第一のタイプのマルチサイテッド・エスノグラフィー（multi-sited ethnography）ということになる。

　複数の場所（multi-sited）でのフィールドワークの今日における重要性に関して、山下（2005）は「今日のように、人びとの移動が激しい場合は、一つの場所のみの調査では完結せず、複数の場所でフィールドワークを行う必要もあるだろう」と指摘する（同上：p.7）。このように、人の移動が活発に行われている今日において、彼らの移動を追って複数の場所における

フィールドワークおよびそれに基づいて書いたエスノグラフィーがますます必要とされている。けれども、こうした研究はまだ非常に少ない。

エスノグラフィーについては、以下の箕浦の言葉に端的に表されている。

> エスノグラフィーとは、他者の生活世界がどのようなものか、他者がどのような意味世界に生きているかを描くことである。その人たちが世界をどのように見て、何を喜び、どのような行動をとるのか、その背後にあるその人の文化を描くことである。人の日常行動の背後にある文化は、当人さえ感知されないくらいその人の一部分となっていることが多く、質問紙調査や面接などのその人の意識を頼るような研究方法では取り出せないことも多い。(箕浦　1999, p.2)

本研究の研究対象である中国朝鮮族は画一的でない移動を行っているにもかかわらず、彼らがどこへ移動し、移動先でどんな生活をし、教育については どう考えているのかに関する充分な記録はない。したがって、本研究ではエスノグラフィーの手法を用いて、中国内において移動する朝鮮族の人びとがそれぞれの移動先でどんな生活をし、どんな教育戦略をたてようとするのかを描き出すことを目的とする。

本研究は、朝鮮族の移動地における社会環境に目を配りながら、人びとが現実に生きている生活実態をより鮮明に描き出すために、彼らの移動に沿って、複数の場所（主に北京市、ソウル特別市、東京都など）において長期にわたってフィールドワークを行った。そして、移動する朝鮮族の人びとが受けてきた朝鮮族学校の言語教育の実態を把握するために、中国東北部の延吉市とハルビン市の朝鮮族学校において現地調査を行った。これらの調査地においては、文化人類学的な参与観察、インタビュー、個人のライフヒストリーの聞き取りを行ない、朝鮮族の移動の全体像を文献とデータで精査し、官公庁でのデータ収集などの調査も行った。以下においては、筆者が調査を行った延吉市、ハルビン市、北京市、ソウル特別市、東京を

中心とする日本の首都圏などにおける調査概要を記していく。

5.1. 延吉市

　中国の吉林省の東南部に位置し、東はロシアに隣接し、南は図們江を隔てて北朝鮮の咸境北道と見合っている延吉市は、中国の朝鮮族の自治機関である延辺朝鮮族自治州（1952 年 9 月 3 日に成立）の州都である。延辺朝鮮族自治州において、朝鮮族の人びとは主体民族として地方自治権を行使することができる。延吉市は朝鮮族、漢族、満族、回族などの 13 の民族が居住し、朝鮮族と漢族が主である民族混住地区である。

　延吉市の公式言語は中国語と朝鮮語の二言語であり、市内の公的機関（学校など）や会社、さまざまな店の看板は、ほぼ中国語と朝鮮語の両方で表示されている。教育において、延辺朝鮮族自治州は、二言語による教学を比較的早く実施した地域であり、中国の少数民族の中では一番早く政府レベルの二言語制度を確立した。延吉市には幼児教育から小学校、中学校、高等学校、大学（延辺大学）まで、教師の養成から教材出版、教育研究まで比較的整えた朝鮮族による教学体系が形成されている。

　延吉市はこのような民族的自治権を行使する特徴と地理的な特性から、本研究の 1 つの調査地として選定された。本研究の調査対象である延吉市の朝鮮族学校であるＡ校は、毎年北京大学や清華大学のような一流大学へ進学する生徒が 15 名前後いて、90％の生徒が大学に進学するという公立朝鮮族の進学校である。筆者は主に 2005 年 3 月にこの学校で調査を行い、さらに 2009 年の 9 月に追加調査を行った。調査は主に参与観察とインタビューの両方を行った。筆者は、Ａ校の授業と学校による諸活動を参与観察し、学校側や官公庁の提供するデータなどを収集した。学校の授業参観（主に朝鮮語科目と中国語科目）においては、主に授業内容や授業中の教師と生徒たちの使用する言語および生徒たちの反応などを把握した。筆者は放課後にも生徒たちがよく出入りするマンガ貸本屋や書店も訪れ、生徒たちが興味を持つ教科書以外の図書の情報を入手した。ほかに、朝鮮

族がよく集まる延吉市内の街や飲食店、そして朝鮮族の家庭を訪問し、彼らが公的な場所や家庭内において使用する言語および彼らの居住環境や地域特性などを把握することで、多角的に調査を行った。

　A校においてインタビューに応じてくれた人は全部で約25名になる。教師、生徒、保護者などで構成された本研究の調査対象者の選定過程をみると、生徒の場合、各学年から4〜5名ずつ選び、地域別に延吉市内および近郊地域出身に区分し、生徒の特性を基準にして朝鮮族と漢族および韓国人留学生に分けた。なお、性別も学校の協力に基づき、男女両方のバランスを考えたうえで、選定した。そして、朝鮮語と中国語を教える教師を各2名選定し、保護者は市内と市外戸籍の者を含め3名選別し、調査対象者に選定した。後述するB校においても調査対象者の選定は同様に行った。

5.2.　ハルビン市

　中国で一番北側と一番東側に位置している省が黒竜江省であり、その黒竜江省の西南部に位置しているのが省都のハルビン市である。また、黒竜江省は北側と東側がロシアに隣接していることから、アジアと太平洋地域において陸路においてロシアやヨーロッパ大陸を繋ぐ重要な通路になっている。中国の改革開放政策実施後、ハルビン市の金融業は急速に発展し、現在ハルビン市は、ロシアおよび東ヨーロッパの諸国との貿易を行う重要な要衝であると同時に、韓国や日本がロシアなどの国に進出する重要な貿易路でもある。

　ハルビン市内には公教育機関としての朝鮮族小学校、朝鮮族中学校および朝鮮族高等学校がある。また、朝鮮族のエスニック・メディアである黒竜江朝鮮語放送局や黒竜江新聞社の本社があり、朝鮮族民族芸術館もある。このような朝鮮族の教育文化的な機関や施設が充実し、諸外国との経済的文化的な交流を活発に行うこの都市の特徴は、本研究の調査対象として選定された1つの要因でもある。

ハルビン市は、多民族の混住する地域でもあり、住民の中には漢族が一番多く、ほかに満族、回族、モンゴル族、朝鮮族など40以上の少数民族の人びともいる。ハルビン市は延吉市とは異なって、社会的な公式言語は漢語のみである。朝鮮語は、朝鮮族の学校や家庭および彼らの集まる場所などに限って使われる言語である。ハルビン市と延吉市は、このような中国東北部において朝鮮族が比較的多く集住する都市という共通点と社会的な朝鮮語の使用環境が異なるという点から、比較の対象として本研究の調査対象に選定された。

　B校は、ハルビン市で唯一の公立朝鮮族中高一貫校であり、黒竜江省において唯一の「少数民族省級模範高校」である。全校の生徒数の半分が黒竜江省におけるハルビン市以外の地域からきた生徒たちである。本研究で延吉市のA校とハルビン市のB校を調査校として選択した理由は、両校とも所属する地域において進学校（省級模範学校）として認められている点と、それによって、この2つの学校は地域環境は異なっているけれども、基本的に学校の特性が似ている部分が多いため、比較の対象として適切であると考えたことによる。

　B校における調査も主に2005年3月に行われ、インタビューに答えてくれた人は全部で約25名近くになる。男女両方、教師、生徒（朝鮮族、韓国人留学生）、保護者などで構成される。調査方法と調査対象者の選定においては、上記のA校と同様に実施した。2009年8月に、筆者は再びこの学校において追加調査を行い、教師や生徒および保護者へのインタビューを行い、家庭訪問も行った。また、ハルビンにおける黒竜江新聞（朝鮮語版）社での調査を行い、新聞の発行や記事における言語使用などを把握した。そして、朝鮮民族芸術館や朝鮮用品商店などにおける観察および朝鮮族に関する関連文書やデータの収集を行った。

5.3．北京市

　北京は中国の首都であると同時に、中国の政治、経済、文化、教育の中

心でもあるため、中国の各地域から多くの人びとがさまざまな機会を求めて北京へ移動しようとする。特に中国の改革開放以降にこうした現象は顕著に現れている。朝鮮族の場合にも、北京は青島と並んで中国内で朝鮮族の移動人数が一番多い都市になっている。

　本研究は中国内での朝鮮族の移動の実態と彼らの子どもの教育状況を把握するために、北京を調査地として選定し、現地調査を行った。調査は2006年、2007年と2011年にわたって、定期的に行った。北京においては主に以下の3つに分けて調査を行った。第一に、北京の望京地域に「韓国城」（ハングオチョン）と呼ばれるコリアンタウンがあるが、そのコミュニティはどのようなコミュニティであり、朝鮮族とどのような関連があるかを調べるために現地調査を行った。筆者はこの地域で住み込み調査を行い、現地に居住している人びとの日常を観察し、インタビューを実施した。第二に、公教育機関としての朝鮮族学校がない北京には、朝鮮族知識人が設立した民営の韓国語学校がある。筆者はこの学校の校長の協力を受け、同校の教員や受講生にインタビューを行い、授業参観を行うことで、この学校が北京の朝鮮族にとってどのような学校として存在するのかを把握した。第三に、中国東北部から北京へ移動し、現地で生活している朝鮮族の個々人にインタビューを行い、彼らの北京への移動の経緯や北京での生活状況および子どもの教育などを把握した。調査対象者は公務員、会社員、自営業者、学生などを含め、約17名に上る。彼らとは電話や電子メールなどによって連絡を保ち、追加調査（インタビュー）も行うことができた。

5.4. ソウル特別市

　中国朝鮮族の国外への移動の中で移動人数が最も多い韓国では、朝鮮族が一番多く居住しているのがソウルであることから、ソウルは本研究の重要な調査地の1つとして選定された。

　ソウルでのフィールドワークは主に以下のように行われた。まず、朝鮮族の生活実態を把握するために、ソウルで朝鮮族労働者が集住しているガ

リボン「同胞タウン」を訪れ、現地における街の観察と住民への聞き取り調査を行った。そして、同じ地域において朝鮮族がよく集まる場所としての朝鮮族向けの新聞社や教会を訪問し、参与観察と聞き取り調査を行った。次に、本研究の主な調査対象者である高学歴朝鮮族の人びとへのインタビューを行うために、知人・友人の紹介などを経てソウルの各地域に住んでいる朝鮮族の人びとと連絡を取り、話を聞かせてもらった。調査対象者には主に会社員、専門職者、大学院生、自営業者、主婦などが含まれる。約20人の調査対象者とは直接会って話すことを重視しており、主にソウル市内のカフェや飲食店、調査対象者の自宅および調査対象者が通う教会などの場所においてインタビューを行った。ほかに、韓国政府の朝鮮族に対する受け入れ政策や朝鮮族の韓国における法的地位などを把握するために、インターネット上の韓国の出入国・外国人政策本部のホームページやさまざまなメディアによる報道記事および新聞社の責任者へのインタビューなどを通じて情報収集を行った。

　ソウルにおける調査は2006年から2011年にかけて、毎年定期的に行った。また、筆者は2001年と2008年には各1年間韓国に滞在した経験がある。2001年には慶尚南道、2008年にはソウルに滞在することで、日常において現地の人びとと接することから韓国の人びとの考え方を理解し、韓国の多様なメディアの報道姿勢や傾向を把握することができた。このような韓国での滞在経験は、筆者が韓国における韓国人の朝鮮族への社会的まなざしや朝鮮族の社会的立場および彼らの現地での生活実態等を理解することにおいて有利な要素として働いたと考えられる。

5.5. 東京都

　日本に滞在している朝鮮族は、主に1990年代後半から企業研修や留学で入国した人たちが主流を占め、彼らの多くは首都圏に居住している。朝鮮族の日本への移動は、彼らが中国の中等教育で外国語として日本語を学んだことと一定の関連があると言える。日本へ移動した朝鮮族の若い人た

ちは多言語能力を有していると同時に、高学歴者であるということから、彼らの日本での社会的立場やアイデンティティの変化および子どもの言語選択や教育のありかたが、筆者が調査したほかの国や地域へ移動した朝鮮族とどのように異なるかを検討するために、本研究では東京を1つの調査地として選定した。

　筆者は2002年から東京に住み始めた。日本在住の朝鮮族に関する本格的な調査は、2010年1月から2012年9月の間にかけて、主に朝鮮族が多く居住している東京を中心とする首都圏において調査を行い、名古屋、京都、大阪に住んでいる朝鮮族に対しても聞き取り調査を行った。これらの地域においては、主に朝鮮族がよく集まる街や飲食店などで参与観察し、調査対象者の家庭を訪問し、彼らが使用する言語や居住環境および地域特性などを把握した。日本では朝鮮族の集住するコミュニティがまだ明確に現れていないため、筆者は朝鮮族がよく出入りする朝鮮族料理店（東京の新大久保、池袋、上野など）を1つの調査地とし、店内における参与観察を行った。こうした飲食店では、朝鮮語の使用から朝鮮族と判断される者への観察や朝鮮族の集まりへの参加および店内に置いてある朝鮮語や中国語で書かれている無料雑誌の収集などを行った。それから、朝鮮族向けの新聞社や朝鮮族の集まる場所（研究会、同郷会・同窓会など）も訪れた。そして、筆者は朝鮮族が比較的多く居住していると見られる千葉県にも住んだことがあり、同地域に居住する朝鮮族への家庭訪問や聞き取り調査も行った。主に、彼らの国際移動の経緯や生活状況および育児と子どもの教育状況などについて語ってもらった。会社員や主婦、学生などを含め、約23名（20代前半から50代前半の朝鮮族の男女）の調査対象者に対してインタビューを行った。

　本研究で扱った事例に関しては、個人名は匿名にした。個人情報を保護するために、調査対象者の年齢や家族構成などに関して議論に支障がないと判断した範囲で記している。聞き取り調査における使用言語としては、基本的に朝鮮語・韓国語あるいは中国語で行い、場合によって日本語

も用いて話を交わした。言語使用においては、基本的に調査対象者が一番表現しやすい言語を用いてインタビューを行い、本研究でデータとして提示したものはすべて筆者が日本語に訳したものである。インタビュー内容はICレコーダーで録音し、その後テープ起こしの作業を行った。録音できなかった一部の内容は、聞き取り直後に、メモを取る形で記録した。

6. 本書の構成

本書は3部6章（第Ⅰ部は第1章、第Ⅱ部は第2章と第3章、第Ⅲ部は第4章と第5章および第6章）で構成されている。第Ⅰ部では、朝鮮族のこれまでの集住地域としての中国東北部における朝鮮族学校の二言語教育の実態とその変化について考察した。第Ⅱ部では、中国東北部から北京へ移動した朝鮮族の現地での生活と子どもの教育について書いた。第Ⅲ部では朝鮮族の国外への移動に焦点をあて、ソウルと東京を中心とする移動先における朝鮮族の事例を取り上げ、彼らの移動先におけるアイデンティティの変化および子どもへの教育戦略について論じた。

第1章では、中国の朝鮮族学校における二言語教育の実態を延吉市とハルビン市の各1校の事例を取り上げて考察する。ここでは、2つの異なる地域における朝鮮族学校の生徒たちの中国語と朝鮮語能力、彼らのエスニック・アイデンティティのありかたを明らかにする。そして、近年両校に現れた新しい動きとしての中国語の習得を目指す韓国人留学生や朝鮮語の習得を目的とする漢族の子どもの流入現象を取り上げて分析する。

第2章では、北京に近年新しく現れた「韓国城」という名前のコリアンタウンに焦点をあて、それが韓国人や朝鮮族だけでなく、北朝鮮や日本の人びとおよび現地の中国人を惹きつける要因は何であるのか、そのコミュニティは朝鮮族にとってどのような空間であるのか、そこにおいてはどのような文化が創出されているのかについて考察する。

第3章では、北京に移動した朝鮮族の言語意識の変化と子どもの教育

選択および「民族語」の維持をめぐる葛藤などについて検討する。北京における朝鮮族の若い人たちは、社会的地位の向上や経済的な要因から子どもの教育や言語を選択することが多い。彼らの中には子どもに中国語と英語の習得を優先する傾向が見られるが、朝鮮族の伝統を受け継いで子どもに「民族語」としての朝鮮語を教えるためにさまざまな方法を模索している人たちもいることを示したい。

第4章では、朝鮮族の韓国への移動を「帰郷」ととらえ、彼らの「帰郷」した韓国において、学歴がどのような影響を与えるのかを論じる。朝鮮族の韓国における法的地位および社会的立場を在外同胞法やメディアにおける朝鮮族への捉え方などを通じて分析する。そして、韓国社会における朝鮮族への受け入れ方が、朝鮮族が単純肉体労働者であるか高学歴者であるかによってどのように異なるのか、そこにおいてはどのような社会的排除と包摂が行われているのか。そうした社会的環境の中で、朝鮮族のアイデンティティがどのように構築／再構築され、それが彼らの子どもの教育にどのような影響を与えているのかを論じる。

第5章では、ソウルで朝鮮族の単純肉体労働者たちが集住するガリボン「同胞タウン」というコミュニティに焦点をあて、それはどのような街であるのか、朝鮮族の人びとにとってはどのような生活空間であるのか、その地域における韓国の市民団体は朝鮮族の人びととどのような関わりがあるのかなどについて検討する。

第6章では、留学や就職によって日本へ移動した高学歴朝鮮族に焦点をあて、彼らの日中韓3国における移動の実態と家庭教育による子どもへの言語教育戦略、そして彼ら自身の新しいアイデンティティの構築などについて考察する。

なお、本書におけるフィールドワークに基づく記述は、各所に明記した、調査対象者への調査を行った時点での内容にしたがっている。そのため、朝鮮族の受け入れなど、現在の各国の政策的ないし社会的な状況と比べると若干の相違が認められる場合もある。読者にはあらかじめ了解されたい。

第 I 部

中国東北部における朝鮮族学校の二言語教育

第 1 章

中国における朝鮮族学校の二言語教育の実態とその変容

延吉市とハルビン市の事例

1. はじめに

　本章ではグローバル化の進行する現代において、中国で少数民族教育がどのように変化していくのかを、中国東北部の延吉市とハルビン市の朝鮮族学校の事例を取り上げることで、その実態を明らかにしたい。

　中国における少数民族教育とは、漢族以外の 55 の少数民族に対する教育を指す。「民族教育」とも呼ぶ。この少数民族教育の主要な特徴は二言語教育である。中国における二言語教育は、多数派の漢族の言語であり国家の言語である中国語（中国では一般的に「漢語」と呼ぶ）と、各少数民族の独自の言語との二言語を教育しようとするものである。中国政府は二言語教育を公教育機関としての少数民族の学校で教授することによって、少数民族の子どもたちが国民としてのアイデンティティと同時に少数民族としてのアイデンティティをも維持し両立させることを、その政策主眼としていると考えられる。

　中国において「朝鮮族」と呼ばれる中国朝鮮族は、朝鮮半島からの移民および彼らの子孫とされ、中国の国籍を有する人びとのことである。これまでの先行研究では、主に 1860 ～ 1904 年（越境潜入時期）、1905 ～ 1930 年（自由移民時期）、1931 ～ 1945 年（強制集団移民時期）の 3 つの時期に現在の中国東北部への大量の移住があったとされている（임계순　2003,

p.50)。中国での朝鮮族教育は、移住初期の儒教教育以降の歴史的変遷を経て、1950年から上記のような二言語教育が公式に行われてきた（姜永徳 1992, p.11; 박청산・김철수　2000, p.132）。朝鮮族の二言語教育は、国家の標準的な言語としての中国語と民族語としての朝鮮語を平行して教授することである。例えば、北朝鮮と韓国では朝鮮語および韓国語はその国の教育を担う唯一の言語であるが、中国では朝鮮族学校において中国語と朝鮮語とがペアとして教えられることによって、少数民族教育としての朝鮮語教育が成立してきた。

　しかし近年になると、このような二言語教育は、中国の改革開放とグローバル化の流れの中でさまざまな変容を遂げている。1980年代以降、従来の中国東北3省に主に居住していた朝鮮族の各地域への移動が始まった。その結果、農村における朝鮮族学校は、生徒不足などの原因により維持が難しくなっている。もう一方、都市部にある一部の朝鮮族学校には近年、漢族や韓国人留学生が入学するようになった。このような新しい動向は、従来の民族学校における教育にグローバルな市場に応じた教育という新しい意味を付与する。

　本章では、朝鮮族学校における二言語教育（朝鮮語と中国語）がどのように行われているのか、そこで二言語教育を受けている生徒たちは、一体どのような生徒たちなのか、その中で朝鮮族生徒の二言語の習得が中国国民としての国民的帰属意識および朝鮮族としてのエスニック・アイデンティティと、どのような関わりがあるのか、グローバル化時代において朝鮮族はどのような学校選択をするのかに関して検討する。

2.　改革開放と朝鮮族の移動

　中国は、1978年の中国共産党第11期3中全会の決議により、改革開放政策を開始した。改革開放により、中国の市場経済が始まり、国外への門戸開放が行われ、中国はグローバル化時代に踏み込んでいった。改革開放

による市場化は、中国全土での均等な発展をもたらしたのではなく、東部沿海地域にかたよって集中し、経済の地域的な不均衡を広げていった。したがって、それに刺激されて内陸から東部沿海地域への人口移動が急激に進行することになった。

　人の移動が激しい今日において、朝鮮族の活動の場も東北3省に限られなくなり、国内および国外への移動が始まった。その結果として、中国東北部における朝鮮族の子どもの数が減少し、朝鮮族学校が減り始めた。特に高学歴者の場合は、経済が発展している大都市および沿海地域を移住先に選ぶことが多い。したがって、今までの朝鮮族が集住する地域から他の地域へ出て活動するためには、これまで朝鮮語を第一言語として使用してきた朝鮮族にとって、中国における共通語である中国語を習得することが重要になってきた。

　朝鮮族の移動先は国内においては北京、天津、青島、上海、深圳などの大都市へ拡大しつつある。北京における朝鮮族の人口は、1990年の中国の人口統計によれば7689人になる（황유복　2002, p.128）が、2000年の人口統計によれば2万369人に達する（韓光天　2006, p.159）。中央民族大学の黄有福によれば、2006年現在の北京における朝鮮族の人口は約6〜7万人に上る[1]。東北3省を離れた朝鮮族は約25〜50万人と推測されるが、これは朝鮮族人口の約13〜26％に相当する（권태환・박광성　2005, p.38）。国外への移動は韓国、日本、アメリカなどに及ぶ。朝鮮族にとって、韓国は朝鮮語が通じるから行きやすい国であるし、同じ仕事の場合、韓国は中国より賃金が高いため移住の魅力的な場でもある。しかし、韓国語は中国で使われている朝鮮語と文法は同じであっても、語彙やアクセントに違いが見られる。韓国経済の発展とともに韓国語の国際的な言語価値が高まっている中で、朝鮮族にとって韓国語は中国で使用している朝鮮語より有効な新しいグローバル化時代の言語になっている。

1　筆者のインタビューによる（2006年12月1日、北京）。

改革開放以降、特に 1992 年に中韓建交として中国と韓国が国交正常化を果たして以来、中国朝鮮族は国内および国外へと移動している。これは彼らがグローバル化の波に乗っている現象である。彼らは、新しい活動の場における使用言語の重要性に気づき、中国語に対してもまた今まで習ってきた朝鮮語と少し異なる韓国語の習得に対しても新たな認識を持つことになった。

3.　朝鮮族学校の教育および朝鮮族生徒のアイデンティティ

3.1.　朝鮮族学校の教育状況

　朝鮮族学校での教育とりわけ二言語教育は、どのようなものであろうか。以下は、筆者が中国東北部における朝鮮族の集住地域の延吉市にある A 校と、朝鮮族が漢族と混住しているハルビン市にある B 校で行った調査データをもとに両校の教育状況を叙述したものである。

　A 校と B 校とも、学校教育において言語教育に重点を置き、朝鮮語と漢語の二言語に通じる生徒の養成と外国語教育（主に英語、日本語）を重視している。さらに、両校は生徒の総合能力の養成にも力を注ぎ、国内および国外において活躍できる人材をつくることで学校の特徴を発揮しようとしている。そして、近年になって外部との交流も深め、国内および国外との姉妹校作り、他民族そして留学生の積極的な受け入れの開始など、時代に応じた二言語教育のメリットを高める対応をしようとしている。

　A 校と B 校をとりまく言語環境は以下のとおりである。

　地域と家庭の言語環境に関しては、すでに言及したように延吉市の公式言語は中国語と朝鮮語の二言語であり、したがって、A 校の朝鮮族生徒たちは地域と家庭において主に朝鮮語を使用する環境に置かれている。しかし、B 校の朝鮮族生徒たちは、地域的環境として中国語が第一言語である。家庭の言語環境としては、ハルビン市内出身の生徒は中国語が主であるかもしくは朝鮮語と中国語の併用が一般的である。近郊地域からきた生

徒の場合は、これまで家庭生活で朝鮮語をのみ使っていた場合が多い。

　学校空間での教授言語と日常会話に関しては、A校は教授言語から日常会話まで朝鮮語中心の比較的単一な言語使用状況である。B校は、学校の教授言語および日常会話において中国語が主で、ときには朝鮮語も使用する程度である。したがって、B校におけるハルビン市内出身の朝鮮族生徒は中国語が第一言語であり、そのため朝鮮語をあまり話せない生徒が多い。しかし、B校の近郊地域からきた朝鮮族生徒は朝鮮語が第一言語で、中国語はあまり話せない。結果として、A校の

図1　A校内の運動場　（2009年9月1日，筆者撮影）

図2：A校内の掲示板に「我が民族の固有の美しさ」という題目の文章が張られている。(2009年9月1日，筆者撮影)

ような朝鮮族の集住地域の朝鮮族学校であれ、B校のような混住地区の朝鮮族学校であれ、朝鮮語と中国語の両方とも習熟した生徒は少ない。

　次に、両校で二言語教育に用いられる教科書に注目しよう。

　A校とB校の朝鮮族生徒は、現在使用している教科書について一般的に不満を持っている。中国東北部における朝鮮族学校では、延辺出版の『朝鮮語文』教科書と『漢語文』教科書を使用している。大学受験の時も一般的に朝鮮語文と漢語文の2つの科目において、延辺出版の教科書か

ら試験問題を出すことが規定されている。

　例えば、現在使用している『漢語文』教科書に関して、A校の延吉市出身の朝鮮族生徒の中には、内容的に古くて易しすぎて、面白さが足りないと指摘する者がいる。一方で延吉市の近郊地域からきた生徒の中には難しいという声がある。実際に、A校は吉林省で統一普及されているMHK（中国少数民族漢語(筆者注：中国語)能力試験）[2]を採用しており、MHKに合格した生徒は、大学受験の時『漢語文』の試験を受ける必要がない。MHKの試験内容は延辺出版の『漢

図3　B校の裏庭と運動場（2009年8月28日，筆者撮影）

図4　B校の教室（2009年8月27日，筆者撮影）

語文』教科書の内容より難度が高いからである。したがって、A校の漢語文科目の教師は生徒たちの中国語能力を高めるために『漢語文』教科書を中心に授業をするのではなく、課外の教材を使う場合が多くなっている。B校では、漢語文科目においては、高校2年生まで漢族学校用の全国統一編纂の『語文』教科書を使用している。しかし、高校3年生は大学受験のために延辺出版の『漢語文』教科書を使う。B校において、多数の

2　中国少数民族漢語能力試験。学校において授業をするための国家認定試験。

ハルビン市内出身の生徒には『漢語文』教科書は易しすぎるし、他方で、近郊地域からきた朝鮮族生徒は第一言語が朝鮮語であるため、『語文』教科書に難しさを感じることがある。

次に、『朝鮮語文』教科書に対しても生徒たちは批判的である。特に延吉市では、学校の図書館や地域の書店から韓国の本が容易に入手できる（図8と図9を参照）。ハルビン市では書店では韓国の本が入手しにくいが、生徒たちはインターネットで韓国のサイトをクリックし、韓国語の文学作品などに接することが多い。このように、A校とB校の朝鮮族生徒たちは韓国語に接することによって、現在学校で使用している『朝鮮語文』教科書に対して「古く、窮屈で、実用的でない」と考えるようになった。生徒たちにとって、朝鮮語文科目はただ試験のために

図5　B校内の壁に貼られているポスター：その一番上に書かれている左からの8文字は「二言語に通じ，4つの言語を同様に重視する」である。（2009年8月28日，筆者撮影）

図6（上）／図7（下）：延吉市内では，街の道路標識や店の看板などはほとんど中国語と朝鮮語の二言語で書かれている。（2009年9月2日，筆者撮影）

図8（左）／図9（右）延吉市内の「新華書店」：この書店では朝鮮語・韓国語の図書を数多く販売している。特に近年韓国から輸入した韓国語の書籍が増えているが，その中には子ども向けの童話や文学書が多く見られる。（2009年9月1日，筆者撮影）

勉強する科目になってしまっている。朝鮮語文科目を教えているＡ校の教師からも教科書の内容が古いという声があった。

　このような朝鮮語の教科書には興味がない生徒たちが、韓国語のマンガには大いに興味を抱いていることが本調査から見られた。筆者の2009年の延吉市での現地調査から見られたのは、Ａ校の周辺には古本屋（図10を参照）があり、そこには朝鮮語の雑誌以外ではほとんど韓国語のマンガが並べられていた。それらの韓国語のマンガはすべて韓国で出版されているマンガで、その中には韓国人マンガ家の作品もあるが、韓国語に訳されている日本のマンガシリーズが多かった。この古本屋はＡ校の生徒たちが休憩時間や放課後の時間によく訪れる場所であり、自分の描いたマンガキャラクターを展示する場所でもある。生徒たちは、韓国語のマンガを読むことによって、韓国語を覚えていくと同時に図10のように自らマンガを描くまでに至っている。このように、朝鮮族の子どもたちは韓国語という言語媒体によって、マンガといったポピュラーカルチャーを受け入れることになり、それによって朝鮮語より韓国語により

興味を持つようになる。

朝鮮族の民族教育において極めて重要な朝鮮語文科目の教科書が、生徒の興味を引くことができなくなり、受験勉強のためのものに限られるということは、学校における民族語の学習が生徒たちにとってどれぐらい意味があるかという疑問を持たせる。このような状況に応じて、2005年から朝鮮族学校における漢語文の

図10　延吉市のA校近くの古本屋：店内には韓国から輸入した韓国語に翻訳された日本のマンガがたくさん並べられている。壁の一面にはA校の生徒たちが描いたマンガがたくさん貼られている。（2009年9月1日，筆者撮影）

教科書と朝鮮語文の教科書の改革作業が行われ始めた。このような改革作業の実態を把握するために、筆者は2009年に追加調査を行った。それに関して、B校の朝鮮語科目の担当教師と漢語科目の担当教師は以下のように語った。

　　現在は朝鮮語の作品が半分入れ替えられました。過去に比べて、現在の『朝鮮語文』科目の教科書には朝鮮（筆者注：北朝鮮を指す）の作品だけでなく、韓国の現代文学作品も載せられています。そして、もともと中国語による作品を朝鮮語に翻訳されたものの中にも、古い作品に限らず、現代作品が増えてきました。過去の教材に比べて一番いいと思う点は、やはり単に朝鮮語という言語だけでなく、朝鮮語や韓国語で書かれている作品から、さまざまな地域の文化に接することができるということです。例えば、昔はアメリカ先住民に関することは教科書に出たことがないのですが、今回の新しい教科書にはそうした内容が載せられています。そして、さまざま

な国や民族に関する内容が書かれているため、教師としても勉強になるし、面白く感じます。（B校の朝鮮語科目の担当教師、女性、2009年8月26日、ハルビンにてインタビュー）

現在の教科書は、漢族学校の国語教科書と共通な内容が多いです。前の教科書に比べて、量も増えたし、難度も高まっています。内容的にも、1950〜60年代の作品が多かった前の教科書に比べて、今のほうは現代作品やエッセイなどが増えました。エッセイが増えたのは、生徒たちの理解力を高めるためだと思います。（B校の漢語科目の担当教師、女性、2009年8月26日、ハルビンにてインタビュー）

上記の中国語科目（筆者注：中国の朝鮮族学校では「漢語科目」と呼ぶ）の担当教師は、外地からB校に来た朝鮮族生徒のほとんどは、市内出身の生徒たちに比べて中国語の使用と表現力が不十分であり、中国語の教科書内容を理解するには困難があるのは確かであるが、中国語科目の試験の成績からは大きな差は見られないと語った。

以上、A校とB校における教育とりわけ二言語教育について検討した。両校とも言語教育を重視し、民族語と中国語の二言語に通じるうえに、グローバル化時代に適応するための外国語を身につけさせようとしている。しかし、長年二言語教育に専念してきたにもかかわらず、二言語に通じる生徒を養成することは必ずしも成功していない。その原因の1つには、『漢語文』と『朝鮮語文』の教科書自体が生徒たちおよび教師を満足させるものではないことが挙げられる。特に、中韓国交正常化とともに韓国の映画やドラマおよび韓国の書籍などが中国に入ることによって、朝鮮族の生徒たちは韓国の文学書も容易に手に入れることができるようになった。したがって、朝鮮族は今まで中国で使用してきた朝鮮語は北朝鮮の言葉に近いものであることに気づいてきた。韓国の経済成長とともに韓国語の国際的な価値が高まる中で、現在朝鮮族生徒を魅了している言語は朝鮮語よ

り韓国語である。朝鮮族学校で今まで使用してきた朝鮮語文の教科書も北朝鮮の言語に近いため、教科書としての魅力を失っている。漢族学校に通う朝鮮族生徒の増加と漢族生徒および韓国人留学生が朝鮮族学校に通うという双方向の動きの中で、朝鮮族学校はより多様な生徒のニーズを満たす学校運営をしなければならないという課題に迫られている。

3.2. 朝鮮族生徒の国民的帰属意識とエスニック・アイデンティティ

まず、本書の重要なキーワードの1つである「アイデンティティ」について少し説明したい。アイデンティティという用語について小野原 (2004) は「自分に対するイメージ、信念、感情、評価の総体として『自分とは何か』を説明する言葉である」と述べる（同上：p.15）。また、クレア・マリィ (2011) は、アイデンティティは「自分から見た《わたし》および他者から見た《わたし》との関係において成立する」と主張する（同上：p.66）。本書では、主に「自分はどこに属しているか」という集団的帰属意識を指すものとして「アイデンティティ」という語を用いる。なお、それは他者が見る自分と自分が見る自分の両方の交渉や統合によって構築／再構築された自己認識を指すものである。本書ではこうした自己認識を、主に国民的帰属意識とエスニック・アイデンティティといった集団的帰属意識を指すものとして用いる。

以下では、中国の少数民族教育の重要な一環としての二言語教育が、公教育機関としての朝鮮族学校において実施されることによって、そこに通っている朝鮮族の生徒たちはどのような国民的帰属意識とエスニック・アイデンティティを形成しているのかを考察する。

a. 朝鮮族生徒の国民的帰属意識

筆者の2005年に行ったインタビューに応じたA校とB校の朝鮮族生徒たちは、全員が「中国人」としての国民的帰属意識を強固に持っていた。彼らの答えとして、以下のようなものが挙げられる。

中国の朝鮮族は、たしかに韓国人や北朝鮮人とは同じ民族ですが、そこ（韓国、北朝鮮）は私の先祖が住んでいたという所であるだけです。中国こそ私の国です。

（香花（仮名）、女性、A 校の高校 3 年生、延吉市出身）

　　中国は私が属する第一の「祖国」で、韓国と北朝鮮はそれに次ぐものです。スポーツの試合とかの場合は、まず中国のチームを応援します。（太国（仮名）、男性、A 校の高校 3 年生、延吉市の近郊地域出身）

　　私は中国に生まれ、中国で育てられたから中国人です。中国語は、現在中国にいるのでできなければなりません。しかし、中国語が自分の言語だという気はしません。朝鮮語のほうが、私の気持ちをよく表現できるし、一番親しみを感じさせる言語です。

（順琴（仮名）、女性、B 校の高校 3 年生、ハルビン市の近郊地域出身）

　上記のように、A 校と B 校の朝鮮族の生徒たちは「中国人」としての国民的帰属意識が強い。そのうえで、順琴さんのように中国語は中国で生活するために必要な言語であるが、朝鮮語が自分の言語だ、という生徒もいる。この事例からは、国民的帰属意識とエスニック・アイデンティティの間の微妙なバランスが伺える。

b.　朝鮮族生徒のエスニック・アイデンティティ

　朝鮮族の集住地域にある A 校の生徒たちの中には、朝鮮語が第一言語であり、ふだん朝鮮族の間で生活をしているため、漢族の人と接することが少ない生徒が多い。そうした生徒の中には、「朝鮮族」という民族的帰属意識に関して特に意識していない生徒もいる。それに比べて、朝鮮族が漢族と混住している地区にある B 校の生徒たちは、地域の第一言語が

中国語であると同時に漢族と接するチャンスが多い。こうした生徒たちは、いつも漢族に接することから自分の民族的アイデンティティを意識する場合が多い。B校の生徒の中には、たとえ漢族の友達のほうが多く、朝鮮語ができなくても民族的帰属意識を比較的強く持つ生徒がいる。そのB校の生徒からは以下のような朝鮮語への意識的な発言がみられた。

　　　朝鮮語は朝鮮族にとって一番根本的な言語だと思います。だから、朝鮮語をちゃんと学びたいけど、周りの人たちは中国語を使うことが多いし、朝鮮語の教科書は魅力が感じられないので、朝鮮語を学ぶ意欲が出ません。
　　　（海月（仮名）、女性、B校の高校3年生、ハルビン市の近郊地域出身）

　　　朝鮮語が中国語よりもっと耳に慣れているし、親しみを感じさせます。（紅丹（仮名）、女性、B校の高校3年生、ハルビン市の近郊地域出身）

　このように、B校においては朝鮮語は朝鮮族の生徒たちの民族的帰属意識のありかたと緊密な関係があることが分かる。その一方で、次のように朝鮮語が自分の民族的帰属意識とほとんど関係がないといったような発言もある。

　　　朝鮮語を習うのはただ試験のためです。朝鮮語の授業は面白くないから、授業中に寝る人が多いです。
　　　（基哲（仮名）、男性、A校の高校1年生、延吉市の近郊地域出身）

　　　私自身は朝鮮族として、中国語以外に朝鮮語ができるという言語上の利点があるので、それはそれでいいと思います。しかし、そのほかには特に誇りとかは持っていません。
　　　（光日（仮名）、男性、A校の高校2年生、延吉市の近郊地域出身）

私は朝鮮語があまりできないけど、漢族より朝鮮族の友達とのほうがより親しくなれます。それは同じ民族だからです。

　　　　　　　　　（民洙（仮名）、男性、B校の高校 2 年生、ハルビン市出身）

　　上記の事例からみれば、B校の海月さんと紅丹さんは朝鮮語が朝鮮族にとって一番基本的な言語だと認識しており、対してA校の基哲さんは日常的に朝鮮語を使用しているにもかかわらず、朝鮮語への特別な意識は持っていない。A校の光日さんの場合は朝鮮語を社会進出のための有利な道具と考えていることが見受けられる。ここで興味深いことは、A校の朝鮮族生徒たちは、日常的に朝鮮族に接することが多く、朝鮮語が中国語より熟達しているにもかかわらず、朝鮮族としてのエスニック・アイデンティティを特に意識していないということである。対して、B校の朝鮮族生徒たちは朝鮮語がよくできなくても民族的帰属意識が強い傾向がある。

　　上記のように、朝鮮族の生徒たちの中国人としてのナショナル・アイデンティティと朝鮮族というエスニック・アイデンティティとは微妙なバランスを保っている。朝鮮族という民族的帰属意識は民族語の朝鮮語の能力と必ずしも一致するものではないことが言える。中国政府による少数民族教育政策は、朝鮮族学校という公立学校を作って、そこで中国語と民族語のペアとしての二言語教育を実施している。上記のような朝鮮族が、中国国民としての国民的帰属意識を強く持ち、かつ朝鮮族としてのエスニック・アイデンティティを重層的に持っていることは、中国の二段構えの少数民族政策が機能していると言えるだろう。

4．グローバル化時代の学校選択

　　改革開放の実施以来、中国内における共通語としての中国語の重要性がますます高まり、また朝鮮族の地理的移動にともない脱農業といった変化

が起こる中で、朝鮮族の民族教育観はどう変化してきているのだろうか。自分の子どものために、あるいは自分自身のために、彼らは学校とその教育とをどのように選択しているのか。延吉市とハルビン市における進路としての学校選択は、主に朝鮮族学校と漢族学校の2種類に分けることができる。以下では、まずこの朝鮮族学校と漢族学校の選択要因について検討する。さらに、今回の調査の過程で、朝鮮族学校である延吉市のA校とハルビン市のB校に漢族生徒と韓国人留学生が入学していることが分かった。彼らが朝鮮族学校を選択した要因は何であろうか。

4.1. 漢族学校を選択する要因

　中国において朝鮮族が漢族と混住している地域は、過去においても漢族学校に通う朝鮮族の子どもが多かった。1989年の統計データによると、中国の東北部における瀋陽、長春、ハルビンの3大都市の朝鮮族生徒の70～75％が漢族学校に通っている（황유복　2002, p.117）。それに比べて、朝鮮族が集住し、朝鮮族の伝統も強固に伝承されていると見られる延辺朝鮮族自治州の場合は、朝鮮族生徒の9.22％が漢族学校に通っているにすぎない（김상철・장재혁　2003, p.108）。しかし、近年、延辺朝鮮族自治州の朝鮮族生徒の中にも漢族学校に通う生徒が増えつつある。それに関する正確な数値は把握できないが、本研究の調査から漢族学校に通う朝鮮族生徒が増加している傾向をさまざまな場面で観取することができた。例えばA校の校長は、2005年現在延吉市における漢族中高一貫校であるV校には、全校生徒の20％を占めるまでに朝鮮族生徒が「増えた」ことを指摘している。

　このように、漢族学校に通う朝鮮族の子どもの増加にはどのような原因があるのかに関して以下の2つの事例を検討したい。

　〈**事例1**〉金海燕（仮名）、女性、朝鮮族、A校の教師。
　　金さん自身は小学校から漢族学校に通った。現在9歳で小学校3

年生の子どもが1人いる。この子どもは、幼稚園は漢族幼稚園に通い、小学校1年と2年は朝鮮族学校に通い、小学校3年生の時からまた漢族学校に通い始めた。金さんの家庭においては、中国語を主に使う。しかし、子どもに朝鮮語を忘れさせたくないため、家で朝鮮語も使ってきた。子どもを漢族学校に転校させた理由に関して、金さんは以下のように語る。

　私たち夫婦は2人とも漢族学校に通いました。だから、家では主に中国語でしゃべっています。しかし、子どもに朝鮮語を忘れさせたくないので、朝鮮語も意識的に使っています。うちの子は、すでに2年間朝鮮族学校に通っていたので、基本的な朝鮮語は全部できます。漢族学校に転学させたのは、この延辺地域は朝鮮族人口が急激に減少しており、子どもたちも将来われわれとは異なる進路選択を行うだろうと思うからです。延辺に留まっているとはかぎらないでしょう。だから、チャンスをより増やすためです。

　　　　　　　　　　　　　　　（2005年3月、延吉市にてインタビュー）

〈**事例2**〉李恵淑（仮名）、女性、朝鮮族、B校の教師。
　李さん自身は小学校から高校まで漢族学校に通った。大学卒業後ずっと地元の漢族学校で教え、その後現在のハルビン市のB校に転職することになった。李さんの子どもは小学校からずっと漢族学校に通い、現在はハルビン市内の漢族学校の高校1年生である。家で、李さんは子どもと朝鮮語、中国語の両方を使って話す。子どもは朝鮮語が話せないし、書けないが、少しは聞き取れる。
　以下は子どもを漢族学校に通わせた原因に関するインタビュー内容である。

問：なぜ子どもを漢族学校に通わせたのですか。

李さん：理由は簡単です。漢族学校は教師たちの教え方が上手だからです。そして、教える知識量が多いのです。

問：子どもが民族語（朝鮮語）ができないことについて、どう思いますか。

李さん：それはしかたないですね。選択しなければならないじゃないですか。選択するなら中国語のほうにします。

問：子どもが将来社会に適応しやすくするためですか。

李さん：それはそうですね。もう1つは、大学では全部中国語で教えるので漢族学校を卒業していたほうが有利だからです。

　上記2つの事例では、共通点は保護者の2人とも教育者であり、子どもの将来の社会進出に有利なことを考えて漢族学校を選択したことである。そして、2つの事例とも朝鮮族として朝鮮語は捨てさせたくないが、学校選択の際に主には漢族学校を選択するとのことである。

　本研究の調査からみれば、朝鮮族生徒が漢族学校に通う第一の要因は、主に中国語主体社会によく適応するためである。これは上記の2つの事例から分かる。これに関しては、朝鮮族集住地域と朝鮮族が漢族と混住する地域を比較しても、あまり違いがない。実際にも、朝鮮族が漢族と混住する地域では、一般的に居住している主体社会が中国語社会であるため、漢族学校に通う子どもが多かった。しかし、延辺朝鮮族自治州のような朝鮮族の集住地域では、従来は朝鮮族学校に通う生徒が大多数であった。しかし、現在は将来の活動の場が自治州に限らず漢族社会に広がるため「中国語をよく勉強する」ことが重視されてきた。そして、保護者の中で質のより高い学校を追求する傾向も見られるようになった。

　第二の要因は、朝鮮族学校の廃校によって居住地の近くに朝鮮族学校がなくなったため、仕方なく漢族学校に通うという事態が挙げられる。

　過去においては、朝鮮族の村ごとに朝鮮族小学校があり、朝鮮族の郷には朝鮮族中学校があり、県には朝鮮族高等学校があった。したがって、朝

鮮族の子どもたちは大学進学まで朝鮮語と朝鮮族の文化が維持できた。しかし、現在は朝鮮族の移動とともに村の朝鮮族学校は生徒がいなくなり廃校という状況にさらされている（황유복　2002, p.114）。延辺朝鮮族自治州の朝鮮族小学校は 1985 年までは 419 校あったが、1995 年には 177 校に減少した。朝鮮族中学校の数は 1985 年の 118 校（中学 92 校、高校 8 校、完全中学[3]18 校）から、1995 年の 49 校（中学 34 校、高校 8 校、完全中学 7 校）に減少した（同上：p.114）。黒竜江省の実態調査によると、朝鮮族小学校は 1990 年の 382 校から 1997 年には 51 校に減少し、中学校は 1990 年の 77 校から 1997 年には 15 校しか残らず、ほかの学校はすべて廃校となったのである（同上：p.114）。

　このように、朝鮮族生徒が漢族学校を選択するのは、中国における主体社会である漢族社会に適応するための中国語重視、質の高い学校への志向、朝鮮族学校の廃校によってしかたなく漢族学校に通うという要因があることが分かった。

4.2.　朝鮮族学校を選択する事例

　子どもを漢族学校に通わせる朝鮮族保護者が増加しつつある一方、依然として朝鮮族学校に通わせる朝鮮族の保護者はどのような人たちであろうか。そして、朝鮮族学校である A 校と B 校に通っている生徒たちは、どのような理由でこれらの朝鮮族学校を選択したのだろうか。

　　〈事例3〉姜春蘭（仮名）、女性、朝鮮族、B 校の教師。
　　　姜さんには現在 6 歳の娘が 1 人いる。娘はハルビン市内のある朝鮮族小学校の付属幼稚園に 1 年間通った後、同じ付属学前班[4]で 1 年間、現在もその学前班に通っている。娘が上記の学前班に 1 年

3　　完全中学は中高一貫校を指す。

4　　就学前教育として、小学校に付設された 1 年制の幼児学級。

間通う時、担任の先生が4人変わった。これに対して姜さんは非常に不満を持っている。そして、現在の学前班の先生たちは責任感がなく、教え方もよくないと批判的である。

　夫は自分が朝鮮族学校に通ったので、子どもを漢族学校に通わせたくないと言うんです。彼は朝鮮族の子どもは必ず朝鮮族学校に通わなくてはいけないと考えています。私も娘に朝鮮語を学ばせるのは将来的にいいことだと思いますが、だからといって朝鮮族学校に通わなくてはいけないとは思いません。そして、現在の朝鮮族学校は本当に責任をちゃんととっていません。

（2005年3月、ハルビンにてインタビュー）

　姜さんは子どもを朝鮮族学校に通わせることへの不安を抱いていながら、夫の意思にしたがって朝鮮族学校を選択しようとする。姜さん自身は漢族学校を卒業したが、夫は朝鮮族学校を卒業し、さらに「朝鮮族の子どもは必ず朝鮮族学校に通わせる」という考えのもとで自分の子どもを朝鮮族学校に通わせようとする。ここでは、朝鮮族と朝鮮族学校の間の「必然性」という伝統的な意識と、個人と教育との関係の中から生じる現実的な問題との間の乖離を見ることができる。

〈**事例4**〉陳雪梅（仮名）、女性、朝鮮族、大学教員。
　陳さんは大学教員であり、仕事で日本や韓国によく行く。彼女には14歳の息子が1人いる。息子は幼い頃祖母の家にいることが多く、一番最初に覚えた言語は朝鮮語であった。しかし、幼稚園はハルビンの漢族幼稚園に通ったため、それ以降はしだいに中国語を使用することが多くなり、家で両親とは朝鮮語の日常用語以外はほとんど中国語を使用していた。両親も息子に特別に朝鮮語を教えたことはない。息子は小学校は漢族学校に通い、その後もある有名大学

の付属中学校（4年制）に2年間通ったが、半年前に両親の意思で朝鮮族学校のB校に転校することになった。

　息子を漢族学校に通わせ、さらに朝鮮族学校に転校させた理由について、陳さんは次のように語る。

　当時、息子を漢族学校に通わせたのは、1つには漢族学校のほうが朝鮮族学校より教学の質も高いし、知識量も多いからです。将来社会に出ても中国で過ごす限り、朝鮮語より中国語をもっと使うことになるでしょう。そして、もう1つの原因は正直に言って、私が朝鮮族学校で教師として働いた経験もあるので、子どもにもっと素晴らしい教育を受けさせたかったからです。夫も私と同じ考えだったので、特に争いはなかったです。でも、その後また朝鮮族学校に転校させるようになったのは、息子が以前通った漢族学校が進学校だったため競争が激しく、そのため息子の勉強のストレスも強いと思ったからです。最初は知らなかったのですが、そうしたストレスで息子は体調を崩し、半年休学することもありました。現在の学校に転校してからは、息子は寝る時間も増えたことで、前より背もずいぶん高くなりました。それはとても嬉しいことです。漢族学校に通っていた時は、勉強で忙しく、毎日寝不足で、いつも疲れているようでした。そのような精神的なプレッシャーからお腹が痛くなる症状がよく現れ、病院にも何度も通いましたが、それに対応する処方箋は見つからなかったのです。息子に病気になるほど苦労させたくなかったので、私はやはり朝鮮族学校に通わせたほうが、息子をもっと楽にさせることができると思いました。それに、朝鮮族学校に通わせると、自民族の言語も学べるので、朝鮮族学校のB校への転校を決意しました。（2009年8月、ハルビンにてインタビュー）

　それでは、陳さんの息子は母親の意思で朝鮮族学校に転校した後、どの

ような変化が生じたのだろうか。陳さんは次のように語る。

　　　現在通っている B 校が前の漢族学校と違うところは、宿題が少
　　なく、スポーツ活動や課外活動が多いことです。課外活動には、さ
　　まざまな活動がありますが、その中でも良いと思われるのが、名作
　　を読んで感想を書いたり、劇を演じたりすることです。前の漢族学
　　校では、皆成績をあげるためにいつも勉強に追われて、そんな余裕
　　はなかったのです。ここに転校してから、息子のお腹が痛い病気も
　　だいぶ良くなりました。朝鮮語はここに来てから入門から始めたの
　　ですが、たぶん昔から家で私と夫の間で常に朝鮮語で話をしていた
　　ため、息子が知らずに朝鮮語をけっこう覚えたのではないかと思い
　　ます。だから、息子の朝鮮語の習得はそれほど問題になっていませ
　　ん。今回の期末試験で、息子はクラスでは 2 番目、学年では 4 番
　　目の成績をとりました。　　　（2009 年 8 月、ハルビンにてインタビュー）

　上記の高学歴朝鮮族の親の発言から、彼女は自分の子どもにより良い教
育を与えるために、さまざまな方法を模索してきたことが分かる。最初は
朝鮮族学校より優れていると見られる漢族学校に通わせ、その中でも比較
的優秀な子どもたちが入る進学校に入っていたため、常に競争の不安にさ
らされ、結局一種のストレスとなって体調を崩すことになった。このよう
な状況の中で、陳さんは息子を成績だけに追われる人間ではなく、心身と
も健全な子どもとして育てることが重要であることを意識し、朝鮮族学校
の B 校に転校させるという戦略をとった。このような戦略による効果は
顕著なものであり、陳さんの息子に健康な体をもたらしただけでなく、自
信も取り戻すことができた。そして見られるのは、陳さんは朝鮮族学校の
教育内容の変化に驚くと同時に、今まで気づかなかった朝鮮族学校の良い
点にも気づいたことである。
　それでは、A 校と B 校の朝鮮族生徒たち自身は朝鮮族学校に通うこと

についてどう考えているのだろうか。

　本研究のインタビュー調査から、この2つの学校の生徒の中には「朝鮮族だから朝鮮族学校に通わせる」という保護者の強い意図により、朝鮮族学校に通うことになったケースが多く見られる。また農村出身の生徒の中には、保護者が意識的に朝鮮族学校に通わせたというより、「家の近くに朝鮮族学校があったから通うことになった」という事例もある。また、「朝鮮族が朝鮮族学校に通うのは昔からの伝統じゃないですか。両親は考えもせず私を朝鮮族学校に通わせたと思います」という事例もあった。そして、特に延吉市は朝鮮族の集住地域であると同時に、市内に小学校から大学まで朝鮮語で教える教育システムが整っているため、朝鮮族の子どもが両親と同じく朝鮮族学校に通っているケースが多かった。加えて、大学受験の時、朝鮮語で受験できることから朝鮮語を第一言語として使用している朝鮮族生徒にとっては、朝鮮族学校に通うのが「大学に進学しやすい」という要因もあった。そして、これらの朝鮮族生徒たちは両親が自分のために朝鮮族学校を選択したことに関して特に違和感を抱いていない。

4.3.　朝鮮族学校を選択する漢族生徒と韓国人留学生の登場

a.　漢族生徒

　1992年の中韓国交正常化以来、中国でも韓国語の需要が高まり、延吉市のA校に新しい現象として漢族生徒の入学者が増えつつあり、2005年現在全校3132名の生徒の中に漢族生徒が52名いる。このような漢族生徒はどのような生徒であり、彼らが朝鮮族学校に通う理由は何であろうか。

　　〈事例5〉啓明（仮名）、男性、漢族、A校の高校2年生、延吉市出
　　　身。両親とも漢族。
　　　啓明さんの父親は裁判所長である。啓明さんの朝鮮語はとても流
　　暢である。幼稚園は漢族学校に通い、小学校からはずっと朝鮮族学
　　校に通っている。両親が朝鮮語ができないため、啓明さんは家では

漢語だけを使っている。朝鮮語は朝鮮族小学校に入ってから勉強し始めた。小学校に入るまでは、朝鮮語は少しもできなかった。啓明さんは自分がどうして朝鮮族学校に通うことになったかについてはっきり分からないようだが、将来何をしたいかとの質問について答える時、「自分が朝鮮族学校に通ったことで、言語的に有利だと思います」と言い、そしてそれについて次のように語った。

　朝鮮語は、私が将来やる仕事において役に立つと思います。たとえ、将来私に何もできない時があっても、私にはこの言語能力があるので、他の人が私を見る時、私は彼らよりつまり私と競争する人たちより有利でしょう。　　　　（2005年3月、延吉にてインタビュー）

〈**事例6**〉琳潔（仮名）、女性、漢族、A校の高校3年生。父親は漢族。母親は朝鮮族。

　琳潔さんの戸籍の民族欄には「漢族」と書かれている。小学校に入学するまで、琳潔さんはずっと吉林省の和龍市に住んでいた。和龍市では朝鮮族と漢族の人口がほぼ半分ずつ占めているため、街でも朝鮮語がよく耳に入るほどである。琳潔さんは小学校1年生の時に家族と延吉市に引っ越し、その後ずっと延吉市内の朝鮮族学校に通っている。

　琳潔さんは自分が朝鮮族学校に通うことになった理由を「中国語に加えてもう1つの言語が学べるからです」と語る。家で用いる言語は、父親とは中国語、母親とは朝鮮語である。母親は朝鮮語が話せるが、父親が朝鮮語が話せないため、2人の間では中国語だけ使っている。琳潔さんは、学校で友だちとは中国語を使わずに朝鮮語で話す。現在通っているA校では、「みんな朝鮮語を使い、中国語を使う人はごく少数です」という。

　琳潔さんは、現在勉強している朝鮮語科目の教科書の内容に関し

て、「全部理解できるし、難しくありません」と語った。琳潔さん
は、朝鮮族の文化や伝統に関する理解は主に朝鮮語科目の授業を通
じて学んだ。それ以外は、韓国語の本を読んで理解する。韓国語の
本は、学校の図書館で借りられるし、延吉市内の書店でも購入でき
る。このような韓国語の本は、主に韓国で出版されている童話、小
説、マンガなどである。

　上記の2つの事例をみれば、漢族生徒が朝鮮族学校を選択する要因と
しては、朝鮮語を第二言語として勉強することにある。

　1980年代以来の改革開放とともに、中国はグローバル化の流れの中に
入り、特に近隣国である韓国との交流が頻繁に行われている。その中で、
「韓国ブーム」とともに中国内で韓国語を学ぶ人が増えつつある。朝鮮族
学校も積極的に朝鮮族以外の生徒への門戸を開いた。したがって、上記の
ような朝鮮族学校にも漢族の子どもたちが通う現象が現れている。朝鮮族
の集住地域である延吉市では、朝鮮族が多数を占め、朝鮮語が第一言語と
して使われているため、言語と文化の面において漢族が朝鮮族の影響を受
けやすい。そして、中国と韓国の交流が頻繁になる中で、朝鮮族が重要な
架け橋の機能を果たしている。

　韓国語と中国で使われている朝鮮語はもともと同じ言語であったが、韓
国と中国の歴史が異なるため、言語においてそれぞれ前者は国語、後者は
少数民族の言葉として位置づけられている。そしてすでに言及したように、
韓国語と朝鮮語は文法においては同じであるが、語彙やアクセントにおい
ては違いがある。韓国語を身につけることは、漢族の子どもにとっても将
来の進路選択において有利であると考えられている。したがって、二言語
教育がなされている朝鮮族学校に、韓国語とほぼ同じ言語である朝鮮語を
習得させるために子どもを通わせる漢族の両親が増えつつあると考えられ
る。特に延吉市のような朝鮮族の集住地域では、朝鮮族の間では主に朝鮮
語で交流し、他の都市に比べて朝鮮語／韓国語の書籍がより容易に入手で

きる。したがって、上記の漢族生徒たちの事例で確認されたように、朝鮮語が全然できない漢族生徒でも朝鮮族学校に入ってすぐ朝鮮語の言語環境に入り込むことができる。そして、朝鮮語を朝鮮族生徒と同じぐらい駆使できるようになる。Ａ校では、朝鮮族生徒より漢族生徒のほうがより二言語に通じる現象が起こっている。

b. 韓国人留学生

ハルビン市のＢ校では、2003年から韓国人留学生を受け入れ始め、2004年から正式に韓国人留学生向けのクラスを設けた。2005年3月現在高校部の生徒数は約850名で、その中に韓国人留学生が約10名いる。中学部の生徒数は487名で、その中に韓国人留学生が約40名いる。

〈**事例7**〉ヘジョン（仮名）、女性、18歳、韓国のソウル出身。

ヘジョンさんは、父親が中国との貿易関係の仕事をしているため、中国に移動するようになった。彼女はまず中国の広州にある漢族中学校で2年間勉強をし、その後ハルビンのＢ校に来た。彼女が中国に留学した理由は、父親が彼女に「あなたは勉強しないから韓国では見込みがない。中国はこれからますます経済が発展するから、中国語を勉強しなさい」と言ったからである。

さらに、ヘジョンさんが漢族学校ではなく朝鮮族学校であるＢ校を選んだ理由は「この朝鮮族学校には韓国人の知り合いが何人かいます。午前は朝鮮族の子たちと一緒に勉強しますが、午後は数人の韓国人だけ集まって中国語を勉強するから楽しい」からである。つまり、彼女は中国で中国語を勉強する場として、漢族学校ではなく朝鮮族学校の二言語教育を利用しようとしている。

また、現在通っているＢ校とその前に通った漢族学校との違いについて彼女は「漢族学校にいた時は、外国人が私1人だけだったので、あまり気遣ってくれなかったのです。それに漢族の子たちと

は話があまり通じません」と語った。

　現在彼女は高校1年生であるが、高校3年生まで上がって、中国で大学受験も受けるつもりである。

〈**事例8**〉マンス（仮名）、男性、26歳[5]、韓国の京畿道出身。

　マンスさんは韓国で5年間仕事をしたことがある。その間に、3カ月中国山東省に技術を教えにくる機会があった。2001年に、中国語が学びたくて韓国で中国語学校に1カ月通ったことがあるが、中国語があまり上達できなかったので、中国へ留学することを決意した。その後、雲南大学に留学し、国語学科で1年間勉強した。けれども、マンスさんにとって雲南地域は気候がいいから住みやすいが、方言がよく使われているため標準中国語を学ぶ理想的な場ではなかった。したがって、彼は中国でも言語的に中央人民放送テレビ局（中国で最も影響力のあるメディアの1つ）の標準中国語の発音に一番近いと言われるハルビンに中国語を学びに行くことにした。

　ハルビンは言葉がきれいです。この学校（B校）は中国語をよく教えてくれます。ハルビンで他の大学にも通ったことがありますが、韓国人が留学生の90％を占めていたので多すぎると思いました。遊ぶにはいいですけど、韓国人の間では韓国語ばっかり使いま

5　B校では，留学生の受け入れにおいて、例えば高校部に入学あるいは編入を希望する生徒に対して、まずその生徒が中国内外の国家政府が認める中学校の卒業証書があるかどうかを審査基準とする。希望者の年齢に関しては，朝鮮族や漢族生徒に対する基準とは異なり、特に制限はない。しかし、学費に関しては、2009年8月27日の筆者の現地調査によると、B校における生徒たちの1年間の学費が朝鮮族生徒の場合には500元（2013年1月3日のレートでは6991円になる）であり、外国の国籍（留学生）の生徒の場合には1万元（2013年1月3日のレートでは13万9828円になる）になる。

すので、中国語が学べません。学校をいくつも調べました。

（2005 年 3 月、ハルビンにてインタビュー）

　　マンスさんは 2 カ月後 HSK（中国漢語（筆者注：標準中国語を指す）能力試験）[6] を受けるつもりで、8 級に合格したら大学に進学し、合格できなければ中国内で貿易会社に就職する予定である。

　上記の 2 つの事例から見れば、韓国人留学生が朝鮮族学校を選ぶ理由は、B 校では主要言語が中国語であるため中国語が勉強できること、また学校内で韓国語が通じるという点にある。この背景には、彼らの両親が中国との貿易関係の仕事をしていることや本人が将来中国と関わる仕事を望んでいるなどの要因が影響している。

　黒竜江新聞 2005 年 6 月 30 日の記事によれば、2005 年現在黒竜江省に進出した韓国企業は約 1200 社ある。その中でハルビン市にあるのは約 200 社であり、その中にはハルビン市に進出して 10 年以上経つ会社もある。こうしたハルビン市の投資環境に関心を持つことで、投資のために訪れる韓国の企業家たちが近年増えつつある。しかし、彼らの中には中国に長期にわたって居住する者もいるが、その場合には家族、特に子どもを同行させることも少なくない。したがって、彼らにとって中国での子どもの教育、特に学校の選択が重要な問題になっている。このように、中国と韓国の経済的な交流が進展するとともに人の交流も増え、その結果中国に移動し、中国で教育を受ける韓国人の子どもが増えている。彼らの中国語の

6　中国漢語能力試験。中国の教育部が設けた漢語が第一言語でない中国の少数民族、華僑および外国人を対象とする中国語能力認定標準化国家試験。ランクは基礎段階と基礎後段階の漢語能力を 4 レベル 11 級に分ける。その中で、基礎レベルが 1 〜 2 級，初級が 3 〜 5 級、中級が 6 〜 8 級、高級が 9 〜 11 級になっている。

勉強の場として、朝鮮語と中国語の二言語教育が行われている朝鮮族学校が良い選択対象になっている。その中でも、中国語を主な使用言語としているB校のような朝鮮族学校は、さらにメリットが高まっている。

　以上、朝鮮族学校に通っている漢族生徒と韓国人留学生に関して検討をしてきたが、朝鮮語を主要言語とするA校に漢族の生徒たちが入ってきたのは、A校が改革開放の時代の要求に応じて朝鮮族以外の生徒にも門戸を開いた結果である。中国語を主に使用しているB校が韓国人留学生の中国語学習の良い学校選択対象になっている現象は、民族学校としてのB校がグローバル化との接点を合わせ持っていることを意味する。

5．むすび：少数民族教育の新しい意味

　本章では、中国の少数民族教育としての公教育機関である朝鮮族学校における二言語教育の実態とその意味が、中国の改革開放政策の実施とグローバル化の中で、変容しつつあることを明らかにした。

　中国政府の少数民族教育の特徴である二言語教育は、朝鮮族学校に通っている朝鮮族の生徒たちに「中国国民としてのナショナル・アイデンティティ」と「朝鮮族としてのエスニック・アイデンティティ」の双方をそれぞれ維持させようとするものである。これは、中国の少数民族政策が国内における多民族の国民統合に一定の機能を果たしてきたと言えるだろう。

　この二言語教育は改革開放以来、大きな変容を遂げてきた。市場経済とともに中国内では人の移動が激しくなり、民族間および地域間の交流も深まり、その中で中国における共通語である中国語の使用価値が高まっている。したがって、朝鮮族の中でも中国語重視によって子どもを漢族学校に通わせる動向が見られる。一方では、従来通り子どもを親と同じく朝鮮族学校に通わせている事例もまだまだ多く見られる。そうした生徒の中には、朝鮮族の間で生活をし、朝鮮語を話し、漢族との接触も少なく、民族的アイデンティティをあまり意識しないでいる生徒も少なくない。

しかし、近年の中国と韓国の交流が進展する中で、韓国語の需要が高まり、A校のような朝鮮語を主要言語とする朝鮮族学校に朝鮮語の習得を目的とする漢族の子どもが増えつつある現象が、本研究の調査で明らかになった。そして、B校のような中国語を主に使用する朝鮮族学校に中国語の習得を目指した韓国人留学生も入学しつつあることが確認された。このような状況は、従来中国政府によって「少数民族教育」と指定され自民族の生徒だけを対象にし、自民族の言語や文化を教えることによって民族の伝統を継承するという少数民族学校の教育に新しい意味を与えているのである。すなわち、少数民族学校における教育が、すでに「少数民族」に限定する教育ではなく、よりグローバルな市場のニーズに応じるものになっていることである。これは学校側が積極的に改革開放とグローバル化の流れの中で朝鮮族以外の生徒たちに門戸を開いた結果である。

　そうした変化の中で、言語教育に使用する教科書への批判が高まっており、その内容の改定が進んでいる。朝鮮族学校の特徴である二言語教育が、朝鮮族生徒や漢族および韓国人留学生を魅了している。一方、市場化とグローバル化の中で、さまざまな生徒の多様な需要にどのように対応し、民族学校の特徴をどのように生かすかは、現在朝鮮族学校における重要な課題になっている。

　21世紀のグローバル化と新しい時代において、朝鮮族の民族語である朝鮮語の教育はこれからどうなるのだろうか。朝鮮族の移住先において、だれがその朝鮮語教育の役割を担うのか。彼らのエスニック・アイデンティティはまたどのように変化していくのだろうか。人の移動とそれにともなう移動地における新しい教育の姿はどのように描出可能だろうか。これらの点は、次章以降で検討していきたい。

第Ⅱ部

朝鮮族の中国内における移動と言語意識の変化

第2章

北京の「韓国城」（コリアンタウン）

改革開放が生み出した新しい都市コミュニティ

1. はじめに

　本章では、中国東北部から北京へ移動した朝鮮族に注目し、彼らは北京でどのようなコミュニティを形成し、どのような人たちとの関わりの中で暮らしているのかを明らかにする。そのために、近年北京に新しく形成された望京地域の「韓国城」というコリアンタウンに焦点をあて、それはどのようなコミュニティであるのか、そのコミュニティが朝鮮族の人びとにとってどのような場所であるのかを考察する。

　中国における市場経済の急速な進展は、ヒト、モノ、カネ、情報などの都市への集中を加速化させ、その現象は北京のような大都市において顕著に現れている。中国内外の企業やそうした企業で働く人びとおよび彼らの家族が、さまざまな機会を求めて北京へ集まってくる。このように多様な人びとが集まってくる地域には、新しいビジネス、新しいライフスタイル、新しいコミュニティが生まれてくる。

　北京には中国の各地域から上京した人びとが「浙江村」、「新疆村」などのコミュニティを創りあげている。また、日本人は長富宮一帯に、ドイツ人は燕莎友誼デパートや凱賓斯基ホテル周辺に集住するなど、外国から来た人びとがそれぞれ自分たちの集住する街を創造しつつある。北京の東北部に望京という地域があり、そこには「韓国城」と呼ばれるコリアンタウ

ンがある。興味深いことは、このコミュニティはこれまで中国各地に住んでいた少数民族の朝鮮族の人びとと韓国から来た人びとおよび北朝鮮から来た人びとだけでなく、ここを訪れる中国人[1]や日本人が共同で創りあげたものだということである。

　望京は1980年代までは畑の多い北京郊外の小さな村であった。その後、人びとが徐々にこの地域に住み始めることで「睡城」(ベッドタウン)だけでなく、商業やさまざまなオフィスが並ぶ「消費之城」(消費の街)へと変貌した。さらに、北京市政府は望京を「副都心」として位置づけ、そのための都市開発を進めている。

　北京はソウルから飛行機で約2時間、中国の延辺朝鮮族自治州の州都である延吉からも飛行機で約2時間のところにある。望京は北京首都国際空港から車で約20分、バスで約40分かかり、北京の四環道路[2]と五環道路の間に位置する。北京政府は2008年にオリンピックの開催を迎えるため、その準備の一環として交通改善に重点を置き、市内から空港までの所要時間を短縮させた。その結果、北京首都国際空港から望京への直行バス路線が2007年に開通した。

　望京は、こうして空港や都心部との交通が便利になったこと、そして不動産の賃貸価格が都心部より安いことから、大小さまざまな多数の企業

1　本書では朝鮮族を中国の漢族やほかの少数民族の人びとと区別するために、主に朝鮮族以外の中国国籍を持つ人びとを「中国人」と呼ぶ。

2　北京の地理的位置を説明する際に、現地の人びとは「環」という用語を用いる場合が多い。北京の街の分布は、故宮を中心に、それを巡って環状道路が七環まで漸次に設けられている。二環目から七環目までの道路は高速道路である（一環目は高速道路ではなく、現地の人びとに「内環（路）」と呼ばれている）。四環道路は1999年に開通し、長さは約65.3キロメートルで、北京の都心から約8キロメートル離れたところにある。五環道路は2003年に開通し、長さは約98.58キロメートルである。五環道路は北京と近隣の省と市を繋げる主要な道路になっている。

の拠点となっている。その中には、SAMSUNG（サムスン）、SIEMENS（シーメンス）、パナソニック、MOTOROLA（モトローラ）など世界トップ500の企業もある。また、中央美術大学、中国社会科学院大学院、北京中医薬大学などといった高等教育機関も設けられている。さらに、韓国人国際学校のような外国人の子女が通う教育機関もある。したがって、望京は高等教育機関に通う留学生や家族連れの駐在員が好んで住む地域でもある。

　望京は、中国のメディアで「韩国城（韓国城）」、「高丽村（高麗村）」、「韩国村（韓国村）」、「小首尔（小ソウル）」と呼ばれ、現地の中国人には「韓国人が多いところ」として認識されている。主としてこの地域を創りあげた韓国人の人びとの間では、望京は「코리아타운（コリアンタウン）」、「한인타운（韓人タウン）」の通称で呼ばれる。北朝鮮の人びとも望京の中で生活している。さらに、中国の各地で生活してきた朝鮮族の人びともここに加わり、彼らはこの地域を一般的に「望京（ワンジン）」と呼び、「韓国人が多いところ」というだけでなく「朝鮮族が多いところ」として認識している。本書では、コリアンタウンを指す言葉として中国で新しく登場してきた「韓国城（ハングオチョン）」という言葉を用いる。「韓国城」という用語は、韓国人が多く居住する北京の望京地域を指し、中国人に分かりやすい表現として中国のメディアが使い始めた。現在、この言葉は望京以外でも中国で韓国人が集住する街を象徴する名称として使われつつある。さらに、「韓国城」は韓国ファッション関連の店や商店街を意味する言葉として、中国人特に中国の若者の中で人気を集めつつある。そして、韓国人の人びとも店を開く時に看板に「韓国城」と名づけることで、自分たちの個性を積極的に中国人にアピールしようとする現象が現れている。

　すでに言及したように、中国朝鮮族は中国の地にあってもエスニック・アイデンティティを強固に保ってきたが、そこでは子どもたちに中国の国家語である中国語に加えて、朝鮮族のエスニックな言語である朝鮮語を教えるという二言語教育が重要な役割を果たしてきた。このような二言語教育は、改革開放下に国内外への移動を開始した朝鮮族にとって有利な手段

を提供した。彼らは中国語と朝鮮語の双方に通じることにより、多くの領域において中国人と韓国人の間のコミュニケーションを媒介する役割を果たしている。本書で用いる「朝鮮語」は、主に中国において少数民族としての朝鮮族が使用してきた民族語を指し、「韓国語」は韓国の国家語であり、ソウル語を中心とする標準韓国語を指す。1990年代以降朝鮮族の韓国への移動と彼らの韓国人と接する機会の増加によって、朝鮮族が使用する朝鮮語は、韓国語の影響を受けることですでに過去において彼らが使用してきた朝鮮語とは異なってきている。すなわち、語彙や言葉の表現などにおいて「韓国語化された」朝鮮語が登場するようになった。したがって、朝鮮族の中には自分たちの使用する朝鮮語を「韓国語」と表現する者が増えてきた。

　以上のことから、本章ではまず望京「韓国城」の歴史的背景や街に関する描写を通じて、それはどのような街であるのかを考察する。次に、望京「韓国城」という街において、韓国人や朝鮮族、北朝鮮の人びとおよび中国人の人びとが相互にどのような経済的および文化的な影響を与えているのかを検討する。最後に、朝鮮族の若者の事例を取り上げることで、このコミュニティが朝鮮族にとってどんな意味を持つのかを考えていく。

2.　望京における「韓国城」の誕生

2.1.　望京：「小さな村」から「副都心」へ

　望京という地名は、遼時代にすでに存在していたと見られる。遼時代の首都は中京（現在の内モンゴル寧城）であり、幽州（現在の北京）は当時の「陪都」（副首都の意味）として「南京」という名前も与えられていた。現在の望京と当時の孫侯（現在の孫河村）という地域は、中京と幽州の間に位置する交通の要所であり、戦争が多い地域でもあった。したがって、当時は望京から約500メートル離れている孫侯に官吏の休息所として孫侯館が設けられた。当時、天気が晴れる日にはこの孫侯館から南京城が見えた

ことから、「望京館」という名前も使われるようになった。明代の1450年には北京城の北部と東北部の望京村に敵軍の進入状況を把握するための「墩台」（高台）が建てられ、その後現地の人びとに「望京墩」という名前で知られるようになった（戸力平 2009, p.63）。望京という地名は、このように早くから北京への出入りを見張る関所としての特徴を表す名称として現地の人びとに使われてきた。

　望京が畑や墓地が多い北京郊外の小さな村から「副都心」へと変貌したのは、中国政府の都市大開発が始まった1994年以降のことである。『北京都市総合企画』（1991〜2010）によれば、北京は人口と産業が都心に過度に集中していることから、都市建設の重点を郊外に移す戦略を行うことを計画している。そして、市区は「分散集団式」の分布を原則にし、市区中心地域とその周辺の10カ所の「辺縁集団」（周辺地域）から構成される。望京はその周辺地域の一部である「酒仙橋集団望京地区」（酒仙橋に属する望京地域）に組み込まれ、10カ所の周辺地域の中でも一番早く開発された地域となった。

　望京は居住と商業が一体となった大規模な住宅地である。住民の構成においては、企業経営者や外資系企業職員、医者や弁護士、芸能人などを含めた都市中間層が主流を占め、年齢的には若年層が多いと見られる。また、望京にはIKEA（イケア）、イトーヨーカドー、ウォールマート、ロッテマート、華聯（カレン）など大型のショッピングセンターが設けられているだけでなく、パナソニックやSAMSUNG（サムスン）、SIEMENS（シーメンス）など世界トップ500の企業が多数進出している。望京ではこうした大手企業や都市中間層の人びとが集まってくることによって、物価がだんだん高くなり、北京の中では高収入、高消費の街として知られるようになった。

　望京地域を管理する朝陽区政府は、海外に留学している中国人全般に対して彼らの帰国創業を大いにサポートし、そのための専門的な機関として「留学者創業園」を設立した。その第一段階として、1999年に北京市政府

の許可を得て望京科学技術創業園が望京先端技術産業区内に設立され、そ
の後の 2002 年に中国国家政府との共同で「中国北京（望京）留学者創業
園」が設立された。近年、北京市政府は海外における中国人留学者を重視
し、彼らの北京での創業を勧めることを「首都人材戦略」の重要な一環と
して行ってきた。この「留学者創業園」では、海外から帰国した中国人留
学者に対して積極的に優遇政策を実施している。例えば、帰国創業者に対
して先端技術企業を設立した日から約 3 年間は企業所得税を免除し、最
大 10 万元（2012 年 4 月 15 日のレートで約 128 万円）の創業助成金を与えて
いる。そして、帰国創業者の子女に対して、朝陽区教育委員会所属の進学
校を転入による別途料金免除で自由選択できるなどの特権を与えている[3]。
北京市政府は、海外での留学経験がある中国人のグローバル人材を積極的
に受け入れることで、彼らの中国内の科学技術産業への貢献を期待してい
る。このような流れの中で、朝陽区政府も積極的に優遇政策を実施するこ
とで海外留学者を引き寄せようとしている。

　このように望京が注目されてきたことには、この地域における「韓国
城」の誕生と緊密な関連がある。韓国人が望京に住み始めたのは 1996 年
の望京新城住宅地の一期完成後であり、彼らの入居が急に増え始めたの
は 2000 年以降のことである。それまで、この地域は外国人の入居が禁
止されていたため、韓国人は主に外国人専用のマンションに住んでいた。
2003 年に中国政府が外国人に対する居住制限を解除すると同時に、望京
が新型住宅地として開発され、賃貸などの価格が他の外国人専用のマン
ションより安いことから、韓国人の入居者が急速に増え始めた。その入居
者の中には、駐在員、留学生、自営業者、宗教団体の所属者および彼らの
家族などが含まれる。その家族の人たちの中には中国で商売をする人も

3　新京報 2005 年 10 月 18 日記事「"海归"子女任挑朝阳名校」（「海外留学帰
　　国者」の子女は朝陽区内の進学校を自由に選択できる）http://news.sina.
　　com.cn/c/2005-10-18/01057192634s.shtml（アクセス：2012 年 3 月 15 日）

いれば、家政婦を雇って自分の趣味生活を楽しむ人もいる。望京に居住する韓国人は流動性が高いため、正確な人数の把握は難しいが、2006 年に出された黒竜江新聞社の調査によれば、望京には約 4 万人の韓国人が居住しているとされる（이진산　2006, p.118）。そして、同調査によれば望京には約

図 11　望京西園 4 区住宅内の広場（2011 年 9 月 4 日、筆者撮影）

7 万人の朝鮮族も居住している。この地域には、北朝鮮の人びとも居住している。さらに、近年は現地の中国人や日本人およびその他の国の人びとも増えることで、ますます文化の多様性を確保しつつある。

2.2. 「韓国城」という名前の東アジアのハイブリッド文化街の成立

　地下鉄 15 号線の望京駅に降りて階段を上って外に出ると、左側に大通りがある。その道路の向かい側には望京地域で韓国人が多く居住している望京西園 4 区が見える。その住宅地の入り口の近くに北京首都国際空港行きのバスの停留所がある。そこではいつも韓国人がスーツケースを持ってバスを待っている。住宅地の入り口には、中国人の警備員が 24 時間警備している。住宅地に入ってまっすぐ歩いていくと、大きい広場（図11 を参照）が目の前に現れる。朝の時間にこの広場には、老年の中国人男女が体操やテニスをしている。そして、若い韓国人男女が数人集まっておしゃべりをする。夕方になると、この広場は子ども連れの男女で賑わう。その中には、子どもと手をつないで散歩する女性もいれば、ベビーカーを押しながら歩いている男性もいる。そして、ベンチに座って話をする中年女性たちや将棋を楽しむ中年男性たちも見られる。

この広場の商店街には、韓国人が経営するスーパーやテコンドー館、そして朝鮮族が経営する冷麺店などがある。この住宅地内には韓国料理やさまざまな中国の店も多く、それらの店舗の看板（図12）はほとんど中国語と韓国語の二言語で書かれているが、韓国語のみで書かれているものや中

図12　望京西園4区住宅内の飲食街（2011年9月5日，筆者撮影）

国語、韓国語に英語も加えて三言語で書かれているものもある。美容院から韓国語の歌が流れ、韓国料理店から焼肉の匂いが漂い、道を歩いている人からは韓国語が耳に入ることにより韓国にいるような錯覚さえ覚える。この住宅地内のスーパーには、韓国から直輸入されたコチュジャンやラーメン、菓子類および食器などが並べられ、韓国人の出入りがよく見られる。望京におけるこのような住宅地内の広場やスーパーは情報交換の重要な場所でもある。だれが家政婦を雇おうとするのか、どういう仕事が見つかるのかといった情報もこういう場において情報交換される。

　望京の朝は、会社員の出勤や子どもたちの登校で忙しい時間帯である。会社員の出勤が相次ぐ中で、韓国人の母親たちが幼稚園バスを待って、子どもを送る光景が見られる。そして、早くも朝6時頃から数人の韓国人の中高生の姿が見られる。彼らは住宅地内の塾に向かうのである。望京の韓国人が集住する住宅地内には、彼らの子どものニーズに合わせて作られた補習校が多数存在する。

　一方、望京の夜は賑やかである。韓国では、夜に数人集まって酒を飲むことが一般的であるが、望京でも例外ではない。特に、2006年のFIFAワールドカップが開催された時、望京のテレビ付きの韓国料理店は熱狂的

に声援を送る韓国人で満席になったと現地の人びとは言う。しかし、韓国人の大声での声援は住宅地内の広場においても続けられることがあり、中国人の住民からは生活リズムが崩れるという不満の声も上がった。2008年以降、北京市政府の外国人に対する不動産購入の制限や韓国の金融危機などの影響で望京における韓国人住民は急減しており、近年は夜騒ぐ韓国人が少なくなったという近隣の住民の話が聞かれる。

図13 南湖総合市場内の朝鮮族漬物売り場（2011年9月2日，筆者撮影）

　望京の日曜日は、教会が賑わう日でもある。韓国人の中にはキリスト教会に通う人が少なくない。韓国人の多い北京には韓国人教会が50余カ所設立されているが、望京にはそのうちの10余カ所がある。望京の韓国人教会はほとんどが韓国人専用の教会であり、日曜日になると北京の各地域から多くの韓国人が集まってくる。現地の韓国人の話によれば、教徒を多く有しているキリスト教会は、日曜日に集まる教徒だけでも約3000人に上ると言う。望京のキリスト教会では、一般的に韓国語による説教が行われ、聖書の勉強会や聖歌隊などが組織されている。このような教会は、信徒の信仰を深める場だけでなく、故郷を離れた人たちの情報交換や仲間作りの場でもある。

　南湖総合市場は望京で一番大きい市場であり、望京新城4区から歩いて約15分のところに位置している。この市場では、中国の食品や食材および日常用品を販売しているだけでなく、韓国や日本のものも販売している。中国の新鮮な野菜や魚介類、肉類、韓国のキムチやコチュジャンなどの食品や食材および韓国製の炊飯器などの厨房用具、朝鮮族に馴染みのある延辺の特産品、そして日本の酒、醤油なども販売している。特に、韓国

人や朝鮮族が経営している
キムチ売り場には、韓国人
はもちろん、朝鮮族、漢族、
そして日本人の観光客もよ
く訪れる。特に、日本人の
中にはたらこを買いに北京
の各地からきた人びともい
る。この市場には朝鮮族の
販売者が多く、彼らは朝鮮
族に人気のある延辺の干し
魚や若布、そして東北部の

図14　望京の北朝鮮料理店「平壌玉流宮」で公演を
行う様子（2011年8月31日，筆者撮影）

特産である唐辛子やキクラゲなどを販売している。野菜売り場にはチシャ
の葉やエゴマの葉もある。これらの食品は朝鮮族の食生活を支えてきたも
のであると同時に、韓国人の食材と共通するものである。週末になると、
この市場は北京の各地域から買い物にくる朝鮮族や韓国人、そして多くの
観光客で賑わう。

　望京「韓国城」には北朝鮮の人びともいる。彼らの個性を表現する場と
して北朝鮮の料理店が挙げられる。南湖総合市場のすぐ近くに、「平壌玉
流宮」という北朝鮮政府の支援の下で経営されている料理店がある。こ
の店の料理は基本的に北朝鮮の食材を使用しており、従業員のほとんどが
北朝鮮から派遣された若い女性たちである。この店の最大の特徴は、毎
日の夕方7時半から約40分間公演（図14）が行われることである。チマ
チョゴリを着た北朝鮮の女性たちは、北朝鮮の歌や舞踊を披露し、場合に
よって中国と韓国の歌も歌うことがある。観光客から花束を贈られる様子
も見られる。こうした飲食と公演をペアとする北朝鮮料理店の営業戦略は、
「韓国城」の一種の独特な個性を創出し、北朝鮮の人だけでなく、韓国人
や朝鮮族および現地の中国人に人気である。この店を訪れる観光客は多い

時には一日約300〜400人に及ぶが、そのほとんどが韓国人である[4]。北京の韓国企業の社員の懇親会もここで定期的に行われる。韓国人の人びとは、北朝鮮の料理や公演に関心があるだけでなく、北朝鮮から来た従業員と話を交わすことも期待する。週末になると、この店では朝鮮族の結婚式や披露宴を行うことが多い。この店で、北朝鮮の人びとと韓国人、朝鮮族の人びとは各自自分たちの言語（北朝鮮の言語、韓国語、中国の朝鮮語）で互いにコミュニケーションを行い、従来とは異なる形で朝鮮半島の文化を再生産している。この

図15（上）／16図（下）　望京国際商業センター内にあるイトーヨーカドーと，その中庭に期間限定で設けられた「日本ラーメン横丁」（2011年9月2日，筆者撮影）

場において、彼らは政治的な分断を越えて、言語的および文化的に共生する空間を創造している。

　日本外務省の統計によれば、2010年10月1日現在北京に在住してい

4　国民日報2010年4月27日記事「베이징 옥류관 꽉 채운 한국 관광객들」（北京の「玉流宮」をいっぱいにした韓国の観光客たち）http://news.kukinews.com/article/view.asp?page=1&gCode=kmi&arcid=0003648709&cp=du（アクセス：2012年5月9日）

る日本人は 1074 人とされている[5]。彼らの多くは、北京の長富宮一帯に集住しているが、望京に居住している人も少なくない。望京の住宅地内や市場では日本人の会社員や主婦の姿がよく見られる。望京西園 4 区からバスで約 5 分かかるところに望京国際商業センターがあるが、そこには日本のイトーヨーカドー（図 15）がある。そして、イトーヨーカドーの中庭には「中国で初めて」と言われる「日本ラーメン横丁」（図 16）が 2011 年夏に期間限定で設けられた。

　この屋台式の「日本ラーメン横丁」には、日本人の調理師や店員が勤務する 6 店舗の店が軒を並べている。ここでは、日本語によるコミュニケーションが可能であると同時に、日本の本場のラーメンが味わえることで、北京各地の中国人の若者にも人気がある。望京のこの一帯は日本文化を表現する 1 つの場として姿を現している。こうした日本の飲食文化は、望京だけでなく北京の人びとの食生活を豊かにしている。

　望京は、1994 年以降住宅地として開発されてから 10 余年の間に韓国人や朝鮮族、北朝鮮の人びとが集住するコリアンタウンとしての「韓国城」に変貌した。そして、現在は望京を訪れる北京の中国人や日本人も増えつつある。彼らは単に住宅地内の隣同士や観光客として存在するのではなく、市場や商店街のような公的な空間において飲食文化を主とする各自の個性を表現し、それを望京の文化として共同に創りあげている。このように「韓国城」という名前の東アジアのハイブリッド文化街が北京の望京に成立した。

5　「海外在留邦人数調査統計」平成 23 年速報版（平成 22 年 10 月 1 日現在）日本外務省 http://www.mofa.go.jp/mofaj/toko/tokei/hojin/11/pdfs/2.pdf（アクセス：2012 年 5 月 1 日）

3. 望京「韓国城」の人びと

3.1. 韓国人の商業戦略の変化

　望京の「韓国城」では、日常において中国語を使わずに韓国語のみで生活できる居住空間が形成されている。それが可能になったのは、この地域に韓国式の飲食店、スーパー、洋服店、美容院、塾および娯楽施設など、生活に必要な施設が設けられているからである。

　しかし、韓国人が暮らしやすいこの地域は、2008 年以降の韓国の金融危機とともに大きな変化を経験した。金融危機による韓国ウォンの価値低下が続く中で、韓国人の駐在員や留学生にとって中国での生活費の負担が重くなったため、帰国を選択する人や、もっと安い家賃を求めて望京からほかの地域に引っ越す人が急増した。特に留学生の場合には、学費と普段の生活費はほとんど韓国の両親からの仕送りに頼っていたため、この金融危機の影響で学業の継続を諦めざるをえない状況も生じた。韓国人を主な対象としていた飲食店や商店も、顧客の急減によって経営が難しくなり、閉店する店も増えてきた。

　望京の住宅地には、韓国の飲食や衣類、アクセサリー、テコンドーなど韓国関連の店舗や施設が多く設けられていた。これらの店は、もともと主に韓国人をターゲットとし、韓国語のみ使用するほど「韓国人専用」の排他的な空間であった。しかし、より安い価格を求めて中国現地の人びとが経営する店を訪れる韓国人が増加したり、帰国するか中国のほかの地域へ引っ越す韓国人が増えることにより、望京で韓国人が経営する店は経営難に面した。そうした経営が難しくなった店を韓国人から引きついだのは朝鮮族の人びとであった。朝鮮族は中国語と韓国語の両方でコミュニケーションができることから、韓国人だけでなく、中国人もターゲットとする戦略を行った。その結果、朝鮮族が韓国式の飲食店の経営に成功することが珍しくなかった。成功した店舗を見て、中国で生き残ろうとする韓国人

の人びとも、同様の商業戦略に挑戦し始めた。もともと韓国人の顧客だけをターゲットとしていた韓国ファッションの店も、中国人の顧客の需要に合わせて商品の値段などを調整することで、現地の中国人、特に若者の消費者を増やそうとしている。

　北京における韓国人社会の近年の変化について、中国に10余年滞在し、北京の在外韓人協会の現役副会長を務めている李成昊（仮名）は、以下のように語る。

　　　最近中国にくる韓国人の多くは、中国に関する情報をたくさん集めてきます。中国語も学んでくるし、中国に関する知識もある程度得てからきます。だから、最近事業に失敗する人が少なくなってきました。昔は、中国にくる時にお金さえ持ってくれば十分だという意識が一般的であり、中国人の考え方などに関しては何も知らなかったため、結局失敗する人が多かったのです。現在は中国も発展しているし、中国人を対象にビジネスをしようとする韓国人が増えてきています。ビジネスに成功するためには、中国のこと、特に中国人の考え方を知らなければならないと思います。

　　　　　　　　　　　　　　　（2011年9月5日、北京にてインタビュー）

　韓国の金融危機にともなう韓国ウォンの価値低下と中国の近年の経済発展は、多くの韓国人の考え方を変えつつある。これまで、中国に滞在していた韓国人の多くは、韓国人コミュニティ内部のネットワークの構築を重視し、商業においても韓国人以外の人びとを消費対象として考えることが少なかった。けれども、この金融危機と中国の経済成長は、中国で機会を求める韓国人に中国と中国人への関心を高めさせ、中国人への理解を深めようとする意識を持たせた。

3.2. 「韓流ブーム」と中国人のライフスタイルの変化

a. 「哈韓族」（ハーハンズー）と望京

中国では、外国の文化に強い興味を持つ若い年齢層の人びとを指す言葉として、「哈日族」（ハーリーズー）（日本好きな人びと）、「哈韓族」（ハーハンズー）（韓国好きな人びと）、「哈美族」（ハーメイズー）（アメリカ好きな人びと）、「哈法族」（ハーファーズー）（フランス好きな人びと）などがある。「哈」（ハー）という言葉は、ある物事に対して強い興味を持つことを意味する。

1993年に韓国ドラマ『질투（嫉妬）』が中国のCCTVで放映され、1997年には『사랑이 뭐길래（愛情とは何か）』が同テレビ局で放送されて中国で大ヒットした（呉詠梅　2009, p.104）。その後、韓国のポピュラー音楽やテレビドラマが徐々に中国に進出することで、韓国のポピュラーカルチャーに関するブームが起き始め、このような現象を中国のメディアは「韩流（韓流）」と称した（柳承华・金源坤　2009, p.48）。

中国人の中には、近年韓国のドラマ、音楽、映画だけでなく、キムチ、コチュジャンなどの韓国食品や韓国の電気製品、韓国での観光およびショッピングなどに大きな関心を持つ人びとが増えつつある（同上：p.48）。そして、韓国の音楽やファッションに強い興味を持ち、韓国語の習得を目的に韓国への留学を考える青少年も現れている。このような韓国のポピュラーカルチャーに強い興味を持つ若い人たちを中国では「哈韓族」（ハーハンズー）と呼ぶ。「哈韓族」と呼ばれる若い人たちは、髪型、服装、化粧、アクセサリー、携帯電話だけでなく、韓国の音楽に熱狂し、表情まで韓国ドラマの主人公の真似をしたりする。彼らは韓国文化を身近に感じるために、そうした情報を求めて都市の中を探し求める。望京「韓国城」は、韓国文化が溢れる場所として「哈韓族」には聖地のような空間になっている。彼らはこの「韓国城」において韓国語を耳にし、韓国料理で味覚を刺激し、韓国の服装やアクセサリーで外見を飾り、カラオケで韓国語の歌を歌うことで気持ちを表現し、街で「アンニョンハセヨ」（こんにちは）という韓国語の挨拶を交わすことで、自分たちの独自なアイデンティティを構築している。

韓国ファッションに強い関心を持つ中国の若者の需要に合わせたかのように、望京にはここ2、3年の間にさまざまな韓国ファッションの店が増え、2009年にソウルのファッションを代表する東大門ファッションセンターの衣類を直輸入して販売するショッピングセンター（図17）が設立された。このショッピングセンターでは、女性衣類を主にアクセサリー、鞄および食器、寝具などの生活用品を韓国から直輸入し、中国の若年層をターゲットにしようとする。中国の急速な経済成長と「韓流ブーム」の中で、望京「韓国城」は韓国のファッションにリアルタイムで接する空間を創造することで、北京における若者のファッションをリードしようとする。

図17　ソウルからファッション衣類などを直輸入し，販売しているショッピングセンター「望京韓国城」（2011年9月5日，筆者撮影）

b.　飲食と居住にみる中国人のライフスタイルの変化

望京「韓国城」における韓国人の集住と中国での「韓流」ブームは、望京の中国人のライフスタイルに変化をもたらした。以下では、主に飲食と居住の2つの側面からその変化について検討したい。

2003年に韓国ドラマ『대장금（大長今）』が中国で放映され、大人気を得ると同時に、中国人の韓国料理への関心が高まった。特に、韓国料理の中で代表的な漬物であるキムチが中国人の食卓に現れ始めた。望京の「韓国城」では、キムチは住宅地内のスーパーや近くの市場ですぐに入手できるため、中国の人びともキムチに関心を持つようになった。中国人の中には、自らキムチを作る人も増えてきた。キムチの作り方は、インターネッ

トで中国人による詳細な説明が書かれていると同時に、作る全過程の動画も載せられているため、中国人にも学びやすくなっている。中国人のキムチの受け入れは、彼らにとって異文化体験への挑戦であるだけでなく、新しいライフスタイルの創造でもある。

　望京に韓国人が多く住むことによって、現地の住宅の内装も従来とは異なるスタイルに変化している。望京の韓国人住民たちは、賃貸マンションで暮らすことが一般的である。したがって、マンションの持ち主は韓国人の長期の賃貸を狙って、部屋の内装を韓国人になじみのあるスタイルに合わせる傾向がある。その例の1つとして床暖房が挙げられる。中国の伝統的な暖房方法は、部屋の壁などに熱水供給パイプ式の「暖気」（ヌアンチー）を設置して、部屋を暖める。しかし、韓国式の暖房方法は、床を加温することで部屋を暖める。北京の望京でよく使われる床暖房は、一般的に温水式と電気式の2種類がある。温水式は、床の下に60℃以下の暖かい水を通すパイプを設置し、地域で管理されている温水供給所から温水がパイプを通じて送られるものである。電気式は、発熱体を床の下に組み込み、電気を入れることで床面が温まる。両方とも、風の対流で温めるエアコンとは異なり、均一の温かさが得られる。熱が足から上に上昇する「頭寒足熱」の特徴があるため、床暖房に慣れている韓国人には大好評である。このような床暖房は、現地の朝鮮族や中国人にも積極的に受け入れられている。

　望京の住宅の内装のもう1つの特徴は、韓国式のインテリアである。近年、望京では新しい宿泊施設として韓国式の「민박（民宿）」（ミンバク）が現れた。こうした民宿は、最初は韓国人のために設けられた宿泊施設であり、主に韓国人や朝鮮族によって経営されてきた。経営者は、韓国人の宿泊者に快適さを与えるために、部屋のインテリアや家具の選択において韓国のものを模倣するほか、韓国の衛星テレビ番組も視聴できる設備を取り入れている。ダイニングルームでのテレビの置き方やソファーの並べ方、寝室内の家具のスタイルまで韓国式を模倣している。韓国式のインテリア

に関する情報は、韓国ドラマやインターネットでの個人ブログを通じて広がり、朝鮮族および中国人の生活に入りつつある。

　このように、望京「韓国城」の中国人の人びとは、外来文化としての韓国の飲食や居住のスタイルに興味を持ち、それを積極的に受け入れることで、自分たちの新しいライフスタイルを創出している。こうした床暖房が設置されている高層マンションに住み、食卓にはキムチが現れ、日常においては外国語を耳にすることが、一種の望京のライフスタイルとして、北京の人びとの中でイメージされるようになった。

3.3.　朝鮮族と韓国人の関係

　望京「韓国城」で韓国人と緊密な関連がある人びととしてまず挙げられるのが朝鮮族である。朝鮮族の北京への移動は、1949 年から始まり、1990 年代以降に加速した。1949 年の中華人民共和国の成立以降、朝鮮族の北京での定着が徐々に行われた。それは主に、朝鮮族が集住する中国の東北部から北京の大学に進学し卒業した人びとが、国家政府の職業配置あるいは軍、党、政府系統の人事変動により、北京地域に定着する形で始まった（황유복　2002、p.129）。1992 年の中国と韓国の国交正常化以降、韓国の政府機関やさまざまな団体および大手企業の北京への進出とともに、製造関係の工場が北京に隣接する天津、河北地域に設立されるようになった（이진산　2006, p.117）。したがって、首都圏には韓国人が増加するようになり、それによって韓国企業への就職や韓国人と関連があるサービス業に従事する朝鮮族も増えるようになった。

　中国の東北部から北京への朝鮮族の移動が増え始めた 1990 年代以降、北京のほかの地域に比べて住宅価格や家賃が比較的安いことから望京に住む朝鮮族が多かった。その後、望京における韓国人住民の増加とともに、韓国企業への就職や韓国人家庭での家政婦の職などを求めて入居する朝鮮族が増えてきた。望京で韓国人が経営する会社や店は朝鮮族を採用する場合が多い一方、朝鮮族が行っているビジネスも韓国人と多く関わっている。

例えば、望京には不動産会社が多いが、そうした会社は朝鮮族や韓国人がそれぞれ経営するものが多く、韓国人が経営する場合にも中国語と朝鮮語が話せる朝鮮族を従業員として雇用することが一般的である。ほかにも飲食店、カラオケ店、語学学校、ファッション関連の店や野菜市場などの場において、朝鮮族の人びとは中国人と韓国人の間を媒介する役割を果たしている。

　韓国人が集住する望京の住宅地においては、言語が通じないことによる住民の間の摩擦が頻繁に発生している。韓国人の中には中国語による意思疎通が難しい人が多く、中国人の住民の中でも韓国語が話せる人は少ない。したがって、地域のマナーや生活習慣をめぐるトラブルに対する相互のコミュニケーションは難しくなっている。この現状を踏まえて、望京地域の地域管理事務室では、中国語と韓国語の両方でコミュニケーションが可能な朝鮮族を地域協力管理員に採用することを決定した。望京で韓国人が一番多く居住している地域を管理する南湖派出所（主に住民の登録などを管理する地域管理事務室）では、すでに5人の朝鮮族を地域協力管理員として採用している（马晓燕　2008, p.121）。

　望京に住んでいる朝鮮族の職業と居住環境は多様である。彼らの中には、大手外資系企業や国家機関で働き、比較的収入が高く、安定的な生活をしている都市中間層がいる一方、職業と収入が安定せず、家賃が安い地下や半地下の部屋を借りて生活する出稼ぎ労働者もいる。出稼ぎ労働者の中には、地方の農村から北京の韓国人家庭の家政婦職を目指して上京する朝鮮族が少なくない。北京に移動した朝鮮族の多くは朝鮮族学校を卒業しており、朝鮮語が話せることから、韓国人と関連のある業種に従事するチャンスが与えられている。

　朝鮮族と韓国人の人びとは、さまざまな領域において雇用関係を維持しているが、必ずしも互いにスムーズに溶け込むわけではない。韓国人と朝鮮族の関係について、张丽娜・朴盛镇・郑信哲（2009）は「韓国人が中国において事業を発展させるためには、朝鮮族の協力は欠かせないように見

えるが、彼らは朝鮮族に対して信頼感が十分でなく、さらに朝鮮族を無視する傾向がある。朝鮮族のほうも、彼らが経営する多くの企業や韓国人向けあるいは韓国人と共同に事業を推進する際に、彼らの韓国人に対する配慮が足りず、相互間に隔たりが存在する」（同上：p.116）と指摘している。

　先の李成昊（仮名、北京の在外韓人協会の現役副会長）は、韓国人と朝鮮族の関係について次のように語る。

> 　中国僑胞（筆者注：朝鮮族を指す）が望京を活性化させています。この地域に韓国人の会社が多く営業しているオフィスビルが主に4つありますが、そこには多くの中国僑胞が職員として仕事をしています。そして、現在北京には1日に約1万人の韓国人が移動していますが、もし中国僑胞がいなければ、だれが彼ら韓国人たちの通訳をしてくれるか想像もつきません。それほど、韓国人にとって中国僑胞は重要な存在であり、中国僑胞にとっても韓国人は無視できない存在だと思います。両者は一種の共存関係を維持していますが、お互いに壁を作っているように思われます。韓国人と中国僑胞が、お互いにより素直に向き合う姿勢が必要だと思います。
>
> （2011年9月5日、北京にてインタビュー）

　朝鮮族と韓国人の間でこのような相互不信が生じるようになった原因については、今後引き続き検討すべきであろうが、こうした両者の相互信頼の欠如は、彼らの仕事以外の場における関係にも影響を与えている。その1つの表れとして、朝鮮族と韓国人の両方ともそれぞれ自分たちのネットワークの構築を重視していることが見られる。特にキリスト教会での集まりを見ると、朝鮮族は朝鮮族同士、韓国人は韓国人同士で集まることがほとんどであり、地域のサッカーチームが、朝鮮族だけで組まれることも一般的である。このように、望京における朝鮮族と韓国人の人びとは、公的な場においては互いを必要として、特に経済的に協力し合う緊密な関係を

維持するが、仕事以外のプライベートにおいては相互に一定の距離を置きながら生活するという微妙なバランスが見られる。

3.4. 朝鮮族の人びとから見た望京

　朝鮮族は、朝鮮半島から中国の東北部に移住した初期から現在に至るまでその多くが朝鮮語を維持し、飲食および冠婚葬祭においても移住初期のスタイルを多く継承してきた。特に飲食において、現在でも朝鮮族の家庭ではコチュジャンやキムチは欠かせないものになっている。彼らは自ら唐辛子を乾かしてコチュジャンを作り、大豆で味噌を作ることが多い。中国東北部の朝鮮族の集住する農村や都市の一部の住宅地内では、朝鮮族のキムチ保管用の穴倉もよく見られる。そのほかにも、餅や冷麺、特定の山菜および犬肉料理などが伝統的な「民族料理」として朝鮮族の中で長年継承されてきた。朝鮮族タウンと言われる延吉の西市場や瀋陽の西塔はもちろん、朝鮮族が比較的少ないハルビン市内の朝鮮族向けの商店でもこのような食品が長年販売されてきた。

　朝鮮族が北京に移動した時、彼らは望京「韓国城」における韓国料理や市場で販売されている食品や食材が、自分たちが今まで継承してきたものと共通していることに気づいた。望京「韓国城」は、朝鮮族の中でだんだん知られるようになり、便利な食生活や共通の言語（韓国語／朝鮮語）、そして職を求めてこの地域に移住する人が増えてきた。そして、望京から離れた地域に居住している朝鮮族の中にも、韓国食品や食材および朝鮮族の伝統料理を求めて定期的に望京を訪れる人が多い。

　以下では2人の朝鮮族の若者の事例を通じて、望京「韓国城」が朝鮮族にとってどのような場所であるのかを検討する。

　〈**事例1**〉徐基峰（仮名）、男性、26歳、朝鮮族、黒竜江省出身、外資系企業社員。

　　徐さんは黒竜江省で朝鮮族学校（小学校から高校まで）に通い、現

地の大学を卒業した。婚約者（朝鮮族女性）が北京にいるため、徐さんは北京にあるアメリカ資本の企業に就職し、2007年に望京のマンションを購入した。徐さんは現在仕事の関係で、中国と日本を行き来している。望京に家を購入したのは、この地域が食事に便利であると同時に、外資系企業がたくさんあるために今後転職（外資系企業を希望）を考える際に便利だという考えによる。食事に便利だということは、望京には焼肉などのような韓国料理が多いと同時に、コチュジャン（韓国風唐味噌）、デンジャン（韓国の味噌）のような食品も購入しやすいことを指す。また、徐さんは望京には飲食店やスーパーの「外売」(配達サービス) が充実しているため、生活に便利だと言う。そして、望京には朝鮮族料理店も多いことから、朝鮮族の友達と会う時の理想的な場所になっている。徐さんは北京に移動する前には黒竜江省に住んでおり、当時も朝鮮族が経営する韓国料理店で食事をすることがあったが、その味に比べるとやはり望京の韓国料理は本場の味がすると言う。両親が韓国で仕事をしているため、徐さんは韓国にも数回行ったことがある。したがって、彼は自分の食習慣が徐々に「朝鮮族式」から「韓国式」に変わってきていることに気づいた。徐さんは、望京では食以外にも、さまざまなショッピングセンターがあるため、買い物も望京地域内で済ませるのでとても便利だと言う。

〈**事例2**〉金明淑（仮名）、女性、25歳、朝鮮族、黒竜江省出身、中国国家資本の企業の社員。

　金さんは2009年に黒竜江省の大学で修士号を取得した後、北京の大手中国国家資本の企業に就職した。北京に移動した理由は主に2つある。1つは母親（ロシアを行き来しながら貿易を行っている）が北京で家を購入したことであり、もう1つは金さん自身が「華やかな都市」である北京に憧れていたからである。金さんは、北京が

生活に便利であると同時に、努力すればそれに値するチャンスが得られると考えている。

　金さんは望京のコリアンタウンに住んでいないが、そこに行くことは多い。それは主にコチュジャンを買ったり、中高生時代（朝鮮族学校に通った）の朝鮮族の同級生たちと会うためである。金さんは小さい時から、家でコチュジャンとキムチを食べていた。それらはすでに彼女の食生活の中で重要な位置を占めている。金さんは現在母親と一緒に住んでいるが、母親は家のコチュジャンを切らすとすぐ望京の南湖総合市場に買いにいくと言う。自宅から南湖総合市場までは、まずバスで約1時間、それから三輪バイク（北京で短距離間を移動する際の交通手段）で約10分かかる距離である。金さんの母親はこの市場に行くと、時には韓国の味噌、餅、スンデ、スケトウダラ、エゴマの葉など、北京のほかの地域では入手しにくい韓国食品も購入する。

　金さんの朝鮮族同窓会はいつも望京で行われている。望京で集まるのは、「皆で昔のように楽しめる」からである。ここでの「昔のように」ということは、金さんが中学と高校の時、同級生たちとの間で使っていた言語（朝鮮語あるいは朝鮮語と中国語を混ぜて使う言語表現）、一緒に食べていた朝鮮族料理と中国の東北料理、そして一緒に楽しんでいた韓国のカラオケなどを総合的に指す。彼らが望京で選ぶ料理店は、一般的に朝鮮族が経営するものである。その理由には、韓国料理店より値段が安い点もあるが、朝鮮族の店には朝鮮族の人びとが好きな料理があるだけでなく、朝鮮語が気楽に話せる空間が設けられているため、居心地の良さを感じるからである。

　複数の言語（中国語、朝鮮語、日本語、英語）が駆使できる金さんが朝鮮族の同級生たちと会う時に使用する言語は、朝鮮語と中国語をほぼ半分ずつ混ぜる二言語の併用であった。例えば、文章的な流れは朝鮮語で話すが、朝鮮語に訳しにくい中国語はそのまま引用す

るということである。朝鮮族が経営する店においては、このような朝鮮族の独特な会話のスタイルを自由に行うことができる言語空間が形成されている。都市空間における朝鮮族料理店という独特な場所は、朝鮮族の人びとを惹きつけ、「朝鮮族文化」を再生産する役割を果たしている。

「朝鮮族の好きな料理」は、韓国料理とも中華料理とも似ていながらそのいずれとも異なる朝鮮族の食文化である。金さんの話によれば「朝鮮族の店には炒め物があるが、漢族の店と比べると、やはりお母さんの手作りの匂いがする」。ここでの「炒め物」は、元々中華料理の一種であるが、朝鮮族が中国で長年暮らしている間にその料理法を受け入れ、また独自の味付けを発展させたものを指す。例えば、炒める時に油を少なめに入れることや、辛味を加える場合にも四川料理とは異なる唐辛子を使用するため、味が異なることが含まれる。

　上記の2つの事例から、北京の朝鮮族にとって望京は彼らの食生活を満たすうえで重要な場所になっていることが分かる。その一方で、徐さんのように望京は職場として適切な場所であると同時に、日常的に韓国料理に接することができるし、配達サービスも充実しているため、仕事と居住の両方において「便利で居心地の良い」場所になっている事例もある。望京に居住しても、地域社会とはあまり関わりがないが、「コチュジャンが購入できるから便利」、「韓国料理が食べられるから嬉しい」など韓国の食文化に触れるだけで満足している人もいる。他方で、金さんのように望京には住んでいないが、定期的に韓国食品を購入したり、朝鮮族の同窓会を行うために望京にくる朝鮮族も少なくない。望京「韓国城」は、朝鮮族にとって生活のコアであり、アイデンティティの核となる場所となっている。

　中国と韓国の国家間の交流が途絶えていた期間が40余年あったにもかかわらず、韓国人と朝鮮族は食文化などにおいて共通性を持っていたこと

が、このような居住空間や商業的な環境を通じて確認させられた。さらに、朝鮮族社会の中で韓国への行き来が頻繁になっている今日において、韓国の現代の衣食住の文化は朝鮮族の日常生活に大きな影響を与えている。筆者が出会った望京の朝鮮族の中には、自分の居住空間を「韓国化」している人もいた。具体的には、部屋の中を韓国製の小物で飾ったり、韓国製のカーテンをかけたり、韓国語の聖書の言葉が書かれた額を壁にかけたり、韓国製に似ている家具を購入したり、ベランダに小さい丸テーブルと2つの椅子を備えたりすることが見られた。これらはどれも韓国の現代生活のスタイルであり、朝鮮族や中国人のライフスタイルとは異なる。

　従来、中国の東北部においてほとんど朝鮮族のみで形成されていた農村的エスニック・コミュニティの中で暮らしていた朝鮮族は、北京へ移動し、そこにおける中国人および韓国の人びとと接する中で、自分たちのライフスタイルを変化させてきている。北京の「韓国城」は、朝鮮族の人びとが自分たちの維持してきた言語（朝鮮語）と食生活を保ちながら、新しい環境に適応していく土台を創りあげている。

3.5. 望京「韓国城」に関する多様な情報ネットワーク

　望京「韓国城」の活性化とととともに、この地域に関心を持つ人びとによるインターネット上での情報が急速に広がっている。望京に関する情報サイトは多種多様であるが、主に以下の4種類に分けることができる。

　1つ目は、中国人の人びとが作ったインターネットサイトである。例えば、望京の地域住民や望京に関心がある中国人向けに作られた「望京網」（http://www.wangjing.cn）が挙げられる。このサイトは、望京の地域内におけるさまざまな問題に関する議論が行われたり、スポーツ関係の集まりに関する知らせや、不動産賃貸、美味しい飲食店およびファッション関連の店などに関する情報が流れている。しかし、韓国人の参与度はほとんど無に近い。

　2つ目は、韓国人が作成した韓国語の個人ブログである。韓国に住んで

いる韓国人の多くも、中国に望京という「코리아타운（コリアンタウン）」／「한인타운（韓人タウン）」があることをよく知っている。彼らはインターネット上の個人ブログへのアクセスによって望京に関する情報を獲得する場合が多い。初めて北京に行く人でもインターネットで望京への交通情報や宿泊情報、観光情報などを獲得すれば、中国語を使わなくても北京で観光を行うことができる。韓国人による個人ブログや韓国人向けの商業的なブログには、韓国人になじみのある韓国式の民宿である「민박」（ミンバク）の内部写真が掲載されたり、望京地域の韓国人の行きやすい場所に関する詳細な情報が書かれているため、渡航する前の彼らの不安を解消させることができる。ほかにも、望京で長期滞在する韓国人のための不動産情報や子どもの教育情報などもそれらのブログに掲載されているため、現地で生活を始めようとする韓国人にとって重要な情報源となっている。

　3つ目は、朝鮮族のエスニック・メディアによる情報サイトである。例えば、黒竜江新聞のインターネット版では、朝鮮族社会の新しい動きに常に注目しており、北京へ移動した朝鮮族に関する記事も数件確認できる。望京に関する情報としては、朝鮮族の生活実態や商業情報などに関する内容が載せられている。このようなエスニック・メディアは、移動の時代における朝鮮族の視点や朝鮮族の声を反映するうえで重要な役割を果たしている。

　4つ目は、その他の外国人観光客によるブログ情報である。望京を訪れる観光客の中には日本人も多い。彼らは、キムチや明太子のような韓国の食品と日本の食品・食材を購入するために望京を訪れることが少なくない。日本人によるブログには望京「韓国城」に関する多様な情報が見られる。あるブログでは、望京の南湖総合市場でキムチや明太子の売り場を発見したという情報や、望京にイトーヨーカドーやラーメン横丁があるなどの情報が提供され、それを見て同じ場所を訪れる人が増えてきたことも確認できる。

　このように、望京がさまざまな国や地域の人びとの注目を集めているこ

とが、インターネットでの情報ネットワークの多様性からも観察できる。それぞれの住民が互いに自由に意見を交換する場は管見のかぎり見つからないが、これは彼らの間の言語の制約が大きいことによると考えられる。けれども、上記の4種類の情報ネットワークに見られるように、異なる言語を用いる各住民が各自自分たちの言語で発信する情報は、その言語に通じるより多くの国や地域の人びとが望京を訪れる際の重要な情報源になっている。望京「韓国城」に関する情報の多様化は、このコミュニティの一種のインフラになっている。

4. むすび

　新しい生活様式が採用されるのはまず都市であり、外来の文化もまず都市に摂取され、そこを拠点として伝達されていく（倉石　1997, p.8）。中国は、改革開放後に市場経済の活性化とともに、多くの分野で劇的な変化を経験している。特に、外国の人びとや企業の中国への進出とともに、彼らの中国人に与える文化的な影響は少なくない。

　本章で取り上げた望京「韓国城」は、中国の各地から移動してきた朝鮮族と韓国からきた人びとおよび北朝鮮の人びと、ここを訪れる中国人や日本人が共同で創りあげた多文化、多国籍コミュニティである。韓国人、朝鮮族、北朝鮮の人びとは、この街において従来の朝鮮半島と似て非なる形で彼らの文化を再生産している。彼らの出身地同士は政治的にはそれぞれ分かれているが、この「韓国城」でキムチなど彼らの共通の食べ物を食べ、経済的にも緊密な関係を有している。そして、彼らの言語（韓国語、中国の朝鮮語、北朝鮮の言語）は発音や語彙、表現方法などにおいて、多少差異が見られるとしても、この空間において彼らは各自自分たちの言語で互いにコミュニケーションを行うことができる。中国内外からそれぞれ北京に移動した彼らは、自分の言語でコミュニーションができることで、リラックスを感じ、一種の解放感を味わう。この「韓国城」における韓国人や朝

鮮族および北朝鮮の人びとは、政治的な関係を越えて、経済的、言語的および文化的に共生できる空間を創りあげている。

　また、望京「韓国城」は決して韓国人や朝鮮族および北朝鮮の人びとによる閉鎖的なエスニック・コミュニティを形成したり、あるいはエスニック・ビジネスとしての観光地になっているのではない。居住と商業が一体になっている望京は、韓国料理に馴染みのある日本人の好んで住む場所でもある。この街において、日本人はキムチなどを消費するだけでなく、韓国人や朝鮮族とともに同じ市場において日本の食品を販売し、ショッピングセンターにラーメン街を作ることで、自分たちの個性も積極的に表現している。さらに、「韓国城」のキムチや韓国式のインテリアはすでに中国人の生活に入り始め、「韓国城」における韓国のファッションや音楽、テレビドラマといったポピュラーカルチャーは、韓国文化に強い関心を持つ中国の若者の「哈韓族」を引き寄せる。

　望京「韓国城」では、多様な国や地域や都市から来た人びとが集まり、彼らによって新しいライフスタイルが創出される。それは観光目的の模倣としてではなく、日常的な生活文化として生き続けている。キムチといった朝鮮半島においては伝統文化の要素であるものが、望京という都市環状新興特区に移動した時、そこではエスニックであって、もはやエスニックではない新興文化の要素となっている。グローバル化の中で、こうした中国、朝鮮半島、日本を中心とする東アジアの文化特区が北京の望京に成立した。そして、飲食と言語、居住スタイルを特徴とするこの特区のライフスタイルが、韓国人や朝鮮族および北朝鮮の人びとに限らず、より多くの人びとを惹きつけることで、この街は増大し続けている。

第3章

北京へ移動した朝鮮族の言語意識と子どもの教育

中国語、英語の重視と「民族語」の維持をめぐって

1. はじめに

　本章では、北京在住の朝鮮族の言語意識とその子どもたちの朝鮮語の習得について考察する。

　中国における市場経済の活性化とともに、1980年代以降さまざまな機会を求めて農村から都市へ、小都市から大都市へと移動する人びとが増加している。中国政府の『中国流動人口発展報告2010』によれば、2009年の中国の移動人口は約2億1100万人に達しているとされる[1]。中国内における地域間の人びとの移動が加速化する中で、今まで中国の周辺地域に住んでいた少数民族の人びとの都市への移動も増加している。人民日報の2010年9月16日の記事によれば、現在中国で毎年移動する少数民族の人数は約1000万人とされる[2]。彼らの多くは仕事を求めて沿海地域や北京、

1　中国政府门户网站2010年6月26日《我国流动人口达2.11亿 未来人口流动呈四大态势》（中国政府網2010年6月26日の記事「我が国の移動人口は2.11億に達している　未来人口移動の4大情勢」）http://www.gov.cn/jrzg/2010-06/26/content_1638133.htm（アクセス：2012年12月4日）

2　中国政府门户网站2010年9月16日《我国少数民族流动人口目前大部分进城务工经商》（中国政府網　2010年9月16日の記事「我が国の少数民族の移動人口は、現在そのほとんどが都市へ移動し、アルバイトや商業を営んで

上海といった大都市に集まってくる。その中で、近年注目されるのが少数民族である朝鮮族の移動である。

　北京は中国の首都として、中国の地方から多くの人たちがさまざまな機会を求めて集まってくる。中国の 2010 年の人口統計によれば、2010 年 11 月 1 日現在北京市の常住人口（北京市の戸籍を有する者と有していない者が含まれる）は約 1961 万 2000 人とされる [3]。その中で、北京市の戸籍を有する常住人口は約 1256 万 7000 人であり、北京以外の省から移動してきた人口は約 704 万 5000 人であるとされる。このように、中国における厳しい戸籍制度にもかかわらず、地方から北京へ移動する人が驚くほど多い。

　中国の改革開放と韓国との交流が進展する中で、朝鮮族は朝鮮語 [4] ができることにより、中国と韓国間のさまざまな交流の現場で媒体の役割を果たしている。前章では、中国の東北部から北京に移動した朝鮮族の人びとは、北京で韓国人や北朝鮮の人びと、現地の中国人および日本人と一緒に「韓国城」という名前の東アジアのハイブリッドな文化街を創出したと述べた。本章では、まず北京にはどのような朝鮮語／韓国語の教育機関があ

　　いる」）http://www.gov.cn/jrzg/2010-09/16/content_1703606.htm（アクセス：2012 年 12 月 4 日）

[3] 　京华时报 2011 年 5 月 31 日《北京户籍常住人口近三成人户分离》（京華時報 2011 年 5 月 31 日の記事「北京の戸籍常住人口の 3 割は人の居住地と戸籍登録地が異なる。」）http://news.sina.com.cn/c/2011-05-31/092022560785.shtml（アクセス：2012 年 12 月 5 日）

[4] 　本書では、朝鮮語と韓国語という用語を用いるが、朝鮮語は主に中国で朝鮮族が使われている民族語を指し、韓国語は韓国で国語として規定されている言語を指す。朝鮮語は朝鮮族が朝鮮半島から中国に移住した初期に使われていた言語をもとに、彼らが中国で長年居住する中で中国語の影響を受けた言葉である。韓国語は 1948 年の大韓民国の成立とともに国語として命名され、その後語彙の編成における英語や日本語などの外来語の影響を受け、さらなる変化が生じている言語であり、中国の朝鮮語とは語彙や文法、言葉のアクセントなどにおいて共通点もあれば、相違点もある。

るのかを明らかにし、北京韓国語学校という朝鮮族知識人が設立した民営の学校の言語教育の実態を明らかにする。次に、朝鮮族若年層の子どもに対する漢語や英語の重視ならびに朝鮮語の維持に関する葛藤と努力に関するさまざまな形を分析する。最後に中国の戸籍制度が地域間の移動を行う子どもの教育にどのような影響を与えているのかを考えたい。

2. 北京の朝鮮族と北京韓国語学校

2.1. 中国における韓国語の需要の拡大と大学での韓国語学科の設置

　1992 年の中国と韓国の国交正常化とともに、中韓両国間の政治的、経済的、文化的な交流は進展している。その流れの中で、より多くの機会を求めて韓国語を習得する中国の人びとや中国語を習得する韓国の人びとが増えつつある。中国においては、韓国企業の中国現地における従業員の採用と 1990 年代後半から始まった「韓流ブーム」の影響の中で、韓国語の学習者が増加し、彼らのための教育機関も多様に現れている。

　朝鮮語学科が中国の大学に初めて設けられたのは 1949 年である。この時期に北京大学、延辺大学、中央民族大学、洛陽外国語大学に朝鮮語学科が設立されたが、そうした朝鮮語学科は中国政府によって朝鮮族を対象とした「民族教育」の機関として位置づけられた。しかし、1992 年に中国と韓国で国交が結ばれるとともに、復旦大学と山東大学には韓国語学科が設立され、2008 年には中国全域で国立、私立の大学および職業技術大学など約 80 校において韓国語学科が設立された（우영란　2008, pp.260-262）。北京大学でも、1945 年以降朝鮮・韓国語文化学科において朝鮮語が 1 つの科目として設置されていたが、2009 年には新しい学部の韓国語学部として独立した。このように、中国と韓国の国交正常化により、中国で韓国語は朝鮮語とは異なる新しい言語科目として設置され、高等教育のカリキュラムの中に正式に編入されるようになった。そして、韓国語は、中国で今まで維持してきた朝鮮語と同じ地位、あるいは朝鮮語を超える言語的

な地位を占めようとしている。

　中国の大学における韓国語学科の教員は、主に延辺大学の朝鮮語文学科や中央民族大学の朝鮮語文学科出身の人が多く、最近は韓国の大学で韓国語を専攻した漢族の教員も増加している。もちろん、韓国の大学の教員を招へいすることも継続的に行われている。近年、このような韓国語学科を卒業した学生たちは国内だけでなく、韓国の大学院に進学し、学位を取得した後、中国に戻って大学の韓国語学科の教員職に就く者が増えつつある（차한필　2009, p.130）。このように、中国の高等教育機関における韓国語学科の設立とそうした学科の増加は、中国における韓国語の需要が高まっていることを表しているだけでなく、朝鮮族や漢族および韓国の人びとにも新たな就職の機会を与えている。

2.2.　北京韓国語学校におけるグローバル人材の育成

　北京韓国語学校は、夜間および週末に授業を行う補習校であり、1989年に朝鮮族の知識人で大学で教鞭を執っているRさんにより設立された。Rさんがこの学校を設立したことには、次世代の朝鮮族の「民族語」の継承と中国と韓国の交流に寄与できる人材養成を目的とする考えが込められている。Rさんは1987年に約1年間アメリカの大学に客員教授として滞在している中で、アメリカにおける韓国人社会に関心を持ち、特に週末に韓国人の子どたちが通う韓国語の補修校に注目していた。1988年に彼は韓国の国際学術会議に参加することを機に、韓国の約10大学で講演を行い、当時ソウルで開催されたオリンピック開幕式にも参加することができた。こうしたことを経験することで、Rさんは中国と韓国の国交が結ばれることを予見した。そして、Rさんは中韓両国の国交が結ばれる場合には、両国の交流に寄与できる多くの人材が必要になることを意識し、その準備の1つとしてソウル大学の韓国語教科書を持ってアメリカに戻った。その後中国に帰国し、ソウルから持ち帰った韓国語の教科書を中国人に分かりやすく再編集したうえで、1989年に中国内で出版した。

1989 年 3 月に、R さんは北京政府の認可を得て、民営の学校としての北京朝鮮語学校を設立した。R さんは、中国の朝鮮族の人びとに彼らの「民族語」を教えると同時に、中韓両国の交流のための人材養成を目的とし、受講者に朝鮮族が使用する朝鮮語より世界的に通用する韓国語を教えることを決意した。韓国語を教えるということを強調するために、R さんは学校名を「北京韓国語学校」とする予定であったが、当時はまだ中国と韓国の国交が結ばれていなかったことから、その学校名は政府から許可されなかった。したがって、学校の設立当時は「北京朝鮮語学校」と命名することになった。しかし、1992 年に中韓両国の国交が結ばれたことで、1994 年には「北京朝鮮語学校」という学校名を正式に「北京韓国語学校」に改名することができた。

　北京韓国語学校は、北京で唯一の基礎韓国語認定試験（Basic KLPT）の試験拠点でもある。そして、同試験対策のクラスも設けられている。2007 年から世界韓国語認定試験委員会執筆の教材を使用しているが、この試験の成績は韓国における多くの大学と企業において職員採用や留学生選抜の基準になっている。したがって、韓国進出を目指して資格を取得するためにこの学校を訪ねる人も増えつつある。

a.　多様な受講生と開かれた言語空間

　以下において、北京韓国語学校における受講生について見てみよう。北京韓国語学校の受講生は、主に北京の大学に通っている学生、地方から上京した朝鮮族の社会人、そして漢族学校に通う朝鮮族の子どもたちなどで構成されている。ほかに、漢族やその他の少数民族の人びともいる。R さんは、朝鮮族以外の受講生たちをも積極的に受け入れている。2006 年に筆者が現地調査を行った際に、北京韓国語学校の受講生は約 150 名で、講師は約 15 名（そのうちに韓国人が 3 名）いた。第一期受講生たちは、1989 年から 3 年間の勉学を経て卒業した人たちであり、その人数は約 450 名に達している。彼らの多くは、韓国企業や中国企業に就職した。当

時、彼らに対する企業側の求人活動も活発に行われ、北京韓国語学校の卒業生の就職が比較的容易であったという。受講生の中には、それまで仕事が見つからなかった人でも韓国語を習得することで、韓国関連の職につくようになり、生活に大きく変化が生じた。

図 18　北京韓国語学校の出張レッスンで韓国人講師が授業を行う様子（2007 年 6 月 19 日，筆者撮影）

　北京韓国語学校の受講生の多様性について、韓国人講師の金美善[5]（仮名）は次のように語る。

　　受講生は朝鮮族のほうが多かったです。漢族も少なくなく、蔵族（チベット族）や回族の人も何人かいました。彼らの中には 20 代が多く、その中には会社員もいましたが、学生のほうがもっと多かったです。韓国への留学を目指している人もいますが、朝鮮族の人たちはほとんど自民族の言語を学ぶことを目的としていました。それは日常生活において朝鮮族の人たちと交流するためにも必要だし、就職する時にも有利だからでしょう。漢族の場合は、趣味で学んでいる人もいるし、韓国関連の仕事の必要に応じて学んでいる人もいます。そして、ほかの少数民族の学生の中には、自分の将来にきっと何か役に立つだろうと思って、韓国語を第二外国語として学んで

5　　金美善（仮名）、女性、36 歳、韓国出身。北京のある大学の博士課程に在籍。北京韓国語学校の韓国語講師。中国にくるまで韓国のある新聞社で働いていたが、その時に中国語を少し習得していたことから、新たなチャンスを求めて中国へ来た。

いる人もいます。彼らは韓国に対して興味を持っているようですが、それが勉強の1つの要因になるのではないかと思います。

（2007年6月15日、北京にてインタビュー）

　このように、北京韓国語学校に通う受講生は朝鮮族に限らず、漢族やほかの少数民族など多様な人びとで構成されている。そして、彼らの多くは若い人たちであることが分かる。彼らがこの学校に通う理由として、朝鮮族の場合には自民族の人びととコミュニケーションを行うための道具としての韓国語の習得と韓国への留学、そして就職のための言語習得などが挙げられる。漢族やほかの民族の受講生の場合には、韓国と関連がある仕事に就くことや韓国への理解を深めることが言語習得の目的であることが明らかである。北京韓国語学校は、上記のさまざまな受講生のニーズに合わせた、開かれた言語空間を創造している。

　以下においては、田麗娜（仮名、23歳）という朝鮮族の若者の事例を通じて、北京韓国語学校に通う朝鮮族の受講生の実態を明らかにする。田さんは遼寧省出身で、現在北京のある大学に在学している。彼女は小学校から高校まで地元の漢族学校に通い、小さい頃から家庭の中で両親とずっと中国語を使用してきた。田さんは朝鮮語がほとんど話せず、高校を卒業するまで母親が朝鮮語を教えようとしても、学ぶ意欲がなかったため学ばなかったという。そんな彼女は北京の大学に通い始めてから、朝鮮語の習得の必要性を強く感じるようになった。そのきっかけについて田さんは次のように語る。

　　現在の大学には朝鮮語学部があるので、朝鮮族の学生もたくさんいます。彼らは皆朝鮮語が話せます。私は朝鮮族として、まだ自分の民族語が話せないのはよくないと思いました。同郷会（同じ遼寧省出身の人びとが集まる会）にはよく参加しますが、参加する朝鮮族はほとんど朝鮮語が話せます。私だけが毎回座っているだけで、彼

らの話は何も聞き取れなかったので、とても制限されている感じが
しました。そこで、朝鮮語を勉強しようと決意しました。

　　　　　　　　　（田麗娜、2007 年 6 月 15 日北京にてインタビュー）

　北京韓国語学校に通い始めた理由は、田さん自身が朝鮮族であること、
そして朝鮮族の友達と朝鮮語で話を交わすことを希望したからである。田
さんは朝鮮族の友人の集まりで一番多く使われる言語は朝鮮語であるが、
何も聞き取れない自分と彼らの間に壁があることを感じるようになる。こ
のような経験を通じて、田さんは自分が「朝鮮族」であることを意識して
も、「朝鮮語」ができなければ朝鮮族の共同体に入れないことに気づいた。
したがって、彼女は朝鮮族の友達と同じ言語共同体に入るために、朝鮮語
を習得することを決意した。

　田さんは知人の紹介により、2004 年から約 2 年間北京韓国語学校に通
い、韓国人の金美善講師のクラスで韓国語を学んだ。けれども、田さんが
北京韓国語学校に通い始めてから気づいたのは、自分が学んだのは韓国
語であり、朝鮮族の間で使われている朝鮮語とは少し異なるということで
あった。そして、「朝鮮族の友達は、皆中国で使われている朝鮮語を使っ
ていて、韓国語には少し違和感を感じているように思っている」ことに気
づくようになる。そうした言語的な微妙な雰囲気の中で、田さんは自分が
学校で学んだ韓国語は主に韓国人との間で用いることにした。田さんは韓
国語を学んだため、朝鮮族が使用するなまりのある朝鮮語はあまり話せな
いが、朝鮮族の友人たちの話が聞き取れるようになり、さらに彼女の将来
の韓国留学にも有利になったという。

　将来、田さんは韓国に留学して広告やメディアに関する知識を学び、中
国と韓国との間の貿易に関する仕事をしようと考えている。彼女が留学先
として韓国を選んだ理由は、中等教育の段階ですでに英語をある程度学ん
でいたが、英語圏に留学するより留学費用が比較的少ない韓国に行って韓
国語を習得し、そこで専門知識を高めるためである。彼女は現在韓国への

留学を計画しており、そのための奨学金を申請している。田さんは留学を通じて韓国語の熟達と専門知識の習得を達成することで将来の就職に有利になると考えている。

　北京には、田さんのように家庭や学校において朝鮮語を習得していなかった朝鮮族の若者が少なくない。Rさんはそうした朝鮮族の若い人たちに韓国語を学ぶチャンスを与えるために北京韓国語学校を設立し、彼らに韓国語の習得を通じて、朝鮮族のコミュニティだけでなく、韓国人の人びととともコミュニケーションができるように助けている。

　北京韓国語学校は営利を目的とするのではないため、試験対策のクラス以外の授業はすべて無料で行っている。学校経営における費用はRさんの個人の資金から支出されるが、その資金の源は主に彼自身が海外で行った講義や講演などに対する謝礼金をもとにしたものである。これは、朝鮮族知識人の次世代の「民族語」喪失への憂慮とグローバルな人材の育成のために行う献身的な努力であると言えよう。しかし、資金不足のため、安定した教室が確保できず、常にRさんの所属する大学内やその周辺の小中学校内の教室を借りて授業を行っている。そして、Rさんは現在自分の年齢のことも考慮したうえで、学校を若い世代に担わせようとしている。

　北京韓国語学校が今後どのような発展をもたらすかに関しては、引き続き注目する必要があるだろうが、多くの朝鮮族がすでに中国東北部を離れてさまざまな地域に移動する今日、公教育機関としての朝鮮族学校がない移動地においても子どもたちが「民族語」を学べる新たな学校作りへの挑戦とその一定の可能性を提示していると言えよう。

3．北京における朝鮮族の言語意識と子どもの教育

3.1．中国語と英語の重視による漢族学校選択

　移動する人びとにとって、移動先の言語の習得は極めて重要である。朝鮮族の多くは、これまで中国の東北部に集住し、特に朝鮮族で構成されて

いる朝鮮族の村で、朝鮮語を共通言語とし、中国語が話せなくても不自由なく生活をしてきた。しかし、近年東北部の集住地域を離れて北京や上海および中国のさまざまな都市や地域に移動した朝鮮族は、日常において漢族の人びとと接することが避けられなくなっている。そんな状況の中で、彼らは自分たちの中国語の能力が不十分であることを意識するようになった。そして、これからも朝鮮族の集住地域に留まるとは限らない彼らは、子どもに対して朝鮮語より中国語の習得をより重視するようになった。

　朝鮮族の中で中国語を重視する傾向が強まる中、高学歴朝鮮族の人びとはどのような言語意識を持っているのだろうか。人びとの国際間および地域間の移動が急激に増加する中で、1つの言語の習得だけでは移動可能な国や地域も制限される。多くの企業が国際的なマーケットを広げる中で、多言語が駆使できるグローバル人材を求める傾向があるように、個々人もグローバルな舞台で活躍できるように多様な言語を習得しようとする動きが見られる。

　以下においては、北京在住の朝鮮族の事例を取り上げることで、彼らは子どもにどんな言語を習得させようとしているのかについて検討する。

　〈**事例1**〉朴玄錫（仮名）、男性、35歳、朝鮮族、専門職。

　　朴さんは、小学校から高校まで朝鮮族学校に通い、北京の大学に進学。大学卒業後、故郷の遼寧省に帰って仕事をしていたが、7年前に再び北京に戻ってきた。現在は韓国と関連がある仕事に従事している。彝族（少数民族名）の女性と結婚し、子どもはまだいないが、朴さんは次のような教育観と言語意識を持っている。

　　中国で暮らしているから中国語をちゃんと学ばなくてはいけません。そして英語も重要です。韓国語の中にも英語がたくさん入っているからです。もし子どもが生まれて、北京に質のいい朝鮮族学校ができたらそこに通わせたいです。けれども、漢族学校に通わせた

ほうが、朝鮮族学校に通わせるより社交範囲が広くなると思います。中国社会に適応するには社会的な人脈が非常に重要です。子どもを漢族学校に通わせるか朝鮮族学校に通わせるかまだ決められないですが、私は民族意識が強いほうで、やはり子どもに自分の民族語を学ばせたいのです。もし子どもが朝鮮語ができなければ、将来韓国に留学させることも考えられるし、その後またアメリカに留学させるのも良いのではないかと思います。

（2006 年 12 月 4 日、北京にてインタビュー）

〈**事例 2**〉韓珍姫（仮名）、女性、34 歳、朝鮮族、大手韓国企業の社員。

　韓さんは、出身地の吉林省から北京に移動して約 5 年半になる。現在小学校 3 年生の娘が 1 人いる。娘は北京で漢族幼稚園に通い、その後漢族小学校に入学したが、夫が海外に単身赴任しているため、しばらく娘を郷里の母親のところで漢族学校に通わせている。娘を漢族学校に通わせた理由は、娘自身が朝鮮族学校に行くことを嫌がることと娘に中国語と英語を習得させたほうが娘の将来の進路に有利であるという韓さんの考えによる。韓さん自身は朝鮮族学校を卒業し、そこで受けた中国語と朝鮮語の二言語教育が現在十分役割を果たしていると語るが、子どもの言語教育においては中国語と英語をより重視している。

　中国では中国語ができないといけません。韓国企業にも中国語ができないと入れないからです。しかし、英語ができればどこへも行けます。子どもを留学させるとしても韓国へは留学させたくありません。韓国も欧米の学歴を認めるので、世界で公認される資格を取らせたいです。でも、朝鮮語は自民族の言語だから捨てたくはありません。将来、家で教えたり、家庭教師を雇ったりすることもできると思います。　　　　　（2006 年 12 月 5 日、北京にてインタビュー）

上記の2つの事例に見られる共通点は、子どもの言語教育における中国語と英語の重視および朝鮮語の継承への戸惑いである。朴さんと韓さんとも、まず中国で生活するためには漢族と接することは必要不可欠であることを意識し、そのために熟達した中国語能力が必要であることに気づいている。したがって、2人とも子どもを漢族学校に通わせることが一番望ましいと考えている。事例1の朴さんは、自分は朝鮮族学校において中国語と朝鮮語の二言語教育を受けたが、中国の主流社会に進出するためには中国語能力と漢族との繋がりが重要であることを意識し、子どもには漢族学校の教育を受けさせたいと考えている。

　それでは、上記の2つの事例に出た「中国語ができる」ことと「中国語をちゃんと学ぶ」という言葉は何を指すのだろうか。これまで、朝鮮族学校に通った朝鮮族、その中でも朝鮮族の集住する延辺朝鮮族自治州などに住んでいた朝鮮族は学校や家庭および地域において、共通言語として朝鮮語を用いていた。彼らにとって、中国語は主に学校の中国語科目の授業で使用する言語であり、大学受験のための言語であるため、日常生活において必ずしも必要な言語ではなかった。したがって、彼らにとって中国語はテキストに留まる言語であり、その言語に対する理解やその言語による会話能力は漢族の子どもたちと多少異なることが見られる。

　宮岡（1996）によれば、「伝達しようとする情報が、ことばに『こめられた』もろもろとともに、（大なり小なり）正しく相手に伝わり、その結果、相手の行動や反応を予知することもたやすくなる。そのことがとりもなおさず、環境適応にむけての集団的協力、環境への円滑な適応、さらには巧みな制御を可能にしているにちがいない」（同上：p.26）。すなわち、相手の行動や反応を予知するためには、言葉を通じて相手に伝えようとする情報を適切に発信する必要があり、それが達成できた場合、その言語を用いる集団やそうした環境に適応しやすくなることを説明している。それでは、どのようにして自分と異なる言語を用いる人びとの言語や言葉を習得し、

その言語に「こめられた」ものを把握することができるのだろうか。その1つが習得しようとする言語の持ち主とのコミュニケーションであると考えられる。スザーン・ロメイン（1997）が指摘するように、「こどもたちは、同年代のこどもたちとのつきあいをとおして、会話能力をみにつけていくのだ」（同上：p.281）。したがって、朝鮮族の子どもたちが中国語を習得しようとする場合、彼らの同年齢の漢族の子どもたちとつきあうことで、中国語の表現力を上達させるのが一番望ましい。そして、表現力に限らず、読み書き能力も漢族と同等のレベルに達しようとする場合には、彼らと同じ教室で同じ教科書の内容を学ぶことが有効な方法であると言えよう。上記の2つの事例からも、こうした考えによって子どもに中国語をちゃんと学ばせ、漢族の子どもたちとの人脈を築かせるために、子どもを漢族学校に通わせようとしているものと考えられる。

　朝鮮族の中では、これまで朝鮮語を第一言語として習得する場合が一般的であるが、そうした人たちは中国内における活発な移動の過程において、中国語を第一言語とする人に比べて、自分が不利な立場に置かれていることに気づく。したがって、彼らは自分の子どもが中国語を第一言語として身に付けることを期待する。朝鮮族が中国語と英語を重視するのは、彼らがそれらの言語話者との同等な言語能力を獲得することで競争力を高め、より多くの社会進出の機会を得ようとしているからである。

　過去において、中国の朝鮮族学校では日本語は朝鮮語と発音と文法において共通点が多いことから学びやすい言語としてカリキュラムに組み込まれてきたのに対して、近年では国際的な活動において一番有力な言語としての英語がますます重視されるようになった。英語は世界的に使用範囲が広い言語であるため、その言語を習得することによって、自分たちの活躍の場を広げようとする朝鮮族のグローバル意識が観察される。さらに、言語の社会的な「力」が、その言語が駆使できる人の社会的な活動に大きな影響を与えることを意識することで、朝鮮族の若い人たちはより多くの言語的な「力」を獲得しようとしている。

上記の２つの事例に見られる共通点は、子どもに「民族語」としての朝鮮語を維持させたいが、それが公的な教育機関において正式な科目として設置されていないため、家庭教育や外国への留学によって習得させることを考えていることである。２つの事例とも朝鮮語の選択順位は中国語や英語の次になるが、依然として「民族語」として位置づけていることは、朝鮮語が彼らのエスニック・アイデンティティを支えることにおいて核となるものであることを意味する。彼らは、子どもの受容に合わせて朝鮮語を補習させようとしていることが見られる。彼らは自分たちのエスニック・グループへの繋がりも重視し、朝鮮語を維持することで朝鮮族の人びととの「われわれ」意識を構築しようとしている。このように、朝鮮族の若い人たち、その中でも高学歴者の場合には、子どもの言語習得において、中国語と英語を最も重視するが、それは必ずしも彼らの朝鮮語の放棄を意味するのではないことが明らかになった。

　こうした朝鮮族の言語意識は、彼らの重視する言語の社会的地位にも関係する。中川（1996）は、「言語の地位ということに関しては、国家語・公用語などとして用いるかどうか、教育の対象あるいは教育の媒介言語として用いるかどうかといったようなことが問題になるわけだ」（同上：pp.274-275）と指摘する。朝鮮族がこれまで使用してきた朝鮮語は、延辺朝鮮族自治州においては公用語として認められ、中国東北部の朝鮮族学校においては正式な科目として定められ、学校の教授言語としても用いられた。しかし、彼らが移動した北京、上海を始めとする中国東北部以外の地域においては、朝鮮語が初等教育や中等教育の授業科目になることや教育の媒介言語になることはない。中国語は中国の国家語であり、中国全土において圧倒的な権威を持っていることは言うまでもないだろう。英語も中国の中等教育のカリキュラムの中で一番多く設けられる外国語科目であり、近年の中国人の外国への移動や中国に入国する外国人の増加とともに、中国における英語の需要もますます高まっている。

　こうした移動先における言語の社会的背景から、近年の朝鮮族の言語意

識も大きく変化している。彼らは中国で社会的な言語地位が高い中国語や国際的に通用する英語を重視するようになった。朝鮮族の若い人たちは、自分は親の世代とは異なり、子どもに朝鮮族社会に限らずより広い範囲で活躍できるようにするため、複数の言語を学ばせようとしている。すなわち、彼らは子どもを単に朝鮮語しかできないマイノリティとして育てようとするのではなく、中国のマジョリティとしての漢族や国外の多くの人びととコミュニケーションを行う言語力およびそうした人たちと競争する能力を持つグローバルな人材として育てることを目指している。朝鮮族のこうした子どもへの言語戦略は、子どもに社会進出への有利な道具を与えるだけでなく、子どもを国家や地域を越えて活躍する人材として育成しようとする朝鮮族の親たちのグローバル意識の表れである。

3.2. 家庭教育と学校外教育による朝鮮語の継承

　北京在住の朝鮮族は子どもが小学校に入学する際に漢族学校に通わせるのが一般的である。したがって、そうした子どもたちの朝鮮語の習得も難しくなる。けれども、子どもに朝鮮語を学ばせるためにさまざまな工夫を行う朝鮮族の親たちがいる。それでは、彼らはどのような方法で子どもに朝鮮語を学ばせるのだろうか。以下においては、朝鮮族の家庭教育と補習クラスといった学校外教育によって子どもに朝鮮語を学ばせる事例を見てみよう。

a. 家庭内における朝鮮語の維持と継承

　北京における朝鮮族の子どもたちが朝鮮語を習得する環境として、まず家庭内の言語環境が挙げられる。興味深いことは、子どもの言語習得を促す要因は、1つは家庭内における共通言語であり、もう1つは子どもとコミュニケーションを行う相手がどの言語を使うかである。以下では、まず1つの事例を見てみよう。

〈**事例3**〉崔銀珠（仮名）、女性、33歳、朝鮮族、中国国家機関に勤務。

　崔さんは小学校から高校まで吉林省の朝鮮族学校に通い、延辺の大学を卒業した。その後、北京のある国家機関に就職し、1999年からずっと北京に居住している。崔さんは6歳の娘が1人いて、もうすぐ小学校に入学することになる。現在は漢族幼稚園に通い、小学校も漢族小学校に進学する予定である。このような決定には、北京に公立の朝鮮族学校がないことも理由として挙げられるが、崔さんのように夫婦共働きの場合には、学校が家に近いことも重要な要素になる。しかし、崔さんの夫は娘に民族語の朝鮮語を教えなくてはならないという考えが強く、自ら娘に朝鮮語を教えたりする。さらに、朝鮮語の教科書もすでに購入してある。崔さんは、3年前には娘が朝鮮語を学ぶことを嫌がっていたため教えようとしなかったが、現在は娘が朝鮮語を学びたがっているため、教えることができるようになったという。娘は朝鮮語で話すことに積極的ではないが、朝鮮語で答えることを求められるとそれにしたがうことが多い。夫婦とも忙しいため、崔さんは現在両親に北京に来てもらい、一緒に暮らしながら子どもの面倒を見てもらっている。家の中では全員朝鮮語を使う。娘が朝鮮語を学びたがる理由は、朝鮮語が祖父母とコミュニケーションをとるための一番重要な手段であることを意識しているためで、自ら進んで朝鮮語を学ぼうとしていることにある。

　　（2007年6月21日、北京にてインタビュー、2010年3月22日電子メールによる追加インタビュー）

　崔さんの家庭では、朝鮮語は共通言語であり、3世代の間の一番有力なコミュニケーションの媒体である。崔さん夫婦は共働きであるため、子どもの学校選択において、自宅から距離が近い学校を優先的に考えていることから漢族学校が一番良い選択対象になっている。漢族学校のカリキュラムには朝鮮語が入っていないため、学校教育による子どもの朝鮮語の習得

は不可能である。したがって、崔さんは朝鮮語を家庭教育によって補おうとしている。彼女は子どもの受け入れ状況を把握しながら少しずつ家庭教育の中に取り組んでいる。それに対して、子どもは最初は朝鮮語に興味を持たなかったが、徐々に興味を持つようになる。その大きな要因は、日常において朝鮮語を主に使用する祖父母と一緒に暮らすことにある。子どもは、祖父母と話を交わすためには中国語ではあまり通じず、朝鮮語が必要であることを意識するようになる。祖父母とコミュニケーションをしたいという願望が強くなることで、子どもに朝鮮語を学ぼうとする意欲が生まれたのであろう。

　すなわち、子どもたちは相手とのコミュニケーションを求める時に、そのコミュニケーションを行うことにおいて一番必要とする言語を意識し、それを習得しようとする。特に、相手が1つの言語のみ使用する場合、そうした動きがより顕著に現れる。すなわち、子どもたちは朝鮮語しか使用しない祖父母とコミュニケーションをするためには、自分が朝鮮語を学ばなければ相手と話が通じないことを強く意識することで、自ら朝鮮語を学ぶ行為へと繋がる。このような現象は、日本に移動した朝鮮族の家庭でもよく見られる。祖父母の世代、すなわち朝鮮語を第一言語とし、日常においてほとんど朝鮮語のみ用いる朝鮮族の人びとは、孫たちの朝鮮語の継承において重要な役割を果たしている。

　また、朝鮮族の世代間の絆が強いことも上記の事例から見てとれる。特に祖父母の場合には孫の子育てなどへの支援を惜しまないことが分かる。そして、家族の世代間交流において共通の言語が極めて重要になる。朝鮮族の国内外への移動が急速に進展する中で、子どもたちにとって朝鮮語の習得が必要になるのは、必ずしも社会的需要やエスニック・アイデンティティの構築などの要因だけでなく、上記のような家族の世代間交流が目的であることも重要な要因と見ることができる。

b. 補習クラスへの親の期待と子どもの学習意欲の低下

北京で朝鮮族の子どもたちが学校外教育において朝鮮語を習得できる1つの空間として補習クラスが挙げられる。以下では、こうした漢族学校に設けられている「朝鮮語クラス」に注目し、そこに通っている生徒の事例を取り上げる。

筆者は2007年から2011年の間に北京での現地調査を通じて、北京には少数ながら漢族学校において「朝鮮語クラス」が非公式に設けられていることが確認できた。しかし、このような「朝鮮語クラス」は学校の正式なカリキュラムの中に編入されているのではなく、放課後の自由参加の補修クラスとして朝鮮語を教えている。以下においては、J小学校の朝鮮語クラスに通っている金星（仮名、男の子、小学校6年生）の事例を中心に、この生徒の保護者が「朝鮮語クラス」を選択した理由と金さんの朝鮮語の習得の実態を明らかにする。

金さんは父親が1992年に仕事で北京に派遣される際に同行してきた。母親は数年前から日本で働いている。金さんは、小学校4年生までほかの小学校の朝鮮語クラスに通っていたが、その学校が現在の学校と合併することで転校してきた。前の学校にいた時も昼間には漢族学校に通い、夕方には朝鮮語クラスで朝鮮語の授業を受けていた。前の学校も現在の学校も全寮制であり、週末だけ家に帰ることが許可されている。このような規則が厳しい学校に息子を通わせたのは、「この学校では朝鮮語が学べるから」という理由からで、息子に朝鮮語を習得してほしいとの父親の願望によるものであった。

J小学校では、夕方6時半からほとんど毎日2コマ（1コマ40分）の朝鮮語授業が設けられている。朝鮮語を教える教師は朝鮮族で、J小学校の専任の教師である。各学年に1つの朝鮮語クラスがあり、各クラスに1人の朝鮮族の担任の教師がいる。教科書は延辺の出版社から朝鮮族向けに出版した朝鮮語の教材を使用している。

父親の苦心にもかかわらず、金さんは今学期に朝鮮語の授業に一回も出

席したことがない。それは「興味がない。学校の宿題もいっぱいあるから、時間が足りない」という理由からであった。こんな金さんがこの学校に転校したのは、父親の「朝鮮語を学ぶのは、朝鮮族の伝統だから」という考えにしたがったからである。

　家庭内において、父親が朝鮮語で話しかけるのに対して、金さんは常に中国語で答えている。朝鮮語の習得について金さんは次のように語る。

　　　朝鮮語をあまり使いたくないこともありますが、よく話せないのが最も大きな原因です。使いたくないのは、朝鮮語に魅力を感じないし、中国語をもっと使いたくなるからです。朝鮮語の授業の先生の教え方も下手だと思います。英語の授業の先生ははっきり説明してくれるので分かりやすいのですが。

（2007 年 6 月 20 日、北京にてインタビュー）

　自分の朝鮮語能力が低いと考えている金さんと異なり、彼の父親は息子が朝鮮語の授業を欠席することが多いにもかかわらず、朝鮮語を少しでも学んだことに満足している。

　　　息子は朝鮮語があまり話せませんが、韓国ドラマを観るのが好きで、「翻訳、下手だなあ」と言ったりします。だから、韓国語がけっこう聞き取れるのではないかと思います。不思議なのは、朝鮮語は話せないけど、文章はある程度書けますね。やはり朝鮮語クラスに通った効果があると思います。

（2007 年 6 月 20 日、北京にてインタビュー）

　金さんにとって、中国語は第一言語で、朝鮮語は第二言語あるいは第三言語になっている。彼は父親の意思によって朝鮮語クラスに入り、朝鮮語という言語自体に特別興味を持ってはいないが、好きな時に学ぶというこ

とを続けている。すなわち、自分の都合によって朝鮮語クラスに参加したりしなかったりする。そこでは、親の朝鮮語授業への期待と子どもの学習意欲の低下との間にずれが生じている。広田（2003）の指摘のように、「子供は、大人が権利を認めようが認めまいが、個々に認識−判断をする独立した主体であるから、大人の意図通りの反応を一律にするわけではない。『教える』という行為と『学ぶ』という行為の間には、大きな断層があるのだ」（同上：p.11）。

金さんにとって、朝鮮語は「民族語」というより韓国ドラマのようなポピュラーカルチャーに接するための道具としてより意味があると言えよう。このように、生活における必要性やその言語的な魅力および教師の教え方などが、金さんの朝鮮語を学ぶ意欲に直接影響を与えている。けれども、金さんの父親の朝鮮語クラスへの期待から伺われるように、朝鮮語クラスは朝鮮語を学びさらに朝鮮語を使用する空間を与えており、朝鮮語を獲得するうえで重要な役割を果たしていることは否定できないだろう。

c. 「民族語」の習得とエスニック・アイデンティティ

エスニック言語とエスニック・アイデンティティの間にはどのような関わりがあるのか。朝鮮族の人びとはなぜ朝鮮語を維持・継承しようとするのか。本章で事例として取り上げた田さんは自分が朝鮮族であり、朝鮮族の友人と朝鮮語で話をしたいという要因が彼女の朝鮮語の習得を促したと言える。そして、崔さんの子どもの場合には、朝鮮語が祖父母とのコミュニケーションのために必要不可欠な言語になっているため、自ら朝鮮語を学ぼうとする。津田（1990）によれば、人間は他者とのコミュニケーションを介して、自己のアイデンティティを形成し、他者との連帯感を得るためには、同じ言葉を話す他者とのコミュニケーションが必要になると指摘する（同上：p.89）。上記の田さんと崔さんの場合にも、こうした友達や祖父母との連帯感を得るために、朝鮮語を学んでいるものと考えられる。

それでは、小さい頃から漢族学校に通ってきたが、両親は朝鮮族である

家庭で育った田さんの場合には、朝鮮族の友人と出会う前には朝鮮族という　エスニック・アイデンティティを有していたのだろうか。そうした帰属意識を持っていたならば、どのような形で表れていたのだろうか。

　　　私は高校まで漢族学校に通い、周りに朝鮮族はあまりいなかったのですが、自分のエスニック・アイデンティティはかなり強いと思います。両親から民族に関する教育を受けたこともほとんどありませんでした。けれども、私は朝鮮族の伝統文化や民族衣装が大好きで、朝鮮族としての誇りも持っています。私は朝鮮族の人に出会うと、非常に親しみを感じます。街を歩く時に、私は人を見た目ですぐに「この人は朝鮮族だ」と判断することができます。

　　　　　　　　　　　　（田麗娜、2007 年 6 月 19 日、北京にてインタビュー）

　すなわち、田さんは朝鮮語が話せなくても、民族衣装を含めた朝鮮族の文化に関する理解を深めており、さらに朝鮮族の身体的および文化的な特徴を覚えることで、自分と朝鮮族の人びととの連帯感を感じてきた。そうした連帯感は彼女に親しみを感じさせることで安心感を抱かせる。こうした身体的および文化的に覚える感覚は、鄭暎惠（2005）が指摘する「言語化されずに身体化された記憶」[6]と共通であるだろう。田さんのように、漢族学校に通ったにもかかわらず、朝鮮族の文化や特徴を意識することが、その後の朝鮮族の友人作りや朝鮮語の習得を促したと考えられる。
　朝鮮族のエスニック・アイデンティティは不変なものではなく、変化を

6　　鄭暎惠は「言語化されずに身体化された記憶と、複合アイデンティティ」（2005）という論文の中で、在日韓国人の言語を介さずして覚えた祖先の故郷への記憶を「身体化された記憶」としてとらえている。本書でも、朝鮮語が話せない朝鮮族が日常生活の中で、言語を介さずに覚えた朝鮮族の生活習慣や朝鮮族へのイメージなどを指す言葉として鄭（2005）の「身体化された」という表現を用いて説明する。

ともなうものであり、場合によって弱まったり強まったりする。筆者の調査に応じてくれた朝鮮族の中には、本人が朝鮮族学校に通った経験がある場合でも子どもを漢族学校に通わせようとする人がいる一方、本人が漢族学校に通った経験がある場合でも子どもは朝鮮族学校に通わせるなど多様な事例が見られた。そのほかにも、以下のように子どもを高校まで漢族学校に通わせたが、朝鮮語ができないことに悔しさを感じることで、韓国の大学に留学させる事例も見られる。

〈**事例4**〉具春英（仮名）、女性、40代、朝鮮族、自営業、黒竜江省出身。

　具さんは過去において中国の東北部のある漢族学校で10年間音楽教師として勤めた経験がある。7年前に北京の望京地域に移住し、現在飲食店を経営している。北京に移住した理由は、妹が北京で自営業をやっていることと、望京地域は朝鮮族と韓国人が集まって住んでいるため住みやすいと判断したからである。息子が1人いるが、中国で漢族高校を卒業した後、北京の大学に2年間通い、現在は韓国の大学に留学している。具さんは息子を漢族学校に通わせたことを後悔している。

　朝鮮族だから、自分の民族語を学ばなければいけないと思います。息子が韓国に行くまでは朝鮮語が全然話せなかったので、私は息子と話をする時はいつも中国語を使っていました。中国語で話すと心が通じない気がします。今は息子が韓国語を少し話せるので、とても嬉しいです。将来嫁も朝鮮族ならいいですね。息子も私になぜ漢族学校に通わせたのかと責めています。でも、それは朝鮮語を学んでも必要ないと言われる時代（筆者注：中国の文化大革命の時代を指す）だったし、中国では中国語ができなければいけないと思ったからです。でも、改革開放以降韓国語ができると就職の道ももっと広がる

し、収入も高くなります。それで、現在息子を韓国に留学させてい
ます。　　　　　　　　　　（2006 年 12 月 2 日、北京にてインタビュー）

　具さんの事例から見られるのは、朝鮮語や韓国語の習得は、高収入の職
につくための有利な方法であるだけでなく、朝鮮族のエスニック・グルー
プへの帰属感、そしてもっと身近に感じるのが親子の心の距離の短縮であ
る。それは、具さん自身がいくら漢族の人びとの中で暮らし、日々中国語
を使用するとしても、彼女のアイデンティティの核を占めている部分は朝
鮮族であることを示すものであり、それが朝鮮語という言語によって表れ
ている。具さんと息子との中国語による心的距離は、息子が韓国語を習得
することにより、徐々に短縮されていることが分かる。
　このように朝鮮族の朝鮮語や韓国語の習得は、その言語の市場価値やコ
ミュニケーションのために必要であるからだけでなく、彼らの朝鮮族とし
てのエスニック・アイデンティティを支える重要なものであると言えよう。

4.　中国の戸籍制度と移動する子どもたち

　中国の戸籍制度は農村戸籍と非農業戸籍という二分構造を呈している。
このような戸籍制度の 1 つの重要な目標と機能は、人の移住と移動をコ
ントロールすることである。現在中国におけるさまざまなほかの制度の改
革にともない、その実際の効果は少し低下しているが、その機能は依然と
して存在する（陆益龙　2003, p.459）。
　戸籍制度の厳格な区分は、移動する人びとの生活に不便を与えることで
居住の不安定をもたらすが、その中でも子どもの教育に与える影響は大
きい。1990 年代以来、中国の移動先の戸籍を持たない非戸籍定住人口の
子女の教育が義務教育における最大の難題になっている（葛新斌・胡劲松
2007, p.95）。新京報の 2010 年 7 月 17 日の記事によれば、親とともに地方
から北京へ移動し、現地で義務教育を受ける段階の子どもたちは 2009 年

に約 41 万 8000 人に達し、北京における生徒総数の約 40％を占める。しかし、このような義務教育段階の子どもたちが北京の公教育機関で教育を受けることは容易ではない。

　教育における戸籍の影響は、主に教育を受ける場所の問題に現れている。すなわち、個人がどこで教育を受ける権利があり、どこでは教育を受ける権利がないのかという問題である。現行制度の規定によれば、個人は自分の常住戸籍所在地においてのみ一般教育を受ける権利がある。もし戸籍所在範囲を超えた地域で教育を受ける場合には、それに相応する「借読費」[7] を請求される場合がある。そして、その「借読」学校に入るにも政府の許可やコネが必要となる場合もある（陆益龙　2003, p.459）。2009 年以降、地域によって政府による「借読費」請求の規定は排除されつつあるが、学校による公式あるいは非公式の請求は依然として多く存在する。

　中国の現行試験制度も戸籍あるいは戸籍所在地と直接に関連している。全国統一試験に関しても、非戸籍所在地では試験を受ける権利がない（同上：p.324）。特に、大学受験の場合は必ず戸籍所在の省や市の学校で試験を受けるように規定されている。しかも、試験は全国統一ではあっても、地域によって、さらに学校によって使用する教科書が異なる場合があるため、移動する子どもたちにとって大学受験における不利な点は免れない。

7　「借読」は、中国において子どもが戸籍所在地以外の地域の公立学校に一時的に通うことを指す。一般的には小学校と中学校に限る。「借読費」は、そうした一時的に通うために学校に支払う一定の費用を指す。「借読費」は中国政府に規定により、1 学期に 200 元である。しかし、北京市や広東省などの地域においては政府により 2009 年 1 月 1 日から義務教育段階における「借読費」が廃止され、中国教育部も 2010 年 12 月に《小学管理規程（小学校管理規定）》における非戸籍地の小学校で教育を受ける生徒に対する「借読費」規定を正式に廃止した。しかし、その名目を変えた「賛助費（助成金）」、「択校費（学校選択費）」などの費用が学校により正式あるいは非正式に請求されることが各地で起き始め、その金額は 1 万元以上に上る。

したがって、子どもたちが親とともに移動するか、それとも親と離れ離れの生活をするのか、あるいは親が子どものために再移動するかの問題に直面する。上記のような中国における戸籍制度は、人の移動を制限する強制手段であり、移動する人びとの次世代の育成に直接打撃を与えている。中国の少数民族政策は個人ではなくエスニック・グループを単位とし、かつ民族自治地方内で実施される（岡本　2008, p.172）ため、民族自治地方を離れた個々人の少数民族には適応されなくなっているからである。

　前述の金星さんの場合も大学受験の時に戸籍所在地に帰らざるを得ない問題に直面している。それは北京の戸籍を有していないため、戸籍所在地の吉林省に戻らなければ、大学受験ができないからである。金さんの父親は、吉林省の教育の質が北京より高いと考えており、それが息子の大学受験に不利になるのではと憂慮している。それは、彼の親戚の子どもの1人が北京で公立の中学校に通っていた時にはクラスで成績が3番目ぐらいだったが、黒竜江省のある朝鮮族学校に転校した後はクラスで40番目という成績だったために、不安を感じたからである。金さんの父親も、息子を戸籍所在地の学校に転校させる場合朝鮮族学校を予定しているが、現在の息子の朝鮮語のレベルでは大学受験の時にすべて朝鮮語で回答するのは難しいと考えている。金さんの場合、中国での少数民族の生徒に対する優遇点数[8]として加算される10点を得ることができないということである。少数民族の生徒であっても、大学受験の際に、自民族の言語で回答しない場合にはその優遇政策の対象にはなれないからである。

　筆者が2006年にインタビューした韓珍姫さんの場合にも、2011年に

8　中国では全国統一大学入試において、少数民族への優遇政策の一環として少数民族の受験生に対して試験の最終成績に点数を加算する制度を設けている。点数の加算は、一般的に、大学受験期に公立の少数民族学校に在籍し、少数民族の民族語科目と中国語科目の両方を受験する少数民族の受験生を対象とする（少数民族の民族語科目と中国語科目は、ペアとして『語文』1科目を構成している）。加算される点数は地域によって異なる場合がある。

北京で再びインタビューを行った際に、娘が戸籍の所在地である吉林省の学校に通っていることが確認された。韓さんによれば、小学校6年生まで娘を北京の学校に通わせたが、北京の戸籍がないため、大学受験の時は必ず戸籍所在地に帰らなければならないということであった。しかも、大学受験のためには、戸籍所在地の学校で中学校から通う必要があるという。それは、大学受験資格のためには、現地の高校入試の成績と高校3年間の会考[9]の成績が必要であり、現地の高校に進学するには、現地の中学3年間の会考の成績が必要になるということである。したがって、戸籍所在地で大学受験をするためには、中学校から現地で通う必要がある。韓さんは夫とともに北京で働いているため、しかたなく娘を郷里の母親に預けた。

　韓さんは北京に来て約10年になるが、北京の戸籍は有していない。現在の会社は外資系企業なので北京戸籍の申請もできないという。彼女は家族が北京の戸籍を持っていないことで、子どもと離れ離れの生活を送らざるを得なくなるとは思わなかったという。韓さんは子どもを吉林省に送る前にさまざまな方法を考えた。その1つは、娘を北京で高校まで通わせた後、外国へ留学させることである。けれども、周りの人びととの経験から、娘がまだ価値観などはっきり定まっていない時期に外国に行かせると、娘が留学先で悪い影響を受ける可能性があるのを心配して断念したのである。したがって、やはり中国の大学に通わせ、自立した人格が形成された後に留学させたほうが安心だと考えている。韓さん夫婦は外国資本の企業に勤めているため、中国では高所得層であり、娘の留学費用も負担できると考えている。韓さんは年に2～3回しか娘に会うことができない。娘は休

9　会考は、中国において主に高校卒業認定試験を指す。省や市レベルで行う統一試験であり、指定されたすべての科目の成績に合格することで高校卒業証書を与えられる。会考の科目は、一般的に国語（中国では『語文』と呼ぶ）、数学、外国語、歴史、地理、政治、物理、生物、化学、コンピューターなどが含まれる。中学でも会考を行う場合があるが、それは主に高校入試の科目に含まれない科目に関して、市や区で行う統一試験を指す。

暇の時に1人で吉林省から北京にやってくる。しかし、娘は毎回吉林省に戻る際に泣きつくので、韓さんも娘と一緒に暮らせないことに胸を痛めている。

このように、中国内で人びとが地域間の移動を行なうことにおいて、さまざまな問題が生じている。しかし、それに対応しようとする中国政府の動きはまだまだ顕著には見られない。地域別に厳格に分けられた中国の戸籍制度は、政府にとって人の地域間移動が過度に行われることを防ぐ有効な手段になるとしても、移動する人びとの移動先での定着や子どもたちの教育を受ける機会を大きく制限し、彼らの家族のありかたさえ揺るがしているのである。

5. むすび

グローバル化と中国の改革開放は、中国のさまざまな面において大きな影響を及ぼしている。特に、人びとの国内外への移動が加速化する中で、彼らの従来のライフスタイル、価値観および子どもへの教育観は大きく変化している。

その中で、朝鮮族の人びとは国民国家の枠組みを超えるよりグローバルな社会の一員として居場所を模索しようとする意識を持ち始め、そのための知識や能力を備えようとする。まず、朝鮮族の若年層は子どもの教育において、親世代の朝鮮語重視から中国語と英語の重視へと意識を変えている。朝鮮族の人びとは、自分たちが今まで住んでいた東北3省を離れて移動した時、それまで自分たちの生活圏は朝鮮族のエスニック・グループの中に限られ、中国の漢族を主とする中国社会には入れなかったことに気づく。その1つの原因は、彼らは朝鮮語に習熟しているが、中国語能力が不十分だと意識することである。したがって、彼らは自分の子どもを主流社会に進出させ、より大きな活躍の場を提供するために、中国語や英語の習得を重視するようになる。彼らは「民族語」を最も重んじる朝鮮族の

従来の教育観から、主流社会に進出するための言語の習得をより重視することへと変化してきた。

　しかし、そうした中にあっても、家庭教育や補習校などのさまざまな教育を通じて子どもに「民族語」としての朝鮮語を維持させようとする人も少なくない。このように、さまざまな方法で子どもに朝鮮族のエスニック言語である朝鮮語を継承させようとすることには、朝鮮族の親たちの言語を通じて家族の絆や朝鮮族共同体との繋がりを維持しようとする考えがあり、それは文化的なアイデンティティの表れであると言えよう。

　また、中国の都市と農村、そして各地域の出身を厳格に区分する戸籍制度は、移動する子どもたちに大きな影響を与えている。親とともに北京へ移動し、北京の学校に通うものの、戸籍は依然として東北部の出身地にある子どもたちは、大学受験のために再び東北部の戸籍所在地の学校に転校しなければならない事態に直面している。北京と地方との間の教育格差などもあり、移動する子どもたちの転校にともなう適応の問題や学習意欲の低下などを心配する親も少なくない。移動先で長年滞在しても現地の戸籍を有していないという理由で、子どもの教育のために再び出身地に戻さざるを得ないということは、彼らに自分たちが中国東北部の出身であると同時に朝鮮族であることを再認識させる。

第Ⅲ部

───────

朝鮮族の国際移動とアイデンティティの変容

第4章

高学歴者が「帰郷」するとき

韓国在住の朝鮮族のアイデンティティの揺らぎをめぐって

1. はじめに

　本章では朝鮮族の韓国[1]への移動を「帰郷」ととらえ、学歴が彼らの「帰郷」においてどのような影響を与えるのか、朝鮮族の人びとは韓国でどのように受け入れられているのか、「帰郷」先において彼らのアイデンティティはどのように変化しているのかを考察する。

　近年のグローバル化の進展とともに、かつて、出生地を離れて植民地や外国へ移動し、定住していた人びとが、故国へ再移動（「帰郷」）する事例が顕著となり、注目されている。そうした人びとは、親戚訪問や就労、結婚、留学などさまざまな目的を持って故国へ「帰郷」するが、これまでは経済的要因に焦点をあてて議論されることが多かった。本章では、故国へ「帰郷」する人びとの、先祖の故郷への憧れと現実との齟齬によるアイデンティティの変容といった文化的要因に注目する。

　故国への再移動の現象をとらえる用語として、近年日本で最も使われているのが「帰還」である。「帰還」に関して、大川（2010）は「帰国（者）」という語と比べて「return はたんに『戻る』という、より客観的、中立的

1　中国朝鮮族の北朝鮮への移動に関する統計データが管見の限りではないため、本書では北朝鮮に関しては扱わない。

な用語である」(同上：p.30) と指摘し、「一時的な訪問ではなく、本国[2]の国籍を取得し、定住を目的とした永久的な帰還を意味する」(同上：p.31) と定義している。一方で、本書では「帰郷」という語を用いる。本書の「帰郷」とは、かつて出生地を離れて外国で生活していた人びとおよび彼らの子孫が、「故国に帰る」ことでの安らぎを求めて、一時的あるいは長期的に故国に戻ることを意味する。すなわち、「帰還」の客観性に対して、「帰郷」は移動する人びとの移動に関する主観的位置づけを重視した用語である。本書で示したいのは、朝鮮族の人びとの韓国への「帰郷」について、出稼ぎや留学、あるいは親戚訪問などの経済的あるいは文化的な行動以外にも、彼らがこれまで朝鮮語を維持・継承したことや朝鮮族の独自な文化を維持・継承してきたことが、故国の人びとに肯定的にとらえられるとともに、言語的・文化的に「同じ民族」として認められることを求めるということである。さらに、こうした受け入れによって、故国に戻ることによる安心感を得ることも、朝鮮族の人びとにとっての「帰郷」の意味として見逃すことができない。

　これまで韓国在住の朝鮮族に関する研究では、出稼ぎ労働者に焦点をあてることが多く、特に彼らの韓国における法的、経済的、社会的地位に関して活発な議論が行われてきた。その中でも、例えばユン・ファンら (윤황・김해란　2011) の研究では、韓国在住の朝鮮族移住労働者たちの法的地位に関して、「中国朝鮮族は韓国の在外同胞であるが、ほかの国に居住する在外同胞たちと同等の待遇を受けておらず、また国籍が中国である朝鮮族は外国人労働者の待遇を受けている」(同上：p.57) と指摘する。そして、経済的地位に関しては、初期の朝鮮族移住労働者たちの教育レベルが高くないことや従事する業種も限られていたため、彼らの経済的地位が非常に低いと述べる (同上：p.57)。また、社会的地位が低い仕事に従事していることから、彼らは韓国人に差別されたり蔑視される社会的地位に止まっ

2　移住の起点となった国、移民を送り出した国を指す。

てしまったと分析する（同上：p.57）。このほかに、韓国在住の朝鮮族の葛藤に関して分析したヨ・スギョン（여수경　2005）の研究がある。ヨ・スギョンは、朝鮮族の人びとにとって韓国は「外国」ではなく、憧れの対象であり、帰るべき場所として認識された「母国」であると指摘する（同上：pp.243-277）。けれども、彼らは帰った韓国において社会的に受け入れられることがなく、むしろ差別されることで、アイデンティティの葛藤を経験することを提示している。

　このように、先行研究では韓国在住の朝鮮族は法的および社会的に受容されないことに焦点があてられてきたが、本章の結論を先取りすれば、韓国において高学歴朝鮮族は法的および社会的に受容されている。一方、高学歴朝鮮族が社会的に受容されているからといって、彼らのアイデンティティが確立されているとは必ずしも言えない。そこで、高学歴朝鮮族と「帰郷」先の社会の関係から、「帰郷」によってアイデンティティの積極的な構築／再構築がなされていることを検討したい。

　本章では、上記の問題関心に基づいて、朝鮮族の韓国への「帰郷」において、学歴の有無がどのような影響を持つのか、韓国では朝鮮族の人びとをどのように受け入れているのか、「帰郷」によって高学歴朝鮮族の「中国人」と「韓国人」との間のアイデンティティがどのように揺らいでいるのか、彼らのアイデンティティの構築／再構築は子どもの教育にどのような影響を及ぼすのかを、高学歴朝鮮族の事例を中心に考察する。

2.　朝鮮族について

　これまで中国に住んでいた朝鮮族の人びとは、自分たちの言語だけでなく、朝鮮族の独特なライフスタイルも維持・継承してきた。金旭賢（1999）によれば、朝鮮族は19世紀半ばごろから100年余もの間、中国で漢族・満族など他の東北諸民族とともに土地を開拓しながら、終始自民族の言語・文字・風俗習慣など伝承してきた（同上：p.119）。1949年以降、中国

政府は少数民族政策として少数民族の集住地区に自治機関を設置し、少数民族の人びとに運営させることによって彼らに自治権を与えていた。朝鮮族の自治機関である延辺朝鮮族自治区も、1952年に設立された（1955年に延辺朝鮮族自治州と改称された）。中国東北部には朝鮮族の自治県や自治郷、自治村も多数存在するが、そこでは朝鮮族の人びとの集住によるエスニック・コミュニティが形成された。そうした朝鮮族のコミュニティの中で、彼らは日常において朝鮮語を共通言語として使用し、飲食、服装、冠婚葬祭などにおいても朝鮮半島の人びとに似ているライフスタイルを維持してきた。

　また、朝鮮族の人びとは配偶者の選択においても朝鮮族の血統の維持への努力を行ってきた。植野（1999）は、「朝鮮族は他民族との通婚を望まず、かなり遠距離であっても、同民族との結婚を維持しようとしている」（同上：p.85）と述べる。実証的なデータは管見の限りでは見当たらないものの、朝鮮族の中には1世だけでなく、2世や3世の人びとの中でも、漢族やほかの民族との結婚が少なく、朝鮮族同士の結婚が多い、と朝鮮族の人びとは思っている。こうした朝鮮族の血統の維持への努力は、韓国においても広く知られている。

　このように、朝鮮族は自分たちの言語とライフスタイルを維持・継承することにより、国境の向こう側の韓国と北朝鮮には、自分たちと言語的および文化的に共通性を持つ兄弟や親戚が暮らしていると想像してきた。しかし、第2次世界大戦後から中国と韓国の間で国交が結ばれた1992年までの40余年の間に、彼らの多くは韓国へ行くことも、韓国に対する情報を得ることもできなかった。中国と韓国の国交が結ばれることで、朝鮮族は正式に韓国へ「帰郷」し、自分の兄弟や親族の人びとに会うことができた。

3. 「帰郷」先における社会的排除と包摂

3.1. 朝鮮族の韓国への「帰郷」

2012年7月31日の韓国法務部の統計によれば、韓国に居住している韓国系中国人（筆者注：中国朝鮮族を指す）は46万7981人とされている[3]。朝鮮族の韓国への移動は、1988年のソウルオリンピック以降公式に始まったと見られる。韓国では1986年からKBSラジオ社会教育放送（2007年に「韓民族放送」に改名）で、朝鮮族を対象とした離散家族探しプログラムを作成して放送した。中国における朝鮮族の多くは、その放送を聴取することで、韓国にいる親戚を確認することができた。彼らは、韓国政府により旅行証明書を発行してもらうことで、簡素な手続きを経て韓国を訪問することができた。グォン・テファンら（권태환・박광성　2005）によると、この時期に韓国の親戚の招へいで香港を経由して韓国を訪問した人たちが、初めて韓国の地を踏んだ朝鮮族たちである（同上：pp.151-152）。このように、中国朝鮮族の韓国への移動は、親戚訪問という「帰郷」の形で始まった。その「帰郷」する人たちの中には、韓国が生まれ故郷である朝鮮族1世やその子女の朝鮮族2世の人たちがほとんどであった。

しかし、1992年に韓国政府は朝鮮族の入国を厳しくし、親戚訪問者の年齢を55歳以上に限定し、滞在期間も最大90日に制限した。この時期から、朝鮮族の韓国への「帰郷」も容易に行われなくなった。同時期から、韓国への入国制限にもかかわらず、中国の漢薬材を韓国で販売することや

3　（韓国）出入国・外国人政策本部ホームページ http://www.immigration.go.kr/HP/COM/bbs_003/ListShowData.do?strNbodCd=noti0097&strWrtNo=100&strAnsNo=A&strOrgGbnCd=104000&strRtnURL=IMM_6070&strAllOrgYn=N&strThisPage=1&strFilePath=imm/（アクセス：2011年9月20日）

就労を通じて稼ぐことを目的にさまざまな方法で韓国に入国する者も現れ始めた。

　ここで、少し中国の当時の社会的背景をみると、1990年代以降の中国では、市場化が急速に進み、農村と都市の人びとの収入の格差も広がっていった。したがって、より良い仕事を求めて農村から都市へ、小都市から大都市への人の移動が急速に進行した。また、1990年代後半から中国の大学の授業料も大幅に上昇する[4]ことで、家計の教育負担も増大した。こうした社会変動の中で、子どもの教育を重視する朝鮮族の人びと、その中でも特に農業で生計を立てる人びとにとって、子女の教育費用は大きな負担となった。したがって、彼らの中には就職の機会を求めて、中国東北部を離れ、比較的経済が発展している中国の大都市や沿海都市へ移動する人もいれば、韓国へ移動する人もいた。韓国は朝鮮族の人びとにとって、自分たちのルーツと親戚を確認する故国であるだけでなく、言語や文化において共通するところが多いことから、ほかの国に比べて仕事が見つけやすく比較的暮らしやすい国として認識されていた。就労を主な目的として韓国に入国した朝鮮族の中には、日常生活において朝鮮語を主要言語として用いてきた朝鮮族2世の人びとが多数を占めるが、仕事の環境やライフスタイルにおいて中国より韓国に憧れることから韓国への入国を希望する朝鮮族3世の人びともいる。

　しかし、韓国で働く朝鮮族の人びとには韓国で通用する技術や資格がほとんどないため、単純肉体労働に従事する者が多かった。そして、彼らは韓国への入国のために多額の資金を費やしたことから、現地での合法滞在期間が過ぎても中国に戻ることができず、非合法的な身分で引き続き現地に滞在することが多かった。同時に、韓国政府は朝鮮族に対して入国審査

4　中国では、1989年ごろから、経済が高度成長期に入り、全大学生を対象に授業料徴収政策が始まった（徐　2004）。その後、授業料は直線的に上がり、1999年には27倍以上にまで一気に上昇した（徐　2006）。

を厳しくし、彼らの韓国での滞在期間もさらに制限することで非合法滞在者を減らそうとしていた。在留資格違反として取り締まりの対象となった朝鮮族に関する報道が韓国メディアで続出する中、韓国社会で朝鮮族に対する「不法滞在者」や「出稼ぎ外国人労働者」としてのイメージが徐々に強まっていった。

　1999年の「在外同胞法」の成立とともに、朝鮮族の法的な「在外同胞」身分の確保と彼らの韓国での合法的な長期滞在をめぐって、朝鮮族の人びとや韓国の市民団体は韓国政府に対して数次にわたる抗議活動を行った。その結果、2003年11月29日に盧武鉉大統領がキリスト教の教会であるソウル朝鮮族教会を訪問したのをきっかけに、「就業訪問制度」が制定され2007年3月4日から正式に実施された。就業訪問制度により、朝鮮族の韓国への入国制限は大きく緩和され、彼らの韓国での滞在期間が最大5年に拡大された。韓国に親戚を持たない無縁故朝鮮族の韓国への入国もより容易になり、非合法滞在者も一定の条件が揃えれば、合法滞在者への身分転換が可能になった。この時期以降、韓国メディアでは「朝鮮族不法滞在者」や「朝鮮族」という用語の使用が減り、朝鮮族を指す言葉として「中国同胞」あるいは「韓国系中国人」という用語の使用が増えるようになった。

　2000年以降、中国の改革開放の進展とともに、朝鮮族の中には外国へ留学する人びとが急増している。そうした留学生の中では朝鮮族3世の若い人たちが主流を占めている。彼らの中には、日本やアメリカなどの国に留学するものもいれば、韓国に留学する者もいる。韓国に留学する朝鮮族の場合には、より良い教育を受けることだけが移動の目的であるのではなく、「祖父母の故郷に一度住んでみたい」あるいは「韓国の人びとや韓国の文化をもっと知りたい」という自分のルーツを探ろうとする文化的な理由も韓国へ「帰郷」する1つの要因になっている。

3.2. 「朝鮮族」と「中国同胞」というカテゴリー

　韓国で朝鮮族を指す言葉は多様である。例えば、「조선족（朝鮮族）」、「중국사람（中国人）」、「교포（僑胞）」、「중국동포（中国同胞）」、「한국계중국인（韓国系中国人）」などが挙げられる。韓国人は、一般的に朝鮮族を「조선족（朝鮮族）」、「교포（僑胞）」と呼ぶ場合が多い。「중국동포（中国同胞）」という言葉は、在外同胞との繋がりを強調する市民団体や一部の学者、そしてメディアで主に使われている（박광성　2006, pp.171-172）。「한국계중국인（韓国系中国人）」という言葉は、出入国管理局の統計データで朝鮮族を指す言葉として使われ始め、最近メディアの報道記事にもよく見られる。韓国在住の朝鮮族の人びとは、自分たちのことを「조선족（朝鮮族）」あるいは「교포（僑胞）」や「동포（同胞）」と自称することが多い。

　以下では、韓国で使われている「中国同胞」と「朝鮮族」という言葉について 2 つの側面から検討する。第一に、韓国の在外同胞法に注目して、同法において「在外同胞」とは何を指すのか、同法における朝鮮族の法的地位はどのようであるのかを分析し、第二に、韓国社会において「朝鮮族」と「中国同胞」という言葉をどのように使い分けているのかを分析することで、朝鮮族への社会的まなざしについて考えていきたい。

　まず、第一の課題について検討する。韓国では 1999 年 9 月に「在外同胞の出入国および法的地位に関する法律」（以下は「在外同胞法」と略）が制定された。この法律では、「在外同胞の大韓民国への出入国および大韓民国内における法的地位を保証する」ことを目的とし、「在外同胞」の定義を「在外国民」と「外国国籍同胞」の 2 種類に分けている。同法における「在外国民」とは、「大韓民国の国民として外国の永住権を取得した者、あるいは永住の目的で外国に居住している者」であり、「外国国籍同胞」とは「大韓民国の国籍を保有したことがある者、あるいはその直系卑属として、外国国籍を取得した者の中で大統領令が定めた者」を指す[5]。

5　　在外同胞の出入国と法的地位に関する法律　第 6015 號第 2 條　韓国法務部

この 1999 年の在外同胞法の「在外同胞」定義によって、大韓民国政府の成立（1948 年 8 月 15 日）前に国外に移住することで、大韓民国の国籍は取得できず、移住国の国籍を取得した約 300 万人におよぶ中国および CIS[6] 地域などの朝鮮半島出身の人びとは、法的に「在外同胞」の範囲から排除された。

　したがって、同法は韓国の市民団体および人権団体に「在外同胞差別法」として批判され、憲法訴願が提出された。その憲法訴願を受け付けた韓国の憲法裁判所は、2001 年に上記の条項に対する憲法不合致判定を下し[7]、韓国国会では 2004 年 2 月 9 日に「1948 年以前に出国した者も在外同胞である」との在外同胞法の改定案を通過させた[8]。しかし、この改定案の施行に対し韓国法務部は依然として保留姿勢を取っている。

　在外同胞法は、1999 年以降に数回の改定が行われてきたが、中国および CIS などの国における朝鮮半島出身の人びとに対して大きく門戸を開いたのは 2009 年 12 月 1 日以降のことである。韓国政府はその目的に関して「中国、CIS（独立国家共同体）などの地域の同胞たちが国内への出入国・滞在および事業活動をすることにおいて不便がないようにし、韓民族という誇りを持って、母国との交流などを拡大できるようにするためであ

編　1999「在外同胞의出入國과法的地位에關한法令」（在外同胞の出入国と法的地位に関する法令）p.1

6　独立国家共同体（英語：Commonwealth of Independent States、略称：CIS、ロシア語：СодружествоНезависимыхГосударств, СНГ）は、旧ソビエト連邦の 12 カ国で形成された国家連合体（コモンウェルス）である。

7　ハンギョレ新聞 2003 年 11 月 18 日記事「재외동포법 개정안 '차별' 해소냐 정당화냐（在外同胞法改定案「差別」解消なのか正当化なのか）」http://legacy.www.hani.co.kr/section-

8　在外同胞新聞 2011 年 8 月 24 日記事「중국동포들 '55 세 미만만 취업 말도 안돼'（中国同胞たち「55 歳未満のみ就業、話にならない」）」http://www.dongponews.net/news/articleView.html?idxno=19543（アクセス：2012 年 9 月 27 日）

る」[9] と発言している。この時期に実施された「在外同胞」(F-4) 資格の付与対象者は、主に 4 年制大学を卒業した者、公務員や大学教員、法人企業の代表および職員、農業や船舶などの分野における高級技術者、居住国で公認された同胞団体や芸術団体の代表などの人びとに限られていた。すなわち、高学歴者や社会的に認められている資格を持つ者および比較的安定的な仕事に従事している者に対して、法的な「在外同胞」の地位が与えられたのである。これに加えて、改定内容には「訪問就業 (H-2) 資格を持っている者であっても、韓国内外で 4 年制大学以上の学歴を有する者で、国内単純労働業種に就業しないという誓約書を提出する者であれば、在外同胞 (F-4) 資格変更の申請を行うことができる」という項目も加えられた。この段階で、高等教育を受けた朝鮮族は明確に「在外同胞」としての法的地位が与えられた。けれども、高等教育を受けていないと同時に単純肉体労働に従事する朝鮮族に対しては、依然として在外同胞法の法的保護対象から除外していた。

　韓国の在外同胞法がさらに改定され、施行されたのは 2010 年 4 月 26 日以降である。韓国政府は 2012 年 4 月 12 日に「国内の人力不足が深刻な特定業種で長期に勤めている訪問就業 (H-2) 同胞に対して、本人が希望する期間内に長期就業が可能な在外同胞 (F-4) 資格に変更する」ことを発表した[10]。特に、製造業、農畜産業、漁業などの職種や介護、家事ヘルパーなどの仕事で、1 年以上同一職場で勤務する者は「在外同胞」(F-4)

9　　HiKorea（韓国法務部、知識経済部、労働部が共同で開設した外国人のための電子政府の代表的なホームページ）2009 年 11 月 27 日の公知事項「중국 .CIS 동포、재외동포 (F-4) 자격부여 대상 확대안내 (中国、CIS 同胞、在外同胞 (F-4) 資格付与対象拡大案内)」http://www.hikorea.go.kr/pt/index.html（アクセス：2012 年 9 月 5 日）

10　　同上、2010 年 4 月 12 日の公知事項「방문취업 (H2) 동포의 재외동포 (F-4) 자격변경 안내 (訪問就業 (H2) 同胞の在外同胞 (F-4) 資格変更案内)」http://www.hikorea.go.kr/pt/index.html（アクセス：2012 年 9 月 5 日）

ビザが許可された。したがって、上記の職種に従事している一部の朝鮮族も、学歴にかかわらず法的に「在外同胞」としての地位が与えられた。

　韓国法務部の 2012 年 7 月 31 日の統計によると、中国国籍で「在外同胞」(F-4) 資格（ビザ）を有している者は 10 万 1422 人（その中で韓国国内での居住先を申告した者は 9 万 9210 人）とされる [11]。この人数は、韓国在住の 46 万 7981 人とされる朝鮮族の総数に比べればまだ少数にすぎない。2011 年 8 月 23 日にソウルの中国同胞教会において、在外同胞法の適用を求めるための記者会見が開かれ、出席した 400 人の朝鮮族が、1 万 1393 人の署名を集めた憲法訴願審判請求書を憲法裁判所に提出する [12] ことで、自分たちの「同胞」としての法的権利を求めていた。彼らは、韓国において法的に「同胞」として認められることを希望すると同時に、それによって韓国での滞在も比較的制限が少なくなり安心して暮らせる生活の自由を求めていた。

　韓国政府の朝鮮族に対する「在外同胞」の定義と受け入れ姿勢の揺らぎは、韓国社会における人びとの朝鮮族へのまなざしにも影響を与えている。以下では、本節の二番目の課題である韓国社会では「朝鮮族」と「中国同胞」という言葉がどのように捉えられているのかを見てみよう。まず、ソウルのある NGO 団体の代表である Y さんの「同胞」という言葉についての話から聞いてみよう。

　　中国から朝鮮族同胞たちがたくさんくることで、韓国社会では在外同胞に対する関心が高まりました。最初は「교포（僑胞）」とい

11　前掲（韓国）出入国・外国人政策本部ホームページ（アクセス：2012 年 9 月 5 日）

12　聯合ニュース 2011 年 8 月 23 日記事「中동포 "개정 재외동포법 전면 시행"（中国同胞「改訂在外同胞法　全面実行」）」http://www.yonhapnews.co.kr/bulletin/2011/08/23/0200000000AKR20110823108400004. HTML?did=1179m（アクセス：2012 年 9 月 20 日）

う言葉が多く使われていましたが、在外同胞法が制定されてからは、概念のうえで「교포（僑胞）」から「동포（同胞）」のほうに移っていきました。現在は「동포（同胞）」という言葉がもっとも使われています。（中略）韓国社会で「중국동포（中国同胞）」と呼んだ時のまなざしと「조선족（朝鮮族）」と呼んだ時のまなざしは異なります。「중국동포（中国同胞）」は「우리와 함께（私たちと一緒に）」を意味しますが、「조선족（朝鮮族）」という言葉には、見下したり、違質感を持っていたりするという意識が表れています。

（2009 年 8 月 6 日、ソウルにてインタビュー）

　すなわち、「同胞」という言葉は、韓国人の人びとにとって相手を「われわれ」の一員として受け入れることを意味する。けれども、「朝鮮族」という言葉には「他者」として排除する意味が含まれていると言えよう。こうした朝鮮族の呼び名をめぐる摩擦は、韓国内だけでなく、韓国以外の国においても、彼らが接し合う場で生じる。

　2010 年 1 月 21 日の韓国の聯合ニュースでは「『朝鮮族』の代わりに『中国同胞』と言いましょう」[13] という見出しの記事が載せられた。その内容は、韓国の国立国語院が日常的に使用する言語表現の中で人を差別する言葉に対し、その代案を示したというものである。この記事では、「朝鮮族」と「中国同胞」という言葉の使用に関して、以下のように指摘している。

　　　（国立国語院は）「朝鮮族」、「未亡人」など何気なく使用する言葉が場合によっては相手を差別する意味で通用されることもある点

13　東亜ニュース 2010 年 1 月 21 日記事「'조선족' 대신 '중국동포' 로말하세요（「朝鮮族の代わりに「中国同胞」と言いましょう」）」http://news.donga.com/Culture/3/07/20100121/25568171/1（アクセス：2011 年 6 月 20 日）

を指摘し、ほかの言葉を使用することを提案した。特に、「朝鮮族」
という言葉は中国にあるいくつかの少数民族の中でわが民族（筆者
注：朝鮮族を指す）とほかの民族を区分する際に使う言葉で、「中国
同胞」や「在中同胞」のほうがより望ましい表現であると説明した。

（聯合ニュース　2010年1月21日の記事）

　朝鮮族の人びとは、中国において自分たちを指す「朝鮮族」という名称
を、自分たちが中国政府に中国国民として認められると同時に朝鮮半島の
民族的な出自を表すという両方の意味が含まれる言葉として認識している
ため、ほとんど抵抗なく使用してきた。しかし、同様な言葉が韓国におい
ては肯定的な意味でとらえられているのではなく、排他的な意味が含まれ
ていることに気づき、朝鮮族の人びとにとっては受け入れがたいものに
なっている。

　したがって、朝鮮族の中にはアイデンティティの葛藤と抵抗を覚える人
びとが増えてきた。韓国人に対して「われわれを『교포（僑胞）』あるい
は『동포（同胞）』と呼んでほしい」と希望する朝鮮族が増加すると同時に、
「中国同胞」と自称する朝鮮族も現れた。一方で、「韓国人が私たちを『교
포（僑胞)』や『동포（同胞）』と呼ぶよりは、『조선족（朝鮮族）』と呼んで
ほしい」と差別用語を積極的に用いることで、韓国人との境界を顕在化さ
せることもある。

3.3.　言語の「違い」による摩擦

　韓国に「帰郷」した朝鮮族の中には、中国において中国語と朝鮮語の二
言語教育を受け、日常生活においてほとんど朝鮮語のみを使用していた人
たちが多い。特に、朝鮮語を第一言語とする多くの中高年の朝鮮族の人び
との韓国への移動は、言語が通じるということが重要な要因に挙げられる。
しかし、彼らが維持してきた「民族語」は必ずしも「帰郷」先の韓国にお
いて同じ言葉として受け入れられるわけではなかった。むしろ彼らが「韓

国人と異なる」と判断される1つの指標にもなっている。

　福岡（1993）によれば、日本で生まれ育った「在日」の場合には、朝鮮語・韓国語ができない若者のほうが多数派であるが、彼らは日本社会で日本人たちから「日本人ではない」とみなされ、韓国へ移動した時にも、韓国の人びとから「韓国人ではない」と見られることもある（同上：pp.52-55）。それは、「在日」の若者たちが韓国語を話せないこともあるが、彼らの髪型や服装、表情といった雰囲気から韓国の人びとに「韓国人ではない」、「日本人である」と判断されるからであるとのことである（同上：p.52）。彼らと比べて、外見上韓国人と区別しにくい朝鮮族の場合には、彼らを韓国人と区別する重要な基準になるのが、朝鮮族独特のイントネーションを有する朝鮮語であるとヨ・スギョン（여수경　2005, p.267）は指摘する。

　それでは、まず中国の東北3省に定着している朝鮮族の出自を見ると、彼らは主として現在の韓国の江原・京畿・忠清・慶尚・全羅の各道から集団的に移住した人びとの2～3代目が大部分を占めている（池春相　1999、pp.173-174）。したがって、朝鮮族の朝鮮語は移住初期から地方語という特徴を有し、さらにその言語が主に中国の中国語の語彙やその言語表現などの影響を受け、現在の朝鮮語を形成していると見られる。

　中国と韓国の国交が断絶された40余年の間（第2次世界大戦後～1992年）に、韓国内では国家語としての韓国語の統一（多くの地方語の統一）が進行した。さらに、英語や日本語などの外国語の影響を受け、語彙だけでなく、文字の表記やアクセントにおいて、さらにファッショナブルな言語へと変容した。そして、韓国語は社会的な上下関係を明確に区分するための言語表現が発達している。この点では朝鮮族の使用する朝鮮語と少し異なる。しかし、韓国語と中国の朝鮮語には規範文法の用語と規範文法の内容において、相違点より共通点が多い（이주행　2008, p.65）との指摘もある。

　宮岡（1996）は、「同一民族内でも、社会的変種や地域的変種（方言）、限られた集団でのみ使用される特定の語彙やことば遣いなどは、ときに隠

語的あるいは秘教的な魅力をそなえて連帯感と帰属意識をたかめ、それぞれの集団をまとめあげるはたらきをする。（中略）その一方で、このような社会化の大きな力である言語や方言は、社会的差別や心理的コンプレックスを生むという直接的な機能をもつ」(同上：pp.36-37) と指摘する。韓国語と朝鮮語との間の「差異」は、言語的な「差異」だけでなく、韓国社会における朝鮮語への「差別」という社会的・文化的な構造を生み出した。

　朝鮮族の中には、朝鮮語の「なまり」を克服する努力を行い、「朝鮮族」であることを隠す者が増え始めた。「完璧な韓国語を学びたい。でも、よくできない。昔の朝鮮語のなまりはずっと残っている」[14] とし、朝鮮族同士のプライベートな場においては、自分の「なまり」のある朝鮮語を用いることを好むが、公の場においては朝鮮語の「なまり」を隠して韓国語の使用に努力を惜しまない人たちが年齢にかかわらず多く見られた。特に、幼い子どもがいる若い朝鮮族の人びとからは、「子どものために朝鮮語のなまりを直したい」[15] という話も聞かれた。

　朝鮮族の使用する朝鮮語に対して、必ずしも肯定的でない韓国社会のまなざしは、朝鮮族の人びとに自分たちが長年維持・継承した「民族語」としての朝鮮語に対して疑問を持たせることになった。朝鮮族の人びとは自分が何者かというアイデンティティの葛藤を抱くと同時に、次世代にはどんな教育を受けさせるのかを悩むことになった。

4．高学歴朝鮮族のアイデンティティの揺らぎ

　韓国に「帰郷」した朝鮮族の中には、単純肉体労働に従事している者が多数を占めるが、2000年以降は留学や就職などを目的とする朝鮮族の若い人たちの韓国への移動が増え、注目を集めている。韓国法務部の統計に

14　筆者のインタビューによる（2008年9月17日、ソウル）。
15　筆者のインタビューによる（2007年3月6日、ソウル）。

よれば、2012 年 7 月 31 日現在、韓国における韓国系中国人（筆者注：朝鮮族を指す）の留学生数は 1742 人とされている[16]。朝鮮族の中には、すでに韓国の大学院を修了後、現地の企業や高等教育機関に勤めている者も少なくない。さらに、新しい現象としては、日本など韓国以外の国に留学した朝鮮族が学業を終えた後、韓国で就職する者がいる。その中には、朝鮮族の個々人の希望によって韓国での就職先を見つける場合もあれば、韓国の高等教育機関や企業が積極的に海外の朝鮮族人材を獲得する場合もある。

　こうした比較的容易な留学や難度の高い就職によって韓国へ移動した若い朝鮮族の移動には、より良い教育やより良い仕事の環境を求め、そして先祖の故郷に対する理解を深めたいという文化的な要因が含まれている。日本在住の高学歴朝鮮族の中には、毎年韓国に渡って祖父母の戸籍を確認し、祖父母の生まれた故郷で生活体験をすることで、自分のルーツを探ろうとする者もいる。

　以下においては、高学歴朝鮮族が韓国に「帰郷」した時、彼らのアイデンティティがどのように変化しているのかを見てみよう。

　韓国社会では、3K（きつい・きたない・危険）業種を主とする単純肉体労働に従事する朝鮮族を「外国人出稼ぎ労働者」や「外国人」として扱い、「他者」として排除する傾向がある。しかし、高学歴朝鮮族、その中でも専門職に従事する者に対しては、「韓国人」や「同胞」として受け入れることが見られる。この場合の「韓国人」という用語は、国民的帰属意識を意味するより、「韓民族」という「民族」的な帰属意識を強調するものであり、仲間意識を指すものである。

　中国において、朝鮮語と朝鮮族の伝統文化を維持・継承してきた朝鮮族、その中でも日常生活においてほとんど朝鮮語のみ使用してきた朝鮮族の人びとにとって、「帰郷」として移動した韓国で「外国人」として排除され

16　上掲（韓国）出入国・外国人政策本部ホームページ（アクセス：2011 年 6 月 10 日）

る経験は、これまで思い描いてきた「故郷」のイメージの崩壊につながる。したがって、彼らは韓国の人びとに「同じ民族」として受け入れられないことから、自分たちは「韓国人」ではなく、「中国人」であることを確認させられる。こうしたアイデンティティの変化は、高学歴者の朝鮮族の中でも見られる。

　韓国では人びとの所得が学歴に左右される傾向が強く（尹敬勲　2010, p.6）、韓国社会で高学歴者は高所得者になるという意識が一般的である。朝鮮族の中でも高学歴者は韓国での社会的地位の上昇が比較的容易であり、大手企業や大学への就職の道が開かれている。彼らに対しては、朝鮮族の単純肉体労働者に対するような社会的な排除のまなざしはあまり見られず、積極的な受け入れが見られた。このような韓国社会の受け入れ方に対して、朝鮮族の人びとは自分をどのように規定しているのだろうか。下記の事例を通じて検討したい。

　〈**事例 1**〉張華淑（仮名）、女性、30 代、朝鮮族。2000 年に韓国に留学。韓国で修士号と博士号を取得。専門職。
　　私は自分が韓国人で、在外同胞だと思います。娘にも「私たちはただ中国で生まれ、そこで暮らしていただけだ」と言っています。私は中国にいた時も自分が完全に中国人だとは思いませんでした。朝鮮族と韓国人は同じ民族だと思います。しかし、ここ（韓国）で生活してみたら、韓国人たちとは暮らしてきた環境が違うので、お互いの考え方とかが異なることを感じました。朝鮮族は中国式の考え方と韓国式の考え方の 2 つを混合して、朝鮮族なりの文化を形成してきました。そういう違いはありますが、私と夫は韓国で韓国人とずっと仲良く過ごしています。（中略）相手に親切に近づくと、相手も親切に受け入れてくれます。

　　　　　　　　　　　　　（2007 年 3 月 6 日、ソウルにてインタビュー）

張さんの事例からは、まず彼女は自分が「韓国人」で「在外同胞」であるとの意識を強く持っていることが見られる。そして、その背後には彼女と彼女の夫が周りの韓国人に対して積極的に接する姿勢を持っているだけでなく、韓国人の人びとからも彼らが積極的に受け入れられていることが観察できる。張さんは韓国の大学で修士号と博士号を取得した後、現地で専門職に従事している。彼女の夫も朝鮮族で、同じく韓国で修士号と博士号を取得し、現地で大手企業に勤めている。このように、夫とともに高学歴を有し、韓国での社会的上昇や現地の人びととの融合がスムーズに行われている張さんは、「朝鮮族と韓国人は同じ民族だ」という意識を強固に持っている。そして、張さんは自分を「韓国人」や「在外同胞」として規定するだけでなく、自分が「朝鮮族」であることも肯定的に捉えている。

　それでは、ほかの高学歴朝鮮族はどのようなアイデンティティを構築／再構築するのだろうか。下記の2つの事例では、上記の張さんとは異なり、「中国人」意識が強くなっていることが見られる。

〈事例2〉宋明月（仮名）、女性、30代、朝鮮族。2001年に韓国に留学。韓国で修士号と博士号を取得。専門職。

　中国にいた時、私は自分のエスニック・アイデンティティについて悩んだことがなかった。なぜなら、自分が少数民族の中の1つ（朝鮮族）だと思っていたからです。しかし、韓国に留学に来てからアイデンティティの悩みが生じ始めました。韓国に来て3年目までは自分に「私は中国人だ」と言い続けてきました。ところが、心のどこかで「私は完全な韓国人でもなく、完全な中国人でもないような気がする」と悩んでいました。けれども、韓国での滞在が4〜5年目になると、だんだん「私は中国人なのか。韓国人のほうにもっと近いのではないか。私はすでに考え方まで韓国人によく似ている」と思い始めました。私はもう考え方とか生活習慣まですべて韓国人のようになっているような気がします。そして、私が韓国

人と結婚することによって、そういう考えがさらに強くなってきたと思います。　　　　　（2007年3月6日、ソウルにてインタビュー）

　宋さんは、中国にいた時には中国国民としての中国人であると同時に少数民族としての朝鮮族である二重のアイデンティティを相互矛盾なく維持してきた。しかし、彼女が韓国に移動した時に、最初は自分を「中国人」と規定することから、徐々に「中国人」なのか「韓国人」なのかの二者択一のアイデンティティの葛藤を覚えることになる。宋さんは、中国にいる時には朝鮮族の集住する村で生活をし、漢族との接触も少なかった。ライフスタイルも「中国式」とは少し異なる朝鮮族の独特なライフスタイルを維持してきた。さらに、韓国に留学し、現地での長年の生活と韓国人男性との結婚によって、彼女のライフスタイルは「中国式」より「韓国式」になっていく。そうした「韓国式」のライフスタイルは、宋さんの「韓国人」意識を強めている。けれども、彼女のアイデンティティはそこで定まるものではなく、その後も変化を呈している。上記の2007年のインタビューから3年後の2010年に、筆者が再びインタビューを行った時、彼女は次のように語った。

　　周りの韓国人たちは私を「韓国人」として見ているようですが、私は、自分はやはり「外国人」だと思います。つまり、「朝鮮族」で「中国人」だということです。子どもを産んで国籍を換えたら変わるかもしれませんが、今は自分が「韓国人」だとは思いません。私はただ、韓国人たちと学び合いながら、朝鮮族の中にも私のように誠実で最善を尽くす人がいることを見せたいのです。

　　　　　　　　　　　（2010年10月22日、ソウルにてインタビュー）

　事例2からは、高学歴者の宋さんが韓国に移動した初期の「中国人」意識が、その後に「中国人なのか韓国人なのか」の戸惑いへ、さらにその

後に再び「中国人」意識が強くなることへのアイデンティティの再構築の過程が観察できる。それでは、3年前に自分の考え方や生活習慣が「韓国人のようになっている」と述べていた宋さんが、なぜ自分のアイデンティティを「外国人」で「朝鮮族」、そして「中国人」として再構築するようになったのだろうか。そこには、社会的要因が作用していると考えられる。宋さんの「朝鮮族の中にも私のように誠実で最善を尽くす人がいることを見せたい」という発言から、韓国社会においては朝鮮族に対する否定的なイメージが一般的であると言えよう。宋さんの「中国人」そして「朝鮮族」としての帰属意識が再び強くなっているのは、韓国社会における朝鮮族への排除のまなざしに対する一種の抵抗意識の現れであるだろう。そして、宋さんから伺えるのは、韓国社会における朝鮮族のイメージを変えたいという意識と、そのために自分を肯定的にとらえると同時に自らの努力によって韓国の人びとに認めてもらいたい、ということであった。

〈**事例3**〉金泰原（仮名）、男性、30代、大手企業の社員。韓国で修士号を取得。

　金さんは中国の黒竜江省のある朝鮮族の集住する町で生まれ育った。朝鮮族学校に通い、所属の高校の推薦で黒竜江省のある大学に進学し、日本語を専攻した。大学卒業後、金さんは日本語を専攻したこともあり、日本へ留学したい気持ちがあった。けれども、父親の「韓国は祖父母の故郷だから、行ってみないか」という一言で、金さんは2003年に韓国へ留学した。金さんは韓国で修士課程を終えてから、韓国の大手企業に就職した。韓国で数年生活してきた彼は、自分の帰属意識と今後の移動について次のように語る。

　私は今の会社で、ほかの部署の同僚から、「なぜ中国語がそんなに上手なの？」と聞かれたことがあります。私が「中国人」であることを相手が知った後は、また「なぜ韓国語がそんなに上手なの？」

と聞かれました。周りの韓国人は私のことを「朝鮮族」ではなく、「韓国人」として見ているようです。韓国人の知人の中には「あなたは中国人じゃなくて、韓国人だよ」という人が多いのです。たぶん私が仕事においても韓国人に負けないぐらい頑張っているからかもしれませんが、私はやはり自分が「朝鮮族」で「中国人」だと思います。国籍を変えたとしても、それが変わるとは思わないし、いつかは中国に帰るつもりなので、北京に家も購入してあります。

（2010年1月20日、ソウルにてインタビュー）

　上記の事例2と事例3から、韓国における「在外同胞」に対する社会的包摂には限界があることが言えよう。「韓国人」というカテゴリーが国籍によって国民を規定するものではなく、「民族」的な同一性を指す言葉であるならば、「中国朝鮮族」という名称のように、中国国民としての朝鮮族を「中国人」として受け入れると同時に、韓民族を指す「韓国人」として認めることも不可能ではないだろう。しかし、韓国在住の高学歴朝鮮族の人びとは、社会的・文化的に「中国人」なのか「韓国人」なのかという選択を迫られるため、アイデンティティの葛藤と揺らぎを経験するようになる。

　朝鮮族の人びとはこうした社会的環境の中で、上記の事例に見られるように、協調と抵抗を行いながらアイデンティティを再構築していく。非高学歴朝鮮族の中でもアイデンティティの抵抗が見られるが、彼らに見られる高学歴者との違いは次のようである。彼らは、まず「韓国人になる」努力を行い、その目標が達成できなかった段階で、自ら「中国人」あるいは「朝鮮族」としてのアイデンティティを構築し、それを肯定的に捉えようとする傾向が見られる。けれども、非高学歴朝鮮族の中にも自らの努力で朝鮮族のイメージを変えようとする現象が現れている。

　このような朝鮮族の韓国社会に対する抵抗や妥協の行為に関して、例えば田辺（2003）は「アイデンティティとはコミュニティの理念や規則、あ

るいはその中心となるモデルへの一方的な同一化あるいは協調によって形成されるのではない。むしろ、その中心性に対する抵抗や妥協、あるいは交渉という相互作用によって、アイデンティティははじめて具体的な形をとって現れる」（同上：p.222）と指摘している。その「コミュニティの理念や規則、あるいはその中心となるモデル」とは何を指すのかに関する議論が必要であるが、稿を改めて論じたい。

　上記の３つの事例とも 30 代の朝鮮族で、韓国の大学院で教育を受けた高学歴朝鮮族である。３人とも周りの韓国人の人びとから「韓国人」として「同胞」として受け入れられていることが分かる。そうした社会的なまなざしに対して、事例１の張さんは自分が「韓国人」で「在外同胞」であることを主張し、「朝鮮族」と「韓国人」の間の文化的な違いも意識している。しかし、事例２の宋さんと事例３の金さんの場合には、韓国での滞在が長くなるとともに、「韓国人」と「朝鮮族」の間の境界を意識することになる。特に韓国に滞在する朝鮮族は、単純肉体労働に従事する人が多く、宋さんと金さんの親戚の中にも単純肉体労働に従事する者がいる。したがって、韓国社会の高学歴朝鮮族への受け入れの姿勢は、必ずしも高学歴朝鮮族がそうしたまなざしに従順にしたがうことをもたらしはしなかった。

　高学歴朝鮮族の若い人たちは、韓国への「帰郷」によって、アイデンティティは変化するものであることに気づいた。彼らの中から、「韓国にいる時には、自分の『中国人』意識が強くなるが、中国に帰ると、今度は自分の『朝鮮族』、場合によっては『韓国人』意識が強くなると思う」[17] との声も聞かれたが、朝鮮族の人びとはアイデンティティが移動先によって変化することを意識している。複数のアイデンティティを有している朝鮮族にとって、それぞれのアイデンティティが相互交渉によって、どのアイデンティティが強化されるかにより彼らの「帰郷」先も変わるし、「帰

17　筆者のインタビューによる（2010 年 11 月 5 日、ソウル）。

郷」の意味も変わっていくものと考えられる。朝鮮族のこのようなアイデンティティの変容は、彼らを取り巻く人びととの相互関係の中で構築され、常に変化するものである。

5. 子どもへの教育戦略

　韓国における朝鮮族の若い人たちのアイデンティティの再構築は、彼らの子どもの教育に対しても影響を及ぼしている。高学歴朝鮮族の若い人たちは、子どもにどのようなアイデンティティを獲得させるかを考え、そのための教育を行おうとしている。

　すでに取り上げた張さん、宋さんと金さんは、それぞれ子どもの教育についてどのように考えているのだろうか。まず、韓国人と結婚し、韓国に定住しようとしている宋さんの発言から見てみよう。

　　　私は自分が「中国人なのか、韓国人なのか」のことで悩んできたので、子どもにはそのようなことを経験させたくありません。そういう経験がもたらすいい面もあるけど、「私は一体だれなのか」と悩むのは、非常に疲れます。(中略) 夫は公教育が始まる時期から韓国で子どもに教育を受けさせたいと言っていますので、私も特にそれに反対していません。

　　　　　　　　　　(宋さん、2007 年 3 月 6 日のソウルにてインタビュー)

　宋さんは、自分が経験した「韓国人」なのか「中国人」なのかというアイデンティティの葛藤から、自分の子どもにはより単一化したアイデンティティを構築させようとする。すなわち、子どもを韓国社会の学校制度に入れることで、「韓国人」というアイデンティティを獲得させることである。韓国に定住する非高学歴の朝鮮族の場合にも、子どもに「韓国人と同じ教育」を受けさせ、一般の韓国人の子どもたちと「同じ出発点」にな

ることを目指す傾向がある。そうした非高学歴の朝鮮族親の場合には、言葉においては自分の「なまり」のある朝鮮語ではなく、韓国の国家標準語を子どもに学ばせようとするだけでなく、子どもを多様な塾に通わせることで学力においてもほかの韓国の子どもに劣らないようにするための教育戦略を行っている。

　次は、将来北京に住む予定であり、子どもは現地の一般の漢族学校に通わせようとする金さんの話である。

　　　　現在はソウルに住んでいますが、将来は北京に定住するつもりです。子どもが生まれたら北京の漢族学校に通わせたいです。その理由は、中国で暮らすためには中国語が一番重要だからです。韓国語も忘れてはいけないと思いますが、新聞が読めるぐらいでいいと思います。　　　　（金さん、2010 年 1 月 20 日、ソウルにてインタビュー）

　韓国の大手企業に勤めている金さんは、会社でも認められ、周りの韓国人たちからも「韓国人」として受け入れられている。けれども、自分はやはり「中国人」で「朝鮮族」だと自己規定する金さんは、将来中国に帰ろうとし、子どもを中国で育てようとする。さらに、中国で暮らしていた時は朝鮮語を主に使用してきた金さんは、「中国で暮らすためには中国語が一番重要だ」と考えることで、子どもを漢族学校に通わせようとする。けれども、「朝鮮族」としての帰属意識を持っている金さんは、子どもに最低限の韓国語を習得させることでエスニック・アイデンティティを継承させようとする。

　最後に、「同胞」そして「韓国人」と自己規定する張さんが子どもの教育についてどのように語るのか見てみよう。

　　　　私は漢族学校に通いましたが、娘は朝鮮族学校に通わせたいです。自民族の言語を覚えてほしいのです。娘は今（韓国の）「子どもの

家」(筆者注：日本の保育園と類似する施設）に通っていますが、韓国の
お辞儀の仕方やキムチの作り方を学んだり、韓国の伝統文化の体験
もしています。そうした経験は、娘に大きな影響を与えると思いま
す。娘が中国で漢族学校に通うと、考え方とかアイデンティティな
どにおいて、完全に「中国人（筆者注：主に漢族を指す）」になって
しまうと思います。けれども、朝鮮族学校に通わせると、娘が「私
は韓国人で、現在中国に住んでいるだけだ」と思うでしょう。中国
で生活するには中国語が一番重要でしょうが、（都市では）朝鮮族学
校に通っても中国語は自然に学べると思うので、特に心配していま
せん。娘が将来自分の友達に、自然に、堂々と「私は朝鮮族だ」と
話せることを願っています。

（張さん、2007年3月6日、ソウルにてインタビュー）

　張さん自身は中国で漢族学校に通ったが、子どもは朝鮮族学校に通わせ
ようと考えている。その主な理由は、子どもが朝鮮族学校に通い、朝鮮語
を習得することで、「朝鮮族」そして「韓国人」という帰属意識を持つこ
とができるという張さんの考えにある。張さんは自分の経験から、1つの
言語を読み書きできるようにするには、家庭環境だけでは不十分であるこ
とを意識する。したがって、彼女は朝鮮族学校の教育に期待し、その学校
教育によって子どもに朝鮮語能力と「朝鮮族」としてのアイデンティティ
を獲得させようとする。このように、親自身の「韓国人」、「在外同胞」そ
して「朝鮮族」としてのアイデンティティの構築が、彼らの子どもの「朝
鮮族」意識や「韓国人」意識の獲得に積極的な影響を与えていることが分
かる。そして、子どもにそうしたアイデンティティを積極的に獲得させよ
うとする親の考えは、中国の朝鮮族学校の教育の再生産も促進していると
言えよう。

6. むすび

　本章では、朝鮮族の韓国への「帰郷」において、学歴が彼らの韓国での法的・社会的地位および現地の人びととの融合過程においてどのような影響を与えているのかを議論してきた。

　韓国の在外同胞法をみると、韓国政府は最初に朝鮮族の人びとを「在外同胞」の範囲から排除することから、徐々に彼らを「同胞」として認めつつあることが確認された。けれども、そうした「同胞」としての法的地位はまだ朝鮮族全員に与えられているものではなく、高等教育を受けた者や特定の分野で技術資格を有する者など、社会的に寄与できるあるいはその可能性がある一部の朝鮮族に限って与えられるものである。

　韓国政府の朝鮮族に対する「在外同胞」の定義や彼らに対する受け入れ姿勢の揺らぎは、韓国社会における朝鮮族へのまなざしにも影響を与えている。韓国で単純肉体労働に従事する朝鮮族は、社会的に「外国人出稼ぎ労働者」や「中国人」として排除される一方、高学歴を有する朝鮮族の場合には「同胞」あるいは「韓国人」として受け入れられる傾向が見られる。さらに、高学歴朝鮮族の場合には、韓国での社会的地位の上昇も比較的容易であることが本研究によって明らかになった。

　朝鮮族は韓国への移動によって、「帰郷」の安らぎを期待していたが、彼らは「帰郷」先において、必ずしも長年の移民生活に対する「帰郷」の安らぎを感じることはなかった。韓国で「韓国人」とは異なる他者としての「中国人」として排除される経験は、朝鮮族のこれまで思い描いてきた「故郷」のイメージの崩壊につながる。したがって、朝鮮族の人びとは自分たちがどこに帰属するのか、「中国人」なのか「韓国人」なのかというアイデンティティの葛藤を抱くようになる。

　一方、韓国の在外同胞法と現地社会における高学歴朝鮮族への受け入れ姿勢は、高学歴朝鮮族が「同胞」意識や「韓国人」としての意識を持つこ

とに積極的な役割を果たしている。その一方で、多くの高学歴朝鮮族は必ずしも韓国社会の積極的な受け入れに従順にしたがうのではなく、自ら「中国人」そして「朝鮮族」としてのアイデンティティの再構築を行い、さらにそれを自ら肯定的にとらえることで、一種のアイデンティティの抵抗を行っていることが明らかになった。

　高学歴朝鮮族の人びとは、韓国への「帰郷」によって、アイデンティティは常に変化すると同時に、みずから変えることもできることに気づいた。彼らは、教育がアイデンティティ形成の装置であることを認識し、自分の子どもにはどのようなアイデンティティを獲得させるかを考え、そのアイデンティティの獲得の有効な手段として教育戦略を行っている。

　このように、朝鮮族の韓国への「帰郷」において、高学歴は彼らの韓国への移動を比較的容易にさせると同時に、移動先における社会的上昇や現地の人びとと融合する過程において有利な要素として作用している。また、「帰郷」先における高学歴朝鮮族のアイデンティティの構築／再構築は、彼らの次世代の教育のありかたや子どものアイデンティティの獲得にも影響を与えている。

第5章

ソウルのガリボン「同胞タウン」

朝鮮族労働者と韓国人市民団体が共同で創りあげた街

1. はじめに

　本章では、ソウルにおける朝鮮族の典型的な集住地域である九老区のガ
リボンドンという街に焦点をあてて、朝鮮族の生活について考察する。ガ
リボンドンは男性を主とする朝鮮族の単純肉体労働者たちが多く居住する
場所である。朝鮮族が多いため、この街では朝鮮族を対象とする商業も盛
んに行われている。朝鮮族の人びとのなまりのある言語や彼ら特有の文化
もこの街において維持され、さらに表面化していることが観察された。こ
の街で朝鮮族の人びとは複数の韓国人市民団体とも緊密な関係を有してい
ることも見られた。以下では、これらの点を具体的に分析する。

　ソウル特別市は世界都市の建設を目指して、2007 年 7 月にソウル市内
の「Global Zone」[1]の構成事業を発表した。しかし、この「Global Zone」
という外国人集住地域は主に経済的に豊かなバンポドンのソレ村（フラン

1　　この「Global Zone」には主に 3 種類含まれる。1 つ目は、ビジネス中心地
　　としての「Global Business Zone」が 5 カ所、2 つ目は外国人集住地域と
　　しての「Global Village」が 6 カ所、3 つ目は外国人集中訪問地域としての
　　グローバル文化交流ゾーンが 5 カ所である。その中の「Global Village」は、
　　生活環境の改善を通じて外国人のソウル定着を誘致するための外国人集住地
　　域を指す。

ス人が集住する街）やイチョンドンの「Little Tokyo」（日本人が集住する街）
などが含まれている。外国人労働者の集住地域としてのガリボンドンやロ
シア－モンゴル街、ネパール街などは上記の「Global Zone」の対象にな
らない。その中でも、ソウルで一番規模が大きい外国人居住地域として中
国朝鮮族が集住しているガリボンドンは、「古くて、貧しく、治安が悪い」
というイメージが強いことから、ガリボンドンの均衡開発促進委員会によ
り再開発の対象と定められ、その姿を消そうとしている。

　ソウル市の九老区役所の統計によれば、2008年11月現在ガリボンドン
の朝鮮族人口は7175人とされている。ソウルの地下鉄7号線の南九老駅
に降りて改札口に向かって歩いていくと、周りから中国の延辺地域のな
まりのある朝鮮語が耳に入る。この駅周辺を韓国人の人びとは一般的に
「쪽방촌（くぐり部屋村）」、「벌집촌（蜂の巣村）」、「차이나타운（チャイナタ
ウン）」、「조선족타운（朝鮮族タウン）」、「연변촌（延辺村）」、「연변거리（延
辺街）」、「조선족거리（朝鮮族街）」と呼んでいる。「동포타운（同胞タウン）」
という名称は、この街における韓国人市民団体によって付けられた。地域
的には、主に朝鮮族の集住するガリボン総合市場一帯を指す。朝鮮族の
人びともこの街を「동포타운（同胞タウン）」と呼び、「가리봉（ガリボン）」
と親しく呼ぶこともある。この街には朝鮮族だけでなく、中国の漢族の人
びとも居住しており、彼らがここで店舗を開設することも多い。したがっ
て、朝鮮族の若い人たちの中にはこの街を「차이나타운（チャイナタウン）」
と呼ぶ者もいる。

　本章では、ガリボンドンにおける朝鮮族と韓国人市民団体の人びとの両
方が好んで使う「동포타운（同胞タウン）」という言葉を用いる。前章で述
べたように、韓国社会で高学歴朝鮮族は「同胞」あるいは「韓国人」とし
て受け入れられるが、朝鮮族の単純肉体労働者は「外国人労働者」ある
いは「朝鮮族」として社会的に排除される場合がある。したがって、この
ような朝鮮族を指す多様な言葉は、それぞれ韓国社会における朝鮮族への
受け入れや排除のまなざしの表現として朝鮮族の人びとに意識されている。

朝鮮族の集住するガリボンドンは韓国の一般のメディアでは「延辺タウン」や「朝鮮族タウン」といった韓国の主流社会とは相容れない異文化空間としてとらえる傾向がある。しかし、ガリボンドンにある韓国人の市民団体は、朝鮮族を積極的にサポートし、朝鮮族の人びとを自分たちの「同胞」として見ることで、この街を「同胞タウン」と称することになった。朝鮮族の人びとも、ガリボンドンを自分たちと韓国人との間の距離を縮めることを感じさせる「同胞タウン」という名称を好んで使っている。

　本章では、まずガリボン「同胞タウン」の街における朝鮮族の飲食文化や居住環境の特徴を分析する。次に、ガリボン「同胞タウン」における韓国人市民団体と朝鮮族との関わりを分析することで、朝鮮族労働者たちがこの街に集まってくる要因を検討する。最後に、ガリボンドンの再開発と朝鮮族労働者たちの新たなコミュニティの創造および彼らのライフスタイルの変化などについて見てみたい。

2.　ガリボンドンにおける朝鮮族の文化

　地下鉄南九老駅の 3 番出口から外に出ると、下り坂の大通りがある。すぐ目に入るのは大通りの両側にある多くの中国語の看板である。それらの看板に書いてある「延吉」や「北京」などの中国の地名や、「羊肉串（羊串焼き）」や「冷面（冷麺）」などの看板は、この街が中国人、特に朝鮮族と関連があることを意識させる。この一帯が、韓国のメデイアで呼ぶ「조선족타운（朝鮮族タウン）」であり、朝鮮族の人びとや韓国人市民団体の人びとが呼ぶ「중국동포타운（中国同胞タウン）」である。

　大通りに沿って坂道を降りていくと、右側に「취업정보（就業情報）」と書いてある職業仲介所が数カ所見られる。それらの仲介所の前には、短期雇用および長期雇用の情報が張られている。職種、年齢制限、日当あるいは月給などが書かれ、大きな文字で「교포환영（僑胞歓迎）」と書かれているものもある。ここで「교포（僑胞）」は主に中国朝鮮族を指す言葉である。

朝６時頃から南九老駅の労働市場には、日雇い労働者が現れ始め、仕事を探す様子が見られる。ガリボンドンは韓国における日雇い労働者の職探しのための重要な場所であり、ここには複数の労働市場が設けられている。もともとは労働者のほとんどが韓国人であったが、近年は朝鮮族の人びとの単純肉体労働への流入とともに、言語が通じることに加えて韓国人より低い賃金で働く朝鮮族が雇われることが増える。こうした状況によって、韓国人の日雇い労働者の中には、朝鮮族の人びとが自分たちの仕事を奪っているとの不満の声もある。

図 19　南九老駅近くのある仕事仲介所の看板：右側の大きい文字は「中国僑胞」と「内国人」（韓国人を指す）であり、左側に書かれているのは看病や掃除などの仕事の種類である。（2009 年 8 月 6 日，筆者撮影）

　道を前に進んでいくと、職業紹介所、携帯電話販売店、両替所、銀行、カフェ、カラオケ店、飲食店、旅行社、教会、中古家具販売店などのさまざまな店があり、この地域が商業地域だけでなく、住宅地でもあることが分かる。

　南九老駅から約５分離れているところで道が３つに分かれ、真ん中の道は商店街の入り口でガリボン総合市場に繋がる。商店街に入っていくと、中国の延辺にいると錯覚をするほど「延吉」、「龍井」など中国東北部の朝鮮族が集住する地域名や犬肉など朝鮮族が好む料理の看板が目に入る。さらに、「飯店」、「電話房」、「小吃部」(家庭料理屋) などの中国語で書かれている看板からチャイナタウンというイメージが浮かぶ。そのような店の中に入ると、店員や客の中には中国語で話を交わす人が多く、特に飲食店の場合には、メニューが中国語のみで書かれていることが少なくない。客の中には朝鮮族や漢族など中国から来た人たちがよく見られるが、観光に訪

れた韓国人もいる。「電話房」と書かれている店は、電話カフェであり、週末になると中国に国際電話をかける人で賑わう。このガリボンドンの商店街は、朝鮮族と中国の漢族そして現地の韓国人がともに1つの商業圏を形成している。

図20　ガリボン「同胞タウン」(2009年8月6日, 筆者撮影)

　商店街には中国語の歌が流れ、道の両側には「노래방 (カラオケ)」と書かれている看板がよく目に入る。大きな文字の「중국노래방 (中国カラオケ)」や「노래방 (カラオケ)」に小さい文字の「중국가요 (中国歌謡)」を加える書き方も行われている。これらのカラオケ店には、韓国の歌と中国の歌が常備されており、中高年の朝鮮族の娯楽の重要な場所となっている。彼らは仕事の後のリラックスの時間や同窓会・同郷会を行う時にカラオケ店を訪れ、中国の歌や韓国の古い歌を歌うことで中国にいる家族や親戚を思い出し、中国での生活の記憶を再確認する。

　この商店街をまっすぐ歩いていくと、左側に1つの市場が見えてくるが、その入り口に「가리봉종합시장 동포타운 (ガリボン総合市場　同胞タウン)」と書かれた看板が見られる。ここがガリボン一帯の代表的な市場であり、小さな空間ではあるが、朝鮮族や中国の漢族の人びとがよく購入する品物が多く販売されている。例えば、香菜や乾し豆腐、臭豆腐、ラー油、月餅、塩卵など中国の代表的な食品や食材が含まれる。

　ガリボン総合市場一帯の商店街には中国式の飲食店が多く、韓国人の間では本格的な中華料理を味わえる代表的な場所として知られている。彼らは、香菜 (シャンチャイ)、クミンシードの独特な香りやギョーザ、豚肉天ぷら、火鍋などなじみのある料理を求めてここを訪れる。ガリボン総合市

場の入り口のすぐ隣には餃子店が1カ所あるが、ここは朝鮮族が経営する中国の東北料理店である。豚天ぷらが本場の味であるとの評判があり、インターネットを通じて韓国人の中にも情報が広がり、その味を求めて訪れる人が後を絶たない。

図21　ガリボン総合市場の入り口（2011年4月24日、筆者撮影）

ガリボン総合市場で延辺料理の代表的なものと言われるのが羊串焼きである。これはもともと中国の新疆の料理であるが、朝鮮族がその料理方法を受け入れ、また独自の味付けをして発展させたものである。羊肉串焼きは、炭火で炙るという料理方法を中国で初めて商業化させた食べ物である。この羊串焼は中国の東北部

図22　ガリボン総合市場で販売している中国のラー油，月餅，味の素，塩漬けのアヒル卵など（2011年4月24日、筆者撮影）

で最初に受け入れられ、その後中国全土で広がった。スパイスとしての唐辛子と独特の香りがあるクミンシードを羊肉につけて食べる方法は、辛い料理に慣れている朝鮮族に愛好されるようになった。そして、朝鮮族の人びとが羊串焼きのもともとの新疆風の味をさらに自己流に発展させたものが現在の定番の延辺料理となっている。この料理は朝鮮族の韓国への移動とともに国境を越え、韓国において定着しつつある。最初はガリボンドンのような朝鮮族が集住する地域において朝鮮族の人びとに主に消費されて

いたが、それがだんだん羊肉にあまりなじみのない韓国人にも積極的に受け入れられるようになり、人気を集めている。

図23：ガリボンドンの市場には朝鮮族が好んでいる羊串焼きや犬肉料理の店舗が数軒並んでいる。（2011年4月24日，筆者撮影）

ガリボンドンでは、中国の饅頭やギョーザ、麺類なども多く販売している。そして、旧正月には、中国の漢族の人びとだけでなく、朝鮮族の人びとも大晦日にギョーザを作って食べるなど中国の東北部の春節の過ごし方を行っている。朝鮮族のこうした韓国人とは共通しながら異なる生活習慣は、韓国人の注目を集め、彼らに中国文化への理解を深めさせる1つの機会を与えている。このように、朝鮮族は韓国への移動とともに、自分たちの食文化も同時に移動させ、移動先の人びとにも影響を及ぼしている。

ガリボンドン一帯を「中国同胞タウン」と名づけた中国同胞タウン新聞社の編集局長であるYさんは、この地域の特徴に関して以下のように語る。

　　　中国同胞タウンには、韓国と中国の文化を巧みに組み合わせて形成された中国同胞－朝鮮族たちの独特な文化が表れています。実際、朝鮮族たちの飲食文化は中国に近いが、韓国の歌をよく歌うし、遊び方も韓国に近いと思います。それが、この朝鮮族の集住する（ガリボン）地域の特色だと思います。

　　　　　　　　（2009年8月6日　中国同胞タウン新聞社にてインタビュー）

このように、韓国人のYさんからみると、中国朝鮮族は中国と韓国の

両方の文化を併せ持つ「朝鮮族の独特な文化」を有している。ガリボンドンの「同胞タウン」には、朝鮮族がだんだん集まってくることにより、彼らの特徴のある飲食店、市場、宿泊所などが形成された。ここには朝鮮族の労働者たちが集住することで、彼らにとって居心地の良い独特な空間が形成されている。

　以上、ガリボンドンにおける食文化を中心に見てきたが、この地域に多く居住している朝鮮族の人びとはどんな住宅に住んでいるのだろうか。ガリボン総合市場をまっすぐ通っていくと、目の前に坂道が現れるが、この一帯がソウルで「쪽방촌（くぐり部屋村）」と呼ばれる多世帯住宅の多い地域である。ここは家賃が安いことから比較的収入が少ない人びとが住む街であるが、その中に朝鮮族の労働者たちもいる。

　「くぐり部屋村」は、過去において九老公団で働くため地方から上京した韓国人の女工たちが住んでいたところから、現在は中国、モンゴル、フィリピン、パキスタンなどさまざまな国の人びとが住む地域へと変化してきた。その中には朝鮮族も少なくないが、彼らの中には毎日の生活費も保障できない日雇い労働者もいれば、生活費を最低限に抑えることで月収のほとんどを中国の家族に仕送りする人もいる。ほかに、1人暮らしの朝鮮族低所得高齢者もいる。次節では、この「くぐり部屋村」について見てみよう。

3.　労働者たちの出発点となるガリボンドンの「くぐり部屋村」

　ソウルは、市内を北西方向に流れる川－漢江^{ハンガン}を中心に、江南地域と江北地域に分けられている。ガリボンドンは江南地域の九老区に属し、漢江の西南側に位置している。韓国では1950年代以降から1990年代後半のアジア金融危機までの間まで続いた高度経済成長のことを、市内の中心を流れている漢江にちなんで「한강의 기적（漢江の奇跡）」と呼んでいる。

　1964年に韓国輸出産業公団が設立され、ソウルの九老区にこの輸出産

業公団第一団地が設立された。それ以降、この公団は「구로공단（九老公団）」と呼ばれるようになった。韓国経済の牽引車の役割を果たした九老公団は、1970〜80年代に靴、衣類、重工業などを中心に労働集約的産業が集中し、韓国の輸出産業の前進基地となっていた。当時、この公団で

図24　ガリボンドンの「くぐり部屋村」と呼ばれる住宅地（2011年4月24日，筆者撮影）

働いていたのは地方から上京した10代の女工たちがほとんどであったが、公団には宿舎が設けられていないため、彼らのうちの約6万人が家賃の安いガリボンドンで生活の基盤を立てていた。女工たちが3〜6㎡のくぐり部屋に住み込み、一軒家にくぐり部屋が数十部屋に分けられる場合もあることから、こうした住宅は「벌집（蜂の巣)」と呼ばれ始め、ガリボンドンは「쪽방촌（くぐり部屋村)」あるいは「벌집촌（蜂の巣村)」と呼ばれるようになった。

　2000年代に入って韓国における産業構造が変わるとともに、先端産業会社の進出が増え、九老公団は「구로디지털단지（九老デジタル団地)」と改名された。デジタル産業の集中とともに女工たちがガリボンドンから姿を消してしまい、彼らに代わってガリボンドンの「くぐり部屋村」に入ってきたのが外国人労働者たちであった。2平米未満の1人1部屋の空間でトイレ共同のくぐり部屋の家賃は10万〜30万ウォンであるが、入居の際に保証金が要求されないこともあり、住居費用を最低限に抑えられる住居地として外国人労働者の入居が増えるようになった。

　ここで、韓国の部屋の賃貸の仕方について少し説明しておきたい。日本と異なり、韓国では部屋の賃貸形式は主に「전세（傳貰)」（ジョンセ）と

「월세（月貰)」（ウォルセ）の 2 種類に分けられる。「傳貰」は不動産の所有者に一定の金額を預けて、その不動産を一定期間借りて使用することである。借りた不動産を所有者に返す時に預かった金額の全額を返してもらうことになる。その「傳貰」の金額は数千万ウォンから数億ウォンまでとさまざまである。契約期間は一般的に 2 年間であるが、この期間に「傳貰」の全額を家主に渡した場合には月ごとの家賃は請求されない。「傳貰」の金額が高額のため、金銭的な余裕のない人たちは「月貰」を支払うことが多い。これは、一括ではなく月ごとに家賃を支払う方法であり、一般的に入居の際に保証金（敷金）が必要とされる。その保証金も約百万ウォンから数億ウォンまでと多様である。こうした「傳貰」と「月貰」に分けられ、「月貰」の場合にも入居の際に巨額の保証金を必要とする韓国の不動産の賃貸方法は、経済的に余裕のある人にとっては有利な仕組みである一方、経済的に困窮な人にとっては大きな負担になる。

　ガリボンドンの「くぐり部屋村」は、ソウルで入居費用が最低限に抑えられる地域であることから、中国から出稼ぎにソウルに来たばかりの朝鮮族の最初の身の置き場所の 1 つになっている。そして、この地域は非合法滞在朝鮮族の避難所のような場所でもあった。訪問就業制が実施されるまで、朝鮮族の韓国への入国制限が厳しかったため、合法期間が過ぎても引き続き韓国に滞在する非合法滞在者が増加した。彼らの多くは、中国と韓国の賃金格差を利用して韓国で稼ぐことを目的としていたが、非合法的な身分であるため警察に捕まる不安から、その避難所としてガリボンドンに身を置くこともあった。ガリボンドンが韓国メディアで朝鮮族に脚光をあてる代表的な場となっているにもかかわらず、非合法滞在者がここを避難所と考えたのは、朝鮮族同士による助け合いも重要であるが、そのほかにもこの地域で彼らをサポートするさまざまな韓国人市民団体があることが重要な要因となった。そうした市民団体が助けてくれることで、朝鮮族の人びとはこの地域に安心感を抱いている。

　韓国政府の受け入れ政策の緩和とともに、朝鮮族の非合法滞在者の多く

は合法滞在者への身分転換が可能になり、職探しや韓国での生活における
さまざまな手続きも簡素化された。そして、韓国での滞在期間が長い朝鮮
族の中で、安定的な仕事を見つけて経済的な余裕もできた人はより良い居
住環境を求めてほかの地域に引っ越していく人も増えてきた。

　2006年6月に、ソウル市政府によって韓国の「立ち遅れている地域」
と判断されたガリボンドンは、「都心駅中心圏開発示範地区」に選定され、
その名前も「ガリボン」の代わりに、先端未来型都市を意味する「KAIV
（Korea Advance & Innovative Valley）」という名前が付けられた。「都心駅中
心圏開発示範地区」というのは、駅中心圏に対する高密度の開発として、
大衆交通が発達した地域に住宅、商業、業務施設などを複合開発すること
を指す。ガリボン125番地一帯の約33万2929㎡がガリボン再整備促進
地区に指定され、予定では2015年までにデジタルビジネスセンターに変
貌することになる。

　ソウル政府のこうした再開発計画に対して、現地の住民や商人たちの中
には賛成と反対の両方の意見が含まれていた。韓国人の住民の中にはガリ
ボンドンの撤去と開発に対して補償金を期待すると同時に、朝鮮族を含め
た外国人との共住を嫌うことから、開発に賛成する人が多かった。そして、
この地域における韓国人の非正規労働者には、朝鮮族が自分たちの仕事を
奪っているという意識も高く、朝鮮族の地域離れを希望していた。しかし、
朝鮮族の住民にとって、ガリボンドンは彼らの生活基盤であり、朝鮮族同
士が集まるコミュニティである。朝鮮族にとって、ここは仲間同士で支え
合うことによって安心して暮らす居心地の良い場所である。開発に反対す
るもう一部の人びととはガリボンドンの商人たちである。彼らの中には朝鮮
族もいる。これらの商人たちは対策委員会を組み、九老区と住宅会社に補
償対策などを要求しているが、まだ確実な補償制度が定められていないの
である。

　ガリボンドンの再開発計画が公表されてから数年経ち、政府による撤去
作業が徐々に行われ、反対する人の中には希望を持てないまま新たな居住

先を求めて離れる人が増え
てきた。離れる朝鮮族の間
には、移動先にそれぞれ異
なる傾向が見られる。家賃
の安い部屋を求める人たち
は新たな「くぐり部屋」を
探して各地を奔走している。
そして、ソウルにおける朝
鮮族の集住するほかの地域
に移動する人もいれば、韓
国人との触れ合いを希望し
て一般の韓国人が住むマン
ションへの入居や、韓国人
の多い商店街に店舗を新設
するなどの動向も見られる。
朝鮮族が最も多く引っ越す
地域としては、ガリボンド
ンに隣接する永登浦区の
大林洞がある。大林洞はも
ともと朝鮮族の集住地域の
１つでもあることから、ま
すます拡大しつつある。

図25　朝鮮族の人びとで賑わう地下鉄大林（デリム）
駅近くの商店街（2011 年 4 月 24 日，筆者撮影）

図26：大林洞（デリムドン）の商店街における売店
では朝鮮族に人気の中国式のキムチが販売されてい
る。（2011 年 4 月 24 日，筆者撮影）

　ソウル新聞の 2009 年 10 月 29 日の記事によると、永登浦区の大林洞が
すでにソウルで外国人が一番多く居住している地域となっている。ここの
雰囲気は、貧しいイメージを与えるガリボンドンの「同胞タウン」とは異
なり、明るく活気にあふれている。地下鉄大林駅近くには大きな商店街が
あるが、この商店街にもガリボンドンのように中国料理や朝鮮族料理の店
および旅行会社などさまざまな店舗が軒を並べている。興味深いのは、こ

の街では至るところで中国語と朝鮮語の二言語が混じり合った朝鮮族独特の言語表現が耳に入る。そして、中国における朝鮮族自治州の延吉市の街でよく見られる朝鮮族と同じように、このソウルの大林洞の街においても朝鮮族の人びとは、周りの人びととの視線を特に意識せず、自分たちのなまりのある朝鮮語で話を交わしている。朝鮮族が経営する店では、店主が客に対して韓国語を使わず中国語のみで対応することもある。ここには、朝鮮族の人びとが自分たちの言葉で自由にコミュニケーションを行う言語空間が形成されている。この街を歩いている朝鮮族の人びとの顔には不安や焦りの気色はほとんど見られず、一定の自信と堂々とした様子が観察される。この地域では、朝鮮族の巨額の投資による商業が発展しつつある。彼らの店舗の新設やビルの購入などの現象は、これまで韓国社会に映されてきた社会的底辺に置かれた単純肉体労働者としての朝鮮族像とは異なる新たな朝鮮族の姿を映し出している。韓国の朝鮮族の集住地域における彼らの定住意識について調査したキム・ヒョンソン（김현선, 2010）は、ソウルのグロ（九老）一帯を中心に形成された朝鮮族のコミュニティは、一時的な共同体ではなく、拡大発展し、定着するものとと推測している。

4. ガリボンドンにおける朝鮮族と韓国人市民団体の相互関係

　ガリボンドンは朝鮮族労働者が集住する地域として知られているが、ここが彼らの「居心地の良い」場所になった背景には、そこにおけるいくつかの市民団体の懸命な努力と切り離すことができない。その代表的な団体としては、中国同胞タウン新聞社、朝鮮族教会、そして中国同胞教会などが挙げられる。この３つとも韓国人が設立した団体であり、朝鮮族を主な対象としている。中国同胞タウン新聞は、朝鮮族の韓国での滞在のための法律的な地位を確保するための政府への異議申し立てや政府の政策を迅速に朝鮮族の人びとに伝える役割を果たしている。朝鮮族教会は、朝鮮族の人びとの人権獲得のための運動の場でもあり、彼らが知り合い、慰め合

う場としての役割も果たしている。また、中国同胞教会は単に宣教だけでなく、朝鮮族を含めた外国から来た労働者が韓国で経験する労働災害、暴力、病気、賃金不払い、詐欺、死亡などのさまざまな困難など、彼ら自身では解決しにくい事柄に対して相談に応じ、その多くを解決することを行ってきた。特に外国人労働者に宿泊を提供したり、無料の医療を提供したり、労災事故で死亡した人たちの死後のさまざまな権利の獲得などのために闘ってきた。

　上記の3つの団体とも朝鮮族の韓国社会における正当な権利を求め、朝鮮族の韓国での合法滞在の資格と期間の延長をめぐる政策の改善に決定的な役割を果たしてきた。以下においては、筆者が主に調査を行った中国同胞タウン新聞社と朝鮮族教会に焦点をあて、この2つの団体がそれぞれどのような団体であり、朝鮮族とどのような関わりがあるのかについて検討する。

4.1. ガリボンドンの韓国人ジャーナリスト

　地下鉄7号線の南九老駅から、ガリボン総合市場に向かう道中にジョンプンビルという建物がある。その3階に中国同胞タウン新聞社がある。この新聞社は就労や滞在資格などの相談にくる朝鮮族で毎日賑わう。この新聞社は韓国人ジャーナリストのYさんによって2003年に設立された。同新聞社には、仕事探しや航空券の購入、さらに法律相談などのために毎日約20〜30人の朝鮮族が訪れる。週末に約70人訪れる場合もある。職員は筆者が調査を行った2009年1月には7人（そのうち非常勤は2人）で、そのうち6人は朝鮮族女性である。彼女たちは全員韓国人の配偶者であり、中には韓国国籍を取得した人もいる。新聞購読者はほとんどが朝鮮族で約600人に及ぶが、一番多かった2006年には約2500人に達したことがある。

　Yさんは大学で英語文学を専攻し、卒業後の2001年から2003年の間にソウルのある新聞社で記者として働いたことがある。そこで記者として

取材を行う中で、朝鮮族と接し始めるようになり、それがきっかけでY さんは自ら中国同胞タウン新聞を創刊するようになった。2001 年当時は韓国における朝鮮族に対する滞在制限が厳しかったため、非合法滞在者が多かった。親戚訪問や短期研修などで韓国に入国した朝鮮族がお金を稼ぐために、合法滞在期間を過ぎても現地に留まることが多かった。中国同胞タウン新聞が発行、配布されることによって、韓国社会における朝鮮族の人びとの生活現状や韓国の受け入れ政策に関する詳しい情報が朝鮮族の人びとの中で広く知られるようになった。

　Y さんは、朝鮮族単純肉体労働者たちの生活現場に足を運び、彼らの声に耳を傾ける中で、「韓国の保守勢力のいう『民族統一』は言葉に過ぎず、現実はそれとは逆である」ことを実感した。そして、韓国で非合法滞在者の身分で常に強制追放されることを恐れている朝鮮族や朝鮮族1世の老人たちに対する「故国」韓国の冷たい態度に怒りを感じ、朝鮮族のために代弁することを決意した。

　韓国政府の朝鮮族受け入れ政策は常に変化しているため、朝鮮族は韓国政府に対する信頼が乏しい。そこでだれかの手で責任を持って政府の確実な情報を伝達してもらい、自分たちの声を政府の新しい政策に反映させることを望んでいた。その役割を果たしたのがジャーナリストのY さんである。Y さんは中国同胞タウン新聞社の代表として、韓国政府の朝鮮族に対する最新の政策情報を一早く新聞に掲載し、朝鮮族からの反応をもとに政策の不適切な部分の改善を政府に求め、それが実現されるまで闘ってきた。

　訪問就業制が実施されるまでに、Y さんは不法滞在者の権利を求めて奔走し、他の市民団体との協力を得て彼らの合法的な身分への転換を実現した。その後も朝鮮族のさらなる法律的な権利を求めると同時に、彼らの韓国での長期滞在をめぐり職業指導のための生涯教育院を開設し、職業に関する資格取得のための講座を開いた。

　さらに、中国同胞タウン新聞社は「화합과공존（和合と共存）」をモッ

トーに、ガリボンの商人た
ちと朝鮮族住民、そして朝
鮮族留学生たちとのネット
ワークを構築し、ガリボン
ドンの朝鮮族社会の社会的
なイメージを改善しよう
としてきた。その努力の1
つとして、2004年から始
まったガリボンドンの「仲
秋韓中文化祭」が挙げられ
る。この行事は、「在韓朝
鮮族留学生ネットワーク」
とガリボンドン商人連合会

図27　2005年の「ガリボン仲秋韓中文化祭」での
歌自慢大会：朝鮮族留学生，ガリボン商人たち，現
地の住民，中国人と韓国人が交じり合って歌を披露。
（出自：http://blog.daum.net/phil228/5432723　アクセス：
2012年7月16日）

が共催し、中国同胞タウン新聞社の主催のもとで行われた。2004年9月
28日に行われたこの行事は、約1万5000余人の朝鮮族が参加する大盛
況を収めた。

　ガリボンドンにおいて現地の住民と朝鮮族の間および韓国政府と朝鮮族
の間で重要な役割を果たしているジャーナリストのYさんは、中国同胞
タウン新聞社の設立について、次のように語る。

　　ガリボンドンは中国同胞が一番多く居住している地域であったし、
　彼らがいないと地域の経済が動かないところでした。そして、ガリ
　ボンドンは中国の東北3省から来た同胞たちが居住しながら、韓
　国の地域住民たちと一緒に暮らす地域であったが、同胞たちの間で
　の喧嘩も多かった。地域住民たちも同胞たちがいるからこそ生計を
　維持できたが、だとしても彼らが同胞たちに良い思いだけを抱いて
　いるわけでもなかったのです。それで、私はガリボンドンを起点と
　して地域住民と朝鮮族の人びとが仲良く暮らすことができる地域共

同体を作ろうとし、この地域に新聞社を設立し、新聞名を「中国同胞タウン新聞」と名づけました。

（2009 年 8 月 6 日、中国同胞タウン新聞社にてインタビュー）

　Y さんが設立したこの新聞社は、朝鮮族の人びとが互いに知り合い、情報交換を行う場にもなっている。韓国における朝鮮族にとって、韓国社会を見る１つの窓口になると同時に、自分たちの声を反映する重要な場にもなっている。この新聞社は、韓国政府からも信頼を受け、政府が韓国内の朝鮮族の実情を把握するための重要な窓口となっている。Y さんは韓国政府に対する朝鮮族の代弁者の役割を果たしているだけでなく、朝鮮族と韓国人の融合において重要な媒介者の役割を果たしている。彼は紙面だけでなく、インターネットにも新聞のホームページを開設し、国内外の多くの読者に向けた情報を発信している。

4.2. 朝鮮族教会：運動と情報交換の場

　朝鮮族が韓国において休日によく行く場所としてキリスト教会が挙げられる。朝鮮族の中では世代によって通う教会が少し異なる。一方で若い世代は居住地域近くの一般の韓国人が通う教会に行く場合が多く、韓国人と接することを重んじる傾向が見られた。もう一方で、中高年の場合には朝鮮族が集まってくる教会に通う傾向があり、自分たちのネットワークを強めることが見られた。

　韓国における若い世代の朝鮮族の中には、キリスト教に深い信仰を保つ者が少なくない。その中でも特に女性の場合には、毎週キリスト教会を訪れ、「祈祷する時が一番心の安らぎを感じる」と語る者もいる。こうした若い世代と比べて、中高年の朝鮮族の場合には朝鮮族が多く集まる教会に通うことが多いが、必ずしも宗教的信仰が強いとは言えず、教会に集まる朝鮮族の人びととの交流を楽しみ、互いに必要な情報交換をすることが多い。日曜日に朝鮮族教会に行くと、教会の前にはいつも数人の中年の男

性や女性たちが集まってい
る風景が見られる。特に数
人の男性が地面に一枚の新
聞を敷いて環状にしゃがみ
こみ、夢中に何かをする様
子（図28）が見られる。近
づいてみると、中国の将棋
で遊んでいることが分かる。
彼らのなまりのある中国の
朝鮮語から朝鮮族であるこ
とも確認できる。そこには
歓声や笑い声が流れ、中国
の街角でよく見られる風景
が再現されている。このよ
うな朝鮮族同士の楽しみ方
は、彼らがこの教会を訪れ
る理由の1つでもある。

図28　朝鮮族教会の園庭で数人の朝鮮族男性が集
まって将棋をする様子（2009年8月2日，筆者撮影）

　朝鮮族教会は九老区の九
老6洞に位置し、地下鉄の
大林駅から約8分の場所に
ある。この教会は、1999

図29　朝鮮族教会の二階のフロアーで週に一回行わ
れる無料の理髪（2009年8月2日，筆者撮影）

年に韓国人神父のKさんにより設立された。Kさんはソウル大学とアメ
リカの神学大学院を卒業した経歴があり、市民運動家として長年活動して
きた。彼が朝鮮族教会を設立した理由は、神父の職業を維持しながら市民
運動を続けられるためであった。すなわち、朝鮮族を対象に教会を設立す
ると、平日に教徒訪問をしなくとも日曜日の説教だけで神父の身分を維持
することができるからである。平日は韓国人を対象にした市民運動に時間
を費やすことができるため、神父と市民運動の両立が可能になるというこ

とである。朝鮮族の人たちの多くは、平日は仕事で忙しく、教会に行くのも困難であるという事情があり、韓国人神父と朝鮮族教徒の互いのメリットによってこの朝鮮族教会が誕生したのである。

　しかし、Kさんは「朝鮮族教会を運営していく過程で、朝鮮族の苦しみを直接耳にするようになり、しだいに朝鮮族教会を始めることになったのは、同胞たちのために働くようにと神様が私を送ってくれたからだと悟るようになった」と語る。したがって、彼は朝鮮族の権利を求めて韓国政府との交渉を行ってきた。朝鮮族への不当待遇をめぐって政府に対して何度も抗議を行い、10日から25日にわたる数回の断食デモを行うことで、政府の政策改善をもたらしたことも少なくない。特に、朝鮮族の韓国での合法滞在期間を拡大するために、中国同胞タウン新聞社や他の市民団体との共同の努力によって、2003年11月27日に盧武鉉大統領の朝鮮族教会訪問を迎え、その後「訪問就業制」という朝鮮族社会に転換期をもたらす重要な政策の実施を実現した。現在Kさんは、朝鮮族の「民族語喪失」問題を憂慮し、中国で生活する朝鮮族の子どもたちが韓国でも教育を受けられる権利を実現することに関心を寄せている。

　朝鮮族教会が設立された当時、通っていた教徒は約20人だったが、2009年8月現在ソウル教区では約200人、安山教区では約100人に達している。教徒の中には仕事のために2週間に一度だけ出席する人が多いため、実際の教徒の人数は約400~500人になるという。教徒は中高年の男女が多く、白髪の老人もいる。そして、建築現場や飲食店で働く単純肉体労働者が多い。彼らには月に1~2日しか休みが取れない人もいるが、その休日に教会を訪れることで疲労を解消しようとする人も少なくない。

　ここで朝鮮族教会に通うある朝鮮族女性の話から、彼女にとってこの教会はどんな意味があるのかを見てみよう。

　　〈**事例1**〉韓文玉（仮名）、女性、50代、中国遼寧省出身、朝鮮族、2001年に来韓。

韓さんは中国では農業に従事し、収入が不安定であったため、次女が中学校を卒業した時に、韓国への出稼ぎを決意した。韓さんは、2001 年に 4 万元（2010 年 10 月のレートで約 49 万円）の手数料を払い、親戚訪問ビザで韓国に入国した。夫は、1997 年に同じく親戚訪問ビザで韓国に来たが、当時の手続きの費用として 12 万元（2010 年 10 月のレートで約 147 万円）をブローカーに渡した。現在は 2 人とも「就業訪問」ビザで滞在している。長女は、2009 年に「就業訪問」ビザで来韓し、次女も 2007 年に韓国に留学し現在大学 3 年生である。韓さん夫婦は、韓国にくる時に背負った借金を全額返済したが、現在は俳優志望の次女の巨額の学費を稼ぐために一生懸命働いている。韓さんは飲食店で働き、夫は建築現場で働いている。

　日曜日には仕事を休みますが、家族全員で朝鮮族教会に行きます。ここは同胞たちの困難や辛いことを解決してくれるし、神様に頼るところです。教会に通うことは、このような共同体の中でお互いに助け合い、頼り合うことなので、とても良いと思います。朝来てお祈りをして、賛美歌を歌うことで慰められ、疲れをとることができます。さらに、ここは朝鮮族が集まってくるので、お互いに話が通じるのがとても嬉しいです。教会に通うため、ほかの同窓会や親戚の集まりには行く時間もないし、控えています。

（2009 年 8 月 2 日、朝鮮族教会にてインタビュー）

　上記の韓さんの場合は、家族 4 人とも韓国で暮らし、日曜日には全員朝鮮族教会に通っている。韓さんの家族の絆は強く、最初は父親 1 人で韓国へ入国したが、その後家族全員が次々と韓国に渡り、韓国で生活している。さらに、韓さん夫婦は生活の質を高めるために、韓国に出稼ぎに行って一生懸命働いているが、娘の教育に関する責任感が強く、過労にもかかわらず娘の高額な学費を稼ぐために努力を惜しまない。韓さんにとっ

て、この教会に通うことは、自分と同じ背景、同じ言語、同じ信仰を持つ人たちと出会う場であり、自分の韓国社会でのさまざまな苦悩を吐露し、それを解決してくれる頼りになる場である。彼女にとって、教会は親戚や同郷の友人の集まりより重要な場所になっている。そこは、韓国社会において抑圧された自分を解放させる場であり、仲間たちの中に帰属することを感じることで、自分を肯定的にとらえることができる。このような共同体の中で、一種の宗教的な儀式を通じて、彼らは「守られる」という安心感と安らぎを感じることになる。

5. 朝鮮族労働者たちのライフスタイルの変化

　中国朝鮮族が1988年のソウルオリンピック以降韓国への移動を始めて、すでに20余年が経っている。その間に、韓国政府の朝鮮族への受け入れ政策も大きく変化し、朝鮮族の生活にも大きな変化が生じている。

　まず、朝鮮族の働く業種と労働現場における役割において大きな変化が見られる。移動初期においては3K業種、その中でも単純労働に従事する朝鮮族が多かったが、彼らの中にはしだいに技術職に就く人が増えてきた。2010年2月7日の吉林新聞は「2000年代に入って韓国の建築現場に大規模に流入した中国朝鮮族は、あまり重要ではない仕事をする雑夫として働いていたが、10年後の今日彼らは大工、スリップフォーム工法、鉄筋などの各領域で熟練工に成長し、あるいは中間管理者級の組長に昇格して建築現場の品質を左右している」[2]という韓国メデイアの報道を掲載した。また同紙によれば、韓国建設会社は中国経済が急速に成長する中で、中国

2　吉林新聞2010年2月7日記事「조선족 없으면 한국 아빠트 못짓는다 (朝鮮族がいなければ韓国のマンションが建てられない) http://www.jlcxwb.com.cn/society/content/2010-02/07/content_25599.htm （アクセス：2010年10月23日）

朝鮮族の韓国への流入が減ることを恐れていると報道した。建築現場だけでなく、飲食店においても朝鮮族の仕事は雑事従事者からキッチンの責任者を勤めるまでに変化が生じている。

　さらに、朝鮮族の中には重労働離れの現象も現れている。過去において、朝鮮族は月に１～２日の休みしか取れない重労働に従事していたが、韓国での滞在期間が長くなるにつれて週末に休日が取れる仕事を希望し、家族や親戚、友人と余暇を過ごす時間を作ろうとしている。そして、韓国社会に対する理解が深まるとともに、韓国と中国でのこれまでの仕事や生活経験を生かして商業を始める人も増えつつある。さらに、中国と韓国の両方を生活圏とし、韓国に仕事がある時にはそこで働き、暇な時には中国へ帰るという「季節労働者」も現れ始めた。そして、若年層の中には専門職に従事する人も増加している。

　次に、朝鮮族の家族や親戚および友人との繋がりについて見てみよう。韓国に移動した朝鮮族は、生活が安定すると家族や親戚を中国から呼び寄せる場合が多い。韓国政府の受け入れ政策の緩和とともに、家族と親戚の呼び寄せは比較的容易になり、数十人の親戚が韓国に集まることもまれな現象ではない。さらに、子どもの結婚式も、両親や親戚の多くが韓国にいるため、子どもが中国やほかの国から韓国に渡り、そこで結婚式を挙げることもよく見られる。そして、かつては韓国に滞在している両親が中国の子どもや親戚に会いにいくことから、しだいに子ども（小中学校の子どもを含む）が冬休みに両親に会いに韓国に入国する場合が増えてきた。また、韓国への移動の初期においては金銭的な余裕がなく、中国と韓国との間の出入りが厳しく制限されていたため、数年間中国に帰ることができない人が多かったが、近年になると兄弟姉妹そろって中国に帰国し、高齢の両親とともに旧正月を過ごす人も増えてきた[3]。これは、朝鮮族に対する韓国へ

3　吉林新聞 2010 年 2 月 15 日記事「설맞이 귀향길 뜸해지고 방방곡곡서 설쇤다」（正月を迎え、里帰りに足が遠のき、所々で過ごしている）http://www.

の入国が緩和されたことと、韓国での朝鮮族の生活が一定の安定を迎えたため、彼らのライフスタイルも変化しているものと考えられる。

　韓国の朝鮮族は、休日や祝日に家族や親戚で集まったり、中国から来た人たちの同郷会や同窓会に参加したりする。彼らは韓国における生活の中で家族の絆を一番重要視する一方、中国から来た知り合いとの繋がりも大切にしている。彼らにとって、中国や韓国で築いた知人、友人との信頼関係が、知り合いの少ない韓国において仕事探しや悩みの相談のうえでのいい相手になっている。

　第三に、朝鮮族の居住環境の変化について見てみよう。出稼ぎのため韓国を訪れた朝鮮族は、最初は現地の物価が高いため、「くぐり部屋」や半地下の部屋を借りて住む場合が多く、滞在期間が長くなるとともに、経済的にも余裕ができ、居住環境がより快適なマンションや一戸建ての住宅に移る傾向が見られる。彼らは、韓国の賃貸に関する理解も深めることになり、「傳貰（ジョンセ）」で部屋を借りるほうが「月貰（ウォルセ）」より効率的であることを意識する。特に家族や親戚が多い場合には、共同でマンションや一戸建てのアパートを「傳貰（ジョンセ）」で借りて生活することで、助け合うこともよくある。しかし、彼らの中にはガリボンドンの「くぐり部屋」を離れてもその地域から離れようとしない人も多い。彼らは自分たちの集住する街を形成し、そこにおいて仲間同士で助け合うことで安心感を覚え、そうしたコミュニティから自分たちの新たな姿を創造しようとする。ガリボンドンの再開発とともに、多くの朝鮮族がその地域に隣接する大林洞（デリムドン）に引っ越す現象もその表れである。

---

jlcxwb.com.cn/cxz/content/2010-02/15/content_25214.htm（アクセス：2010 年 10 月 23 日）

6. むすび

　本章では、出稼ぎにソウルに移動した朝鮮族の労働者たちが集住する街であるガリボン「同胞タウン」に焦点をあて、ここが朝鮮族と韓国の市民団体および現地の商人たちが共同に創りあげた街であることを示した。前章でも言及したように、朝鮮族の単純肉体労働者たちは韓国において社会的底辺に置かれ、彼らの従事する業種や経済的な要因から「貧乏な外国人」として韓国の人びとから疎外される対象となっていた。そうした社会的立場に置かれている朝鮮族の労働者たちに救いの手を伸ばしたのは、韓国の新聞社や教会といったさまざまな市民団体であった。ガリボン「同胞タウン」は、そうした韓国の市民団体と朝鮮族の労働者たちおよび現地の韓国人や中国人の商人たちが共同で創りあげた街であり、朝鮮族の人びとにとって「居心地の良い」場所になっている。この街で、朝鮮族の人びとは韓国人とは異なる自分たちの飲食習慣と娯楽文化を維持し、自分たちのなまりのある朝鮮語と中国語を使用することで「自分たちの世界」を創造している。

　しかし、朝鮮族の労働者たちの独特な生活の空間は再開発という名のもとで、崩壊させられようとしている。こうした状況の中で彼らが考えたのは、新たな朝鮮族のコミュニティを作ることであった。彼らがガリボンドンに隣接している大林（デリム）という地域に新しい朝鮮族の集住するコミュニティを作りつつある現象がすでに始まっている。しかし、彼らの新しいコミュニティは必ずしも過去のような閉鎖的な空間ではない。彼らは、すでに閉鎖的な空間に身を置くことで外部社会から自分を守ろうとするのではなく、韓国社会と向き合い、変化する自分たちの新たな姿を積極的に表現しようとしている。

| 第6章 |

高学歴朝鮮族の先を見つめる子育てと
ハイブリッド・アイデンティティ

1. はじめに

　本章では、留学や就職で日本に移動した高学歴朝鮮族に焦点をあて、彼らの日中韓3国におけるダイナミックな移動の実態と家庭における子どもへの言語教育戦略および彼ら自身の新しいアイデンティティの創造について考察する。

　グローバリゼーションの進展と世界的な高度人材獲得競争の激しい中、近年の新しい動向として留学や就職による高学歴者の国際移動が増えつつある。現在、アジアの豊かな専門職人材の動向が世界的な注目を集めているが、東アジアから最も多くの「高学歴移民」を送り出しているのは中国で、その数は120万人に及ぶ（アベラ　2009, p.14）。中国の中でも、日中韓3国の間を活発に移動しているのが中国朝鮮族である。

　中国では1978年に改革開放政策が実施され、国家や各政府機関からの公費派遣の留学政策が主として推進された。私費留学を奨励する政策は1981年に打ち出され、1984年には中国政府により「自費出国留学に関する暫定規定」が公布されることで、私費留学が全面的に解禁された（坪井2007, p.155）。日本法務省の人口統計データによれば、2010年現在日本における外国人数は213万4151人であり、その中で人数が最も多いのが中

国人で、68万7156人とされている[1]。その「中国人」と登録されている人びとの中には、中国の漢族だけではなくさまざまな少数民族も含まれるが、日本政府による統計データでは彼らの総称として「中国人」と記載されているため、民族別に人数を分けることは難しい。本研究の調査対象である日本在住の中国朝鮮族は、人数の把握は難しいが、約6〜7万人と推定され、首都圏には約4〜5万人が滞在していると見られる[2]。朝鮮族の日本への移動は、1980年代の大学教員の海外研修による移動から始まったと見られ[3]、1990年代からは企業研修生や留学生が増え始めた。

　1990年代以降、中国の改革開放と市場化の中で、朝鮮族の人びとは中国内はもとより、韓国、ロシア、日本、北朝鮮、アメリカなどへと活躍の場を広げている。朝鮮族の海外への移動と移動先での長年の滞在とともに、彼らの中にはすでに移動先の国籍を取得した者もいる。本書では、中国の戸籍に「朝鮮族」と登録されている者だけでなく、海外へ移動し、移動先の国籍を取得したとしても、自ら「朝鮮族」と主張する者は「朝鮮族」と呼ぶ。なお、本書で用いる「高学歴者」という用語は、高等教育を受けた者を指し、主に出身国や移動先の国の高等教育機関で教育を受けることで学士や修士、博士の学位を授与された者を指す。本書で用いる「言語教育戦略」とは、親が一定の目標を持ち、子どもに1つあるいは複数の言語を習得させるために、意識的および計画的に行う教育的行為を指すものである。

　筆者は2010年1月から2012年9月の間に、東京、名古屋、京都、大阪などの都市においてフィールドワークを行った。主に朝鮮族がよく集ま

1　（日本）法務省登録外国人統計 http://www.moj.go.jp/housei/toukei/toukei_ichiran_touroku.html（アクセス：2012年7月5日）

2　東洋経済日報　2010年8月13日の記事「〈オピニオン〉韓国経済講座　第120回」http://www.toyo-keizai.co.jp/news/opinion/2010/post_4078.php（アクセス：2012年7月5日）

3　同上。

る街や飲食店などで参与観察し、朝鮮族の家庭を訪問し、彼らが使用する言語や居住環境および地域特性などを多角的に観察した。そして、本調査では23名の20代前半から50代前半の朝鮮族の男女に対してインタビューを行ったが、本章ではその中で代表的な事例を引用しながら論述する。

　以上のことから、本章ではまず日本在住の朝鮮族の日中韓3国における移動の実態を明らかにし、その次に高学歴朝鮮族の子どもの言語教育のさまざまな形について分析し、最後に移動する朝鮮族自身の新しいアイデンティティの構築について考察する。

2.　日中韓3国を1つの生活圏とする朝鮮族

　日中韓3国は、地理的に近接し、歴史的、文化的に関係が深く、近年経済的な相互依存関係が深まる中、その域内の人の移動がかつてないほど活発化している。その中でも、この3カ国の域内において積極的に移動を行っている人たちがいるが、彼らは日本に在住する朝鮮族である。

　中国から日本に移動してきた朝鮮族の背景には、彼らの多くが中国の中等教育において外国語として日本語を習得したことが1つの要因となっている。中国東北部の朝鮮族学校では、中学1年から高校3年までのカリキュラムの中で、これまで日本語を外国語として設置することが多かった。それは、歴史の中で中国の東北部が旧満州地域として日本語の影響を受けていたことと、日本語が朝鮮族の使用する朝鮮語と発音や文法などにおいて類似点が多いことから、朝鮮族に習得しやすい言語として認識されていたことなどが要因として考えられる。

　以下では、日本在住の3人の朝鮮族の事例を通じて、彼らの日中韓3国の域内における移動の実態を明らかにする。

2.1. 留学・就職を主とする移動

　現在日本に住んでいる朝鮮族は、1990 年代以降に留学で来日した朝鮮族がその主流を占めるが、彼らは主に 20 代前半から 30 代前半の間に留学を行った朝鮮族 3 〜 4 世の人たちである。彼らの中には、日本で学業を終えた後、中国に帰る者もいれば、日本で就職して滞在し続ける者もいる。そして、留学や就職などの目的で、アメリカや韓国などの国へ移動する者もいる。

　〈**事例 1**〉朴志桓（仮名）、男性、30 代、朝鮮族、中国で学士号、韓国で修士号、日本で博士号取得、専門職。

　　朴さんは中国東北部のある朝鮮族の集住する村で生まれ育った。その村には約 1000 世帯の朝鮮族が集住していたため、朴さんは幼い頃から日常において朝鮮語のみ使用し、中国語を使わなくても不便はなかった。小学校から高校まで朴さんは地元の朝鮮族学校に通い、大学受験の時は優秀な成績で中国内のある名門大学に進学した。大学卒業後、ある偶然の機会に、知り合いを通じて韓国の大学の教員と連絡をとるようになり、それをきっかけに韓国への留学を決意した。朴さんが韓国への移動を決めたことには、学業以外にも「母国に一度住んでみたいし、韓国の人や韓国の文化についてももっと知りたかった」という理由もあった。朴さんは、韓国の大学で修士課程の勉強をする一方、博士課程への進学を目指していた。自分の専門分野では日本で行われている研究が中国や韓国より優れていることに気づいた朴さんは、日本への留学を準備した。日本にいるかつての大学の先輩から指導教員を紹介してもらい、2002 年に日本に留学した。来日した後には、奨学金を得ながら、博士課程での勉学・研究を通じて、無事に博士号を取得した。その後、帰国する予定だったが、日本で仕事が見つかったことで、朴さんは引き続き日本に滞在することを決意した。

朴さんは、自分が国際移動を行ったのは、学業以外にも「若いうちに、いろいろな文化を体験したい」ということが理由の1つでもあるという。彼は、現在毎年仕事や親族の訪問などで、日本と中国そして韓国の間を行き来している。今後について、「仕事によって、さらに国際移動を行う可能性がある」と語った[4]。

　〈**事例2**〉呉文成（仮名）、男性、30代、朝鮮族、中国で学士号、日本で修士号と博士号取得、専門職。

　呉さんは、中国東北部のある朝鮮族の集住する町で生まれ、高校の時までそこで育った。小学校から地元の朝鮮族学校に通い、成績が優秀で飛び級をした経験もある。大学受験の時は北京の名門大学に進学し、卒業後は北京で就職した。呉さんは、中等教育で日本語を習ったが、仕事をする中で、業務上日本語の能力をさらに高める必要があることを意識し、友人の助言を得て日本へ留学した。呉さんは2000年に来日し、日本語を習得した後すぐに帰国する予定だったが、日本の大学で修士課程、博士課程を経て博士号も取得した。中国で就職することを考えていた呉さんは、ある日、韓国のある大学から来た一本の電話で韓国への就職を決めた。この決断について、呉さんは「韓国を選んだというよりは、（韓国の）大学を選んだと言える。その大学の知名度や研究環境、そしていろんな可能性と機会を考えて決意した」と語る。

　けれども、呉さんにとって韓国はまた特別な地でもあった。彼は朝鮮族3世で、韓国は祖父母の生まれた故郷でもある。約10年前から呉さんは年に1回ほど韓国に行き、祖父母の故郷である慶尚北道に足を運んだりする。そこにはすでに親戚も見つからないが、

4　筆者のインタビューによる（2011年6月2日、東京）。

呉さんは祖父母の戸籍を確認し、祖父母の生まれた地で現地の生活を体験することで、先祖の歴史を辿り、自分のルーツを確認しようとしている。呉さんの両親と兄弟は中国に住んでいるため、呉さんは定期的に中国にも帰る。呉さんは、韓国の大学に就職したが、必ずしもずっと韓国に住む考えはなく、仕事の必要によってさらに国際移動を行なう可能性があるという[5]。

　上記の2つの事例から、朝鮮族の若い人たちの中には留学や就職などで日中韓3国の間を移動していることが分かる。こうした3つの国において高等教育の各段階を経てきた朴さんや、中国と日本で高等教育を受け韓国で就職する呉さんのようなケースは、一部の高学歴朝鮮族エリートによく見られる現象である。けれども、ほかにもさまざまな理由で中国から日本へ移動し、さらに親戚訪問や結婚、ビジネスなどを目的に、日本から韓国へ移動する朝鮮族もいる。

　上記の事例に見られる共通点は、より良い教育とより良い仕事の環境などを求めて国際移動を行なうことである。そして、移動先を国で選ぶのではなく、明らかに本人と直接関連がある大学など、より小さな要因をもとに選択している。そして、朴さんと呉さんとも国際移動を行なう際に、友人や知人のネットワークを活用していることも観察できる。

　また、朴さんと呉さんの日中韓3国における移動は、単に勉学や仕事のための移動に限るものではない。中国で朝鮮族としてのエスニック・アイデンティティを持ち、朝鮮族学校に通った彼らにとって、韓国は「祖父母の故郷」として常に心の中に描かれていた。そうした先祖への記憶と故国への想像が、彼らの韓国への移動を促している。そして、朴さんと呉さんとも中等教育で中国語と朝鮮語以外にも外国語として日本語を学んだことが、彼らの日本への移動を促進した1つの潜在的な要因としても考え

5　筆者のインタビューによる（2010年2月18日、2011年6月7日、東京）。

られるだろう。さらに、朴さんの「若いうちに、いろいろな文化を体験したい」という考えは、ほかの若い朝鮮族にもよく見られるが、これは国際移動を行なう朝鮮族の人びとがより良い教育環境や労働環境を求めているだけではないことを示している。

　朝鮮族の若い人たちは、すでに中国内だけでなく、より広い外の世界に目を向け、活躍の範囲を広げつつある。彼らはこうした国際移動の中で、自分がだれなのか、どんな言語を学ばなければならないのかを意識し始める。さらに、彼らは子どもにはどんなアイデンティティを構築させ、どんな言語を学ばせ、どんな教育を受けさせるのかを考えるようになった。

2.2. 両親の滞在地が「帰る場所」となる移動

　日本に滞在している朝鮮族の家族や親戚の人びとは、中国だけでなく、韓国にも多く居住している。それは、中国東北部に集住していた朝鮮族が、1992 年の中韓国交正常化とともに、親戚訪問や出稼ぎ、結婚および留学などを目的に韓国に移動し、現地に滞在し続ける人が増えてきたからである。2012 年 7 月 31 日の韓国法務部の統計によれば、韓国在住の韓国系中国人（筆者注：中国朝鮮族を指す）は 46 万 7981 人とされている[6]。

　日本に留学している朝鮮族の中には、留学費用の多くを韓国で働いている両親の仕送りに頼る者もいる。そして、日本の朝鮮族の中には、正月や休暇の時に両親や親戚がいる韓国に移動し、そこで休暇を過ごす者も少なくない。結婚を迎える朝鮮族の若いカップルたちは、両親や親戚が多い韓国で結婚式を挙げることも一般的である。筆者が出会った日本在住のある

---

[6]　（韓国）出入国・外国人政策本部ホームページ http://www.immigration. go.kr/HP/COM/bbs_003/ListShowData.do?strNbodCd=noti0097&strWrtN o=100&strAnsNo=A&strOrgGbnCd=104000&strRtnURL=IMM_6070&st rAllOrgYn=N&strThisPage=1&strFilePath=imm/（アクセス：2012 年 9 月 20 日）

30 代の朝鮮族女性は、4 年前に韓国で結婚式を挙げた。韓国には、彼女の両親だけでなく、親戚も約 30 名住んでいる。その親戚のほとんどは中国から出稼ぎで韓国に移動し、その中にはすでに韓国の国籍を取得した者もいるという[7]。

　留学で日本に来た朝鮮族の中には、勉学を終えた後に日本で就職する者が少なくないが、女性の場合には卒業直後に会社に就職しても、結婚・出産した後には仕事への復帰あるいは再就職が難しくなることが多い。仕事を続けようとする女性の場合には、中国や韓国にいる両親に子育てを支援してもらうことも珍しくない。その場合には、両親が日本に来て短期滞在（約 90 日～ 180 日）する場合もあれば、子どもを中国や韓国にいる両親に預ける場合もある。そして、下記の事例のように、両親に子どもを預けることはできないが、子どもを連れて両親のところに定期的に「里帰り」する場合もある。

　　〈**事例 3**〉金美玲（仮名）、女性、30 代、朝鮮族、主婦、中国で学士号、日本で修士号取得。夫も朝鮮族。長女は 4 歳、次女は 7 カ月。

　　　金さんは中国の黒竜江省出身で、中国の大学では日本語を専攻した。2000 年に留学で来日し、大学院に進学して修士の学位を取得した。その後、東京のある会社に就職したが、長女に次いで次女を出産することで会社を辞することになった。夫は現在日本の IT 関係の会社に勤めている。実父はすでに亡くなり、実母は約 15 年前に出稼ぎでソウルに移動し、すでに韓国の国籍を取得している。韓国には、中国から移動してきた親戚が約 15 名滞在している。金さんは、実母と義母（夫の母親）ともに韓国に滞在していることから、定期的に子どもを連れて韓国に行く。2011 年に日本で東北大震災があった時にも、金さんは子どもたちの安全を考慮して 2 人

7　　筆者のインタビューによる（2012 年 9 月 2 日、東京）。

の子どもを連れて韓国の実母の家に行き、そこで約 3 カ月滞在した。金さんの妹は中国で暮らしているため、金さんは妹に会うために中国に帰ることもある。将来、家族とどこに定住するかに関して、金さんはまだはっきり決めていないが、日本を離れる場合には、中国あるいは韓国に移動する予定だという。その中でも、金さんは「韓国と比べると、中国の生活に最も慣れているが、韓国には母親がいるため、韓国へ移動する可能性が高い」と語る[8]。

　このように、金さんの 4 人家族は日本で暮らしているが、妹は中国に居住し、実母と義母および親戚の多くは韓国に滞在している。すなわち、金さんの家族と親戚の人びとは日中韓 3 国にそれぞれ滞在しているのである。そして、金さんは実母と妹および親戚の人びとと会うために中国だけでなく、韓国を訪問することも多い。特に、2 人の子どもの母親である金さんは、実母がいる韓国に「里帰り」することが多くなる。日本を離れて再移動を行う際にも、金さんが中国より韓国を優先的に考えるのは、韓国が彼女にとって生まれ育った場所でなくても、実母がいることで安らぎを感じさせるために、1 つの「帰る場所」となっているからである。

　近年、中国における朝鮮族の子女の中にも両親が韓国で長期滞在する場合には、彼らの韓国への入国と現地での短期滞在が比較的容易になっている。しかし、中国や韓国の人びとが日本へ移動する場合には、ビザの制限が厳しく、親戚訪問や観光としての短期滞在は容易ではない。この点では、日本在住の朝鮮族の日中韓 3 国の間の移動は比較的容易に行われている。

　以上見てきたように、高学歴朝鮮族の日中韓 3 国の間の移動には主に、この 3 つの国の言語が駆使できること、より良い高等教育とより良い仕事の環境を求めていること、そして両親の滞在地を 1 つの「帰る場所」とするなどの要因が含まれていることが明らかになった。日本の朝鮮族に

8　筆者のインタビューによる（2011 年 7 月 29 日、千葉）。

とって、日中韓3国はすでに国境を超えた1つの生活圏となっている。

3. 日本在住の朝鮮族の子どもへの教育選択

　日本在住の朝鮮族の中には、日本で勉学を終え、仕事をしながら家庭を作り、出産や子育てを日本で経験する者が多い。子どもの成長とともに、彼らは子どもにどのような教育を受けさせるのかを考えるようになる。以下では、主に高学歴朝鮮族に焦点をあて、彼らの教育選択について検討する。

3.1. 「より良い教育」を求めて

　日本に長期滞在する朝鮮族の中には、日本の福祉や保育制度の充実さ、生活の便利さおよび食品の安全性などに魅力を感じ、さらに中国に比べて日本のほうが子どもの勉強のプレッシャーが少ないという意識から子どもを日本で育てようとする者が少なくない。筆者が調査を行った段階で、日本における朝鮮族は20代から40代にわたる若年層が主流を占めているが、その中で20～30代の既婚者の場合には、彼らの子どもたちは保育園や幼稚園など小学校の入学前の年齢の子どもたちが多く、40代以降の朝鮮族の場合には小学校や中学校に通う年齢の子どもがいる家庭が多い。そうした子どもたちのほとんどは日本で生まれ育ち、さらに日本の教育機関で教育を受けている。

　しかし、朝鮮族の親たちは子どもが小学校に入る前から学校選択をめぐって悩みを抱えている。例えば、子どもを日本の一般の公立学校に通わせるか、日本の韓国・朝鮮系の学校に通わせるか、華僑の子女が通う中華学校に通わせるかなどの悩みが挙げられる。そして、子どもにより国際的な教育を受けさせるためにインターナショナルスクールを希望する親も多いが、学費が高い（年間学費が約200万円）ことから断念する場合が多い。中華学校の場合、近年中国の経済成長とともに日本での中国語の需要も高

まることで、中華学校への入学の希望者は中国人や華僑に限らず、日本人の子どもたちも増えつつある。そのため、中華学校への入学をめぐる競争が激しくなっている。東京で暮らしている朝鮮族の場合には、子どもの学校を考える際には、居住地域と夫婦の勤め先との距離も考えなければならないため、横浜に集中している中華学校は自宅と勤め先が東京都内にある朝鮮族にとっては空間的に遠距離のため諦めざるを得ないことが多い。

　子どもを日本の一般の学校に通わせる場合には、小学校は公立に通わせるが、中学校の段階からは家庭内の経済状況や子どもの成績によって、私立学校を希望する親もいる。彼らの中には、私立学校は学費が高いが、公立学校より教育に熱心であるという意識が一般的に存在する。

　中国に帰ることを予定する朝鮮族の場合、よく挙げられる理由としては夫婦両方あるいはその片方の中国での就職や中国への転勤がある。ほかにもよく挙げられるのが、子どもを中国で育てたいという理由である。中国で育てたいということには、「子どもの成長に良い環境を与えたい」ことがよく挙げられたが、その「良い環境」とは主に良い教育環境と良い家庭環境および良い地域環境を指すものであった。これに関しては以下の事例を見ていきたい。

　　私が中国に帰りたい一番重要な理由は、子どもを中国で育てたいからです。もちろん、中国の学校教育も足りないところが多いと思いますが、日本と比べてより責任感が強いと感じられます。中国では、幼稚園ですでに漢字や英語、そして楽器も教えています。けれども、日本の保育園では遊ぶこと以外に何も教えないように思います。それから、私が中国で子どもを育てようとする最も重要な理由は、良い親子関係を作りたいからです。日本人の親子関係はとても冷たく感じられます。日本で育った周りの中国人の子どもたちを見ても、普段親に対する態度など日本人の子どもたちと同じように見えます。私は、自分の子どもはやはり中国で育ったほうが祖父母と

も一緒にいられるし、もっと暖かい家族関係が作れると思います。

（全鳳花（仮名）、2011 年 7 月 28 日、東京にてインタビュー）

　このように、全さんは子どもを中国で育てたいという考えから、夫とともに数年暮らした日本を離れ中国へ帰ることを決意した。全さんは子どもを中国で育てたい理由を 2 つ挙げている。その 1 つは中国の学校教育を受けさせたいということであり、もう 1 つは最も重要な理由で、子どもを中国で育てたほうが「良い親子関係」と「暖かい家族関係」が作れるということである。全さんが日本の学校教育より中国の学校教育に対する期待が大きいのは、幼稚園での幼児教育を含めた中国の学校教育のほうがより多くの知識を子どもに与えるため「責任感が強い」と考えていることによる。それは、中国では子どもたちの教育における競争がすでに幼児の時から始まり、そのため幼稚園での幼児教育においてすでに小学校の入学のための科目を教えたり、子どもの資質を伸ばすための習い事を教えたりする。こうした中国の教育スタイルに慣れている朝鮮族の人びとは、日本の保育園や幼稚園における自主性を育てる「遊び」を中心とする保育や教育に対して、その「ゆとり」教育の良さも認めながらも、一定の不安も抱いている。すなわち、そうした「ゆとり」の中で競争力が落ちることで、子どもが将来激烈な競争の中で敗者として落とされるのではないかということへの不安である。そうした不安を解消するために、全さんが選んだのは日本の学校教育ではなく、中国の学校教育であった。全さんが抱えている不安は彼女だけでなく、日本在住の多くの中国人が抱えている悩みでもある。しかし、日本に残ることを決意した朝鮮族の中には、後述するように子どもに対する教育を学校教育だけに頼るのではなく、家庭教育や学校外教育を積極的に行っている者もいる。一方、中国に帰ることを予定する朝鮮族の場合には、子どもを中国の学校に適応しやすくするために、小学校に入る前に帰国することが多い。

　全さんが中国に帰るもう 1 つの理由である「良い親子関係」や「暖か

い家族関係」を作るということは、全さん自身が中国で経験してきた家庭関係や親戚および友人や近隣との付き合い方などの再生産を意味する。朝鮮族の人びとの中には、家族や親族および親戚との繋がりを重んじる者が多い。全さんもそうであるが、彼女が目指す「暖かい家族関係」も子どもが両親だけでなく祖父母や親戚の人びととともに日常的に接し合うことで、より豊かで繋がりの強い家族関係を作ることである。全さんは、子どもをそうした家族コミュニティの中で育てることで家族の「暖かさ」を感じさせ、子どもも将来同様な家族関係を維持・継承することを期待している。こうした朝鮮族の家族関係も、朝鮮族の親の主体的な考えと戦略的な行為により、次世代へ再生産されようとしている。

　中国に帰る朝鮮族の中には、必ずしも子どもを朝鮮族学校に通わせるのではなく、漢族学校に通わせる者も多い。その1つの原因は、彼らは中国の東北部以外の大都市に行くことも多いが、そこには朝鮮族学校がほとんどないからである。子どもを漢族学校に通わせる場合、朝鮮族の言語や文化は家族や親戚と接する中で学んでいけるという意識が朝鮮族の中には一般的に存在する。そのため、漢族学校に通わせることで子どもに中国語を学ばせ、朝鮮族の言語やライフスタイルは家庭の中で覚えることが、「日本で日本語しか話せない日本人として育てるよりいい」と考える親もいる。このように、朝鮮族の親たちが学校を選択することにおいて、どの言語を習得できるかは1つの大きな選択基準となっている。

　ほかに、子どもの教育において、「初等教育を中国で、中等教育は日本で、高等教育は英語圏で」というように教育の各段階をそれぞれ異なる国で経験させようとする朝鮮族の親もいる。柳小燕（仮名、30代）さんは、12年前に来日し、日本で大学を卒業した後、日本の会社に就職した。その後、会社で出会った朝鮮族男性と結婚し、子どもを出産した。しかし、出産後の再就職が難しいため、2年前に2歳の子どもを中国の両親に預けて、就職活動とパートの仕事を続けている。子どもが中国での生活に慣れていくことによって、柳さんは子どもをすぐに日本に連れてくるのではな

く、小学校も中国で通わせようと考えている。その理由としては、母親に子育てを助けてもらうことで柳さんはもっと働けるし、夫婦で日本で稼いだ金を中国に送金することで、子どもが中国でもっと「良い教育」が受けられるという柳さんの考えによる。柳さんが言う「良い教育」とは、日本より中国の教育機関のほうがより多くの知識を与えてくれるし、中国では日本より少ない金額でもっと多様な補習校に通うことができるということである。そして、子どもに中国語も学んでほしいので、小学校まで通えば中国語は忘れないだろうと考えている。けれども、柳さんは中国の教育だけでは国際的に活躍するためには不十分だと考え、子どもの中等教育は日本で受けさせ、大学はアメリカに留学させることを考えている。特に、アメリカに関して柳さんは一種の憧れを抱いており、自分は行けなかったが子どもには行かせてより良い教育を受けさせたいという意識を持っている。子どもが中学校に入る時、日本に連れてくることを考えている柳さんは、日本で学校を選ぶとしても公立学校ではなく私立学校を希望している。それは柳さんが、私立学校は学費が高いが公立学校に比べて教育の質が高いと意識しているからである。そのために、彼女は懸命に働いて子どもの学費を貯蓄しようとしている。けれども、子どもが中学校の時に日本の学校に入るには、日本語や日本の生徒たちとの付き合いなどにおいて適応できるのかという不安も抱いている。それぞれ異なる国において子どもに各教育段階での「良い教育」を受けさせようとする柳さんの考えから、朝鮮族の若い人たちは、自分の受けてきた教育の良い面を同じく子どもに与えようとすると同時に、自分が受けられなかった「より優れた教育」も子どもに受けさせようとする親の教育熱心さと教育への期待値の高さが観察される。グローバル化時代に対応できる多様な言語と多様な文化的背景およびより豊富な知識を身につけることが、多くの朝鮮族の親たちに共通に見られる子どもへの教育選択と教育戦略である。

3.2. 子どもの潜在能力を伸ばす教育

　日本で高等教育を受けた朝鮮族の女性たちは、子どもを育てることにおいて、学校教育に応じた知識の習得も重視するが、子どもの才能を発掘しそれを伸ばすことも重視している。例えば、子どもが3〜4歳になると算数や国語（日本語）の塾に通わせる親もいれば、英語や思考力向上のレッスンを受けさせる親もいる。それに女の子の場合には、ピアノやバレエなどを学ばせることがよくある。日本在住の朝鮮族や中国人の人びとにとって、日本の保育園は「勉強の場」ではなく「遊びの場」というイメージが強い。したがって、教育熱心な親たちは学校外教育を利用して子どものさまざまな才能を伸ばそうとしている。

　中国では、満3歳〜6歳までの子どもたちは幼稚園（中国では「幼児園」と呼ぶ）に通うことが一般的である。日本と異なり、中国の幼稚園では小学校の教育に似たカリキュラムを組み、一般的に最年少のクラスから子どもたちに国語（中国語）、算数、外国語（一般的に英語が多い）などの科目を教えている。したがって、幼稚園の段階から子どもたちは、すでに小学校への入学の準備としての「勉強」を中心とする生活を始める。近年中国の経済成長とともに、人びとの生活も比較的豊かになり、したがって親たちの子どもに使う教育費も増加している。特に都市においては、親たちが教育投資として子どもが小学校に入学する前から英語や絵描き、舞踊、ピアノなどを学ばせるのが一般的な現象として現れている。

　こうした幼稚園の頃から勉強中心でさまざまな習い事もする中国の子どもたちと比べて、日本の朝鮮族の子どもたちは小学校に入学する前にどんなことを学んでいるのだろうか。以下の事例を通じて考えてみたい。

　　李明華（仮名）さんの4人家族は東京都内の川沿いの新築高層マンションに住んでいる。マンションの入り口には二重のセキュリティが設置され、部屋の防音設備も優れている。李さんの家には日当たりのいい13畳のリビングがある。スペースが広く、部屋の

防音がいいため、2人の子ど
もは家にいる時はいつもこの
リビングで大声で叫んだり、
走ったりしながら遊んでい
る。また、このリビングの片
隅にはピアノが置かれている
（図30を参照）。李さん夫婦は、
長女がピアノクラスに通い始
めてから、家でも練習ができ
るようにピアノを購入したの
である。日本在住の朝鮮族の
家庭では、李さんの家庭のよ
うに、子どもにピアノを学ば
せると同時にピアノも購入す
ることも珍しくない。

図30　ピアノの練習をしている朝鮮族家
庭の子ども（2012年11月14日，筆者撮影）

　それでは、李さんは子どもになぜピアノを学ばせているのか。ピ
アノ以外にまたどんなことを子どもに学ばせているのだろうか。

　現在娘は4歳ですが、何か彼女に合うことをやらせたいのです。
そのためにいろいろ試させていますが、現在娘はピアノとバレエ、
そして塾に通っています。バレエを学ばせるのは、娘がダンスや歌
が好きであることもありますが、女の子だから姿勢もきれいになっ
てほしいからです。塾は国語（日本語）の塾に通わせています。娘
が3歳の時にベネッセの講座を受けていたのですが、当時送って
もらった平仮名表を見て、自分で全部覚えたのでびっくりしまし
た。中国では3歳頃になると幼稚園とかですでに文字を学びますが、
日本の保育園や幼稚園ではなかなか教えてくれません。私は自分が
住んでいる国の言語がとても重要だと思います。なぜなら、その言

語を覚えるとさまざまな情報を獲得することができるからです。た
とえば、街の看板に何が書いてあるのかとか。娘はすでにある程度
学ぶ能力があると思いますので、塾に通わせることにしました。現
在通い始めたばかりですが、娘はとても楽しんでいるようですので、
今後も続けたいと思います。しかし、こうしたことは子どもがいや
がらないことを前提にしています。

（李明華、2010 年 7 月 12 日、2011 年 8 月 16 日、東京にてインタビュー）

　李さんは中国で大学を卒業し、日本に留学して修士号を取得した。李さ
んの夫も中国で大学を卒業し、さらに日本に留学して修士号を取得した後、
日本の大手企業に勤めている。

　李さんは日本で 2 人目の子どもを出産することで仕事を続けることが
難しくなり、会社を辞めることになった。李さんの 4 人家族は、日本に
長期滞在することを決意して、すでに日本の永住権を取得し、東京都内に
マンションも購入した。けれども、場合によっては中国に帰ることも考え
ている。したがって、中国に帰ることも考えて家で子どもたちに意識的に
中国語を教えることもある。家庭内における中国語の教育に関しては、本
章の第 4 節で詳しく述べる。

　李さんは、日本で暮らしている間には日本語の習得も重要であると考え、
保育園や幼稚園での日本語の習得だけでなく、塾の教育を通じて子どもの
日本語力を高めようとしている。そして、李さんは子どもに言語だけでな
く、ピアノやバレエなどを学ばせようとする。それは、子どもに音楽の才
能があると意識したことでその才能を伸ばそうとしているだけでなく、子
どもの身体的な成長や子ども自身が興味を持つかどうかという多方面にお
ける考慮に基づいた決断である。しかし、李さんの子どもへの期待ととも
に習い事も増やしていくことが見られるが、これは無意識に子どもへの負
担を増やしていく恐れもあるだろう。しかしここで注目することは、李さ
んは子育てをする中で、子どもの教育を単に日本の教育機関や自分の周り

の親たちの子育てのやり方を模倣したりするのではなく、中国にも目を向け、中国の教育方法も取り入れていることである。それは、子どもが将来より多くの子どもたちと競争することを意識し、そうした競争に向かうための一定の能力を備えさせること、そして潜在能力を最大限に伸ばしたいという親の教育観が観察される。

　以下では、子どもの潜在能力を伸ばそうとするもう1人の朝鮮族の事例である。

　　　娘は現在3歳ですが、毎週脳の発達や思考力に関するレッスンを受けています。娘に遊ぶ中で興味を持たせるのが目的です。娘も興味を持っているようなので、続けさせています。子どもが興味を持っていないことは、無理にやらせたくありません。

　　　　　　（全鳳花（仮名）、2010年11月30日、東京にてインタビュー）

　全さんは李さんほど子どもに多くのことを学ばせてはいないが、彼女が選択したのは子どもの思考力を鍛える教育であった。この点は、李さんの事例と少し共通する部分でもある。すなわち、2人とも子どもに単に知識を与えるのではなく、多様な情報に対する処理能力や考えて判断する能力などの思考力を鍛えようとすることである。彼女たちの求めている豊かな知識と優れた思考力は、ますます競争が激しくなる現代社会において個々人が社会的変化や自分の置かれている状況などを把握し、そうした変化に迅速に対応し、自分を向上させるための重要なスキルであると言えるだろう。高学歴朝鮮族の女性たちは、こうしたスキルを現代社会を生きる1つの方法として子どもに身につけさせようとし、そのための教育を積極的に行っている。

4．高学歴朝鮮族の子どもへの言語教育戦略

　日本で育つ朝鮮族の子どもたちは、日本の保育施設や教育機関（幼稚園、小学校、中学校など）に通うことが一般的である。しかし、朝鮮族の親、その中でも高学歴朝鮮族の親たちは、単に子どもを日本の保育施設や教育機関の教育に頼るだけでなく、家庭内における教育も積極的に行っている。彼らは家庭教育の中でも言語教育を重視し、家庭によって子どもに１つの言語を教える場合もあれば、複数の言語を同時に教える場合もある。しかし、それらの家庭に共通に見られるのは、それぞれの家庭内で複数の言語が使用されていても、主には１つの言語の教育に専念していることである。本節ではその代表的なものとして、中国語を重視する家庭、朝鮮語／韓国語を重視する家庭、日本語を重視する家庭の事例を取り上げる。

　なお、本書で用いる「中国語」は、中国で一般的に「漢語」や「普通話」と呼ばれる中国の国家標準語を指し、「朝鮮語」は、主に中国において少数民族としての朝鮮族が使用してきた「民族語」を指す。そして、「韓国語」は韓国の国家語であり、ソウル語を中心とする標準韓国語を指す。そして、朝鮮族が使用する朝鮮語を北朝鮮の言語と区別するために、北朝鮮の国語は「北朝鮮語」と称する。1990年代以降、朝鮮族の韓国への移動と彼らの韓国人と接する機会の増加および韓国のドラマや音楽などの影響の中で、朝鮮族がこれまで使用してきた朝鮮語は徐々に変化している。すなわち、韓国語の影響を受けることで、語彙やアクセントおよび言葉の表現などにおいて朝鮮語の「韓国語化」が進行している。したがって、朝鮮族の人びとの中では朝鮮語と韓国語の区別があいまいになっている。こうした現象に基づいて、本章では朝鮮語と韓国語の両方を含めて、「朝鮮語／韓国語」という表記を用いる。

　以下では、5つの家庭の事例を通じて、それぞれの家庭内における言語使用状況と言語教育の実態を明らかにする。

4.1. 中国語を重視する家庭

　近年の中国経済の著しい発展とともに、世界各地からさまざまな機会を求めて中国を訪れる企業や人びとが急速に増加している。その流れの中で、中国語の国際的な市場価値も高まり、国際移動を行なう朝鮮族の中にも、次世代の中国語の習得を重視する者が増えつつある。日本在住の朝鮮族の場合には、子どもの中国語教育を家庭教育の中に取り組むことが多く見られる。以下では、夫婦とも朝鮮族である2つの家庭と、妻は朝鮮族で夫は日本人である1つの家庭の事例を見てみよう。

　〈**事例4**〉李明華（仮名）、女性、30代、主婦、中国で学士号、日本で修士号取得。夫も朝鮮族。長女3歳、長男4カ月。
　　日本の永住権を取得したのですが、中国には私と夫の両方の親と親戚がいるので、いつか帰る可能性もあります。だから、子どもたちも中国人として、中国語が理解できなければならないと思います。そして、何より私は朝鮮語より中国語により慣れているので、子どもたちにも中国語で話しかける場合が多いのです。夫は朝鮮語を使うのが好きなので、普段夫との間では中国語と朝鮮語を混ぜて話す場合が多いです。娘は保育園に通っているため、普段日本語を使うことが多いのですが、できれば家の中では中国語を話すようにしています。朝鮮語は子どもたちが祖父母とコミュニケーションをとるために必要な言語だと思いますが、私と夫の間では朝鮮語を使うことも多いので、子どもたちが自然に覚えていくのではないかと思います。小学校に入る頃からまた英語も学ばなければならないので、子どもたちにあまり負担をかけたくありません。朝鮮語や韓国語と比べて、中国語が最も学びにくいと思いますので、子どもたちに小さい時から少しずつ中国語を覚えさせたいです。
　　　　　　　　　　　　　　　　（2010年7月12日、東京にてインタビュー）

李さんが子どもたちに中国語を教えようとすることには、主に3つの理由がある。1つ目は、李さんにとって中国語が一番使い慣れている言語であり、2つ目は中国に帰る可能性を考えているからである。そして、3つ目は子どもたちに中国語を学ばせることで中国人という国民的帰属意識を獲得させようとするからである。したがって、日本の学校教育では習得しにくい中国語を家庭教育で補おうとしている。そして、李さんは自分の言語習得経験から、中国語は言語的に短期で容易に習得できるものではないと判断しているため、子どもが小さい時から少しずつ習得していけるように自ら指導している。ほかに、李さんの言語教育には選択的な戦略も見られる。すなわち、家庭内で中国語の使用と教育を重視するが、朝鮮語の教育には特に力を入れていないと言えよう。李さんは、子どもたちが朝鮮語を主に使用する祖父母とコミュニケーションをとるためには朝鮮語を学ぶことが望ましいが、子どもたちが複数の言語を同時に習得することには大きな負担があると判断し、朝鮮語は夫婦の間で用いることによって、子どもたちが自ら習得していくことを期待している。

〈**事例5**〉張仁哲（仮名）、男性、40代、会社員、中国で学士号と修士号取得、日本で博士号取得。日本国籍取得。妻も朝鮮族。長女12歳、次女9歳。

私と妻の間ではいつも中国語を使います。娘たちは日本の学校に通うので日本語のほうが上手ですが、中国語も覚えてほしいので、家ではできれば中国語を使うようにしています。でも、家庭内だけでは中国語がちゃんと学べないので、娘たちを家の近くの中国語学院に通わせています。それまで、娘たちは中国語をある程度聞き取れましたが、ほとんど話せなかったのです。中国語学院に通い始めてからは、中国語をよく聞き取れるし、ある程度話すこともできるようになりました。娘たちが中国の祖父母と中国語で電話するのを楽しんでいるのを見て、とても嬉しいです。韓国語は、昔私が子ど

もたちに教えようと思って、韓国の友人から教科書を送ってもらったことがありますが、仕事が忙しかったので教える暇がなかったのです。妻は朝鮮語や韓国語ができないので、諦めました。私は、中国で朝鮮語を習ったのですが、あまり使うことがなかったので、今ではほとんど忘れました。子どもたちも将来たぶん朝鮮語や韓国語より中国語をもっと使うことになるのではないかと思います。

（2010 年 9 月 4 日、東京にてインタビュー）

　日本国籍を取得した張さんの場合には、子どもたちに中国語を学ばせるのが必ずしも中国に移動させるためではない。彼は、中国語が中国の両親や親戚の人びととコミュニケーションを行うための重要な道具であることと、子どもたちが将来中国語を用いて諸活動を行う可能性を考えたことから、子どもたちに中国語を習得させようとしている。そして中国語は、張さんと妻との間で一番多く使われる言語であり、家庭内における共通言語になっている。朝鮮語／韓国語は、妻が駆使できないため、家庭教育にも取り入れることができなかった。こうした家庭内の言語使用状況から、夫婦の間で共有できる言語が子どもに再生産される可能性も高いと考えられる。しかし、家庭内の言語環境だけでは言語教育の効果が顕著でないことを意識した張さんは、語学学校という学校外教育も利用することで言語教育の目標を達成しようとしている。

　〈**事例 6**〉姜雪（仮名）、女性、30 代、会社員、日本で学士号取得、カナダに 1 年留学。夫は日本人。長女 4 歳。
　夫との間では基本的に日本語を使います。夫は日本人ですが、昔中国で中国語を少し習ったことがあるので、たまに中国語も使います。特に、私の母親が中国から日本にくる時は、夫はいつも中国語で私の母親とコミュニケーションを行います。娘は、保育園に入るまでは、中国語と韓国語（祖母との間では韓国語をよく使う）をよく

使いました。しかし、保育園に入ってからは日本語がちゃんと聞き取れなかったので、それ以降は家でほとんど日本語を使っています。最近は、私がまた娘に簡単な中国語を教え始めています。娘が小学校に入る前に、中国の実家に送って中国語をもっと学ばせようかと考えています。夫も、娘が中国語を学ぶことにとても賛成しています。私は中国人だし、実家も中国にあるので、子どもが中国語を学べる環境をちゃんと生かさなければもったいないと思います。子どもが中学校に入ってからは、カナダに留学させることも考えています。　　　　　　　　　　　　　（2012 年 9 月 10 日、東京にてインタビュー）

　夫が日本人で、すでに日本国籍を取得した姜さんは、家庭内では日本語を使うことが多いが、場合によって中国語も使っている。中国語を少し学んだことがある夫も子どもが中国語を学ぶことに賛成しているため、姜さんは家庭内で子どもに少しずつ中国語を教えるように努力している。さらに姜さんは、自分が中国語という言語資本を持っていることと、中国にある親族のネットワークも活用することで、積極的に子どもに自分の言語資本を継承させようとしている。

　ほかにも、日本人男性と結婚した朝鮮族女性の中には、夫との間では日本語のみ使用していても、子どもには中国語を習得させるために、夏休みや冬休みに中国にいる兄弟の家に子どもを送って短期留学させる現象も見られる。韓国の場合にも、韓国人男性と結婚した朝鮮族女性の中には、子どもに中国語を学ばせるために、中国の東北部にある実家に子どもを送り、現地の朝鮮族学校に約 1 年間留学させる現象が現れている。こうした家庭内では自分の持っている言語資本を生かしにくいが、国境を超えた親族のネットワークを活用することでその言語を子どもに習得させようとすることが、近年移動する朝鮮族の中で増えつつある。

　上記の 3 つの事例とも、親は「中国語は教育投資に値する言語である」と認識しているため、家庭教育だけでなく、語学学校の教育および中国へ

の短期留学などのさまざまな方法を用いて、子どもに中国語を習得させようとしている。

4.2. 朝鮮語／韓国語を重視する家庭

　日本在住の朝鮮族の中には、朝鮮語を「朝鮮族」と定義する際の重要な基準として認識するものが少なくない。特に夫婦とも朝鮮族で、2人の間で朝鮮語／韓国語を用いることが多い場合、「朝鮮族だから、子どもも朝鮮語を学ばなければならない」という考えが強く、子どもに朝鮮語／韓国語を習得させようとする傾向がある。さらに、近年朝鮮族の韓国への移動の増加および中国と韓国の間の経済的・文化的な交流が増える中で、朝鮮族の人びとは朝鮮語／韓国語の習得をエスニック・アイデンティティを維持するための手段として考えるだけでなく、就職にも有利な言語の1つとして認識することもある。

　グローバル化の進展は、ヒトやモノ、カネだけでなく、国境を越える情報の伝達を加速化させている。今日、すでに国際移動を行なわなくとも、海外の情報を容易に獲得することができる。日本在住の朝鮮族の人びとは、インターネットを通じて中国だけでなく、韓国の音楽や映画、テレビドラマなどのポピュラーカルチャーに日常的に接している。一部の朝鮮族女性にとって、韓国ドラマを観ることがすでに彼女たちの生活の一部になっている。韓国ドラマを通じて、朝鮮族の女性たちは韓国の言語やライフスタイルおよび韓国の人びとの価値観への理解を深めている。ある朝鮮族女性から「韓国ドラマをよく観るけど、韓国語の表現が面白い」という声も聞かれた。この「韓国語の表現が面白い」という言葉は、韓国語の語彙の豊かさとその言語がもたらす親近感を指すものである。また、朝鮮族女性の中には、韓国ドラマに出る男性主人公の外見や言語使用および感情表現などに親しみを感じることで、ほかの国の男性より「格好いい」と感じることが多く見られた。生まれ故郷を離れて日本へ移動した朝鮮族にとって、「郷愁」を慰める1つの方法が、言語的および文化的に親近感を持たせる

韓国ドラマといったポピュラーカルチャーに接することであった。

　以下では、家庭教育において朝鮮語／韓国語の使用を重視する2つの
家庭の事例を見てみよう。

　　〈**事例7**〉全鳳花（仮名）、女性、30代、朝鮮族、日本で学士号を取
　　得、会社員。夫も朝鮮族。長女4歳。
　　　私は家で夫とは韓国語をよく使いますが、子どもとは日本語を使
　　うことが多いです。テレビで流されているのも日本語だし、保育園
　　で使うのも全部日本語なので、子どもは当然日本語を一番多く使う
　　ようになります。けれども、できれば家では子どもに韓国語を使う
　　ようにしています。私の両親は、娘が生まれた時から毎年日本に来
　　て約半年滞在するので、そのおかげで娘が祖父母から韓国語をたく
　　さん学ぶことができました。夫の両親は数年前からずっと韓国に住
　　んでいるので、毎年のお正月には私が子どもを連れて韓国に行きま
　　す。娘は今は韓国語があまり話せないのですが、けっこう聞き取れ
　　ます。韓国語で話しかけたりすると、何を言っているのか分かって
　　いるようで、すぐ日本語で返事してくれます。うちはいつか中国に
　　帰るつもりなので、中国語は帰国してから学んでも大丈夫だと思い
　　ます。今はせっかく日本にいるのだから、日本語も覚えてほしいし、
　　朝鮮族だから韓国語もできないとだめだと思います。中国に帰ると、
　　韓国語は1つの外国語にもなるので、学んでおいたほうが子ども
　　が大きくなった時にきっと役に立つと思います。
　　　　　　　　　　　　（2010年11月30日、東京にてインタビュー）

　全さんの子どもは日本の保育園に通っているため、ほとんど日本語しか
話せないが、全さんは家庭教育を通じて子どもに韓国語を習得させようと
している。それは、韓国語が家族3世代の間でコミュニケーションを行
うための一番重要な言語であるだけでなく、朝鮮族としてのエスニック・

アイデンティティを獲得するための方法であり、そして1つの外国語としても将来就職にも役立つと考えているからである。特に、全さんの「朝鮮族だから韓国語もできないとだめだ」という言葉には、朝鮮族のエスニック言語を失うことは「朝鮮族」でなくなるという意味が含まれている。自分の親の世代が朝鮮語を維持してきたように、全さんは自分の子どもにもその言語を維持・継承させようとしている。それは、渡辺（2004）が指摘したように「民族固有の文化や世界観を次世代に伝達し、次世代がそれを継承していくためには、それが反映されている言語が必須である。いわば、いわゆる（他の言語に）翻訳不可能な部分こそ、その文化の特質であると言えるかもしれない」（同上：p.134）からであろう。

　全さんは、中国語は中国に帰った後でも十分な言語環境が与えられると考えているため、日本にいる間は中国語の教育を行っていない。日本語は現在日本に住んでいると同時に、子どもが日本の保育園に通うために必要な言語であるが、将来に活用できるもう1つの外国語として考えているため、家庭内でも子どもとの間では日本語を用いることが多い。全さんは、中国語と日本語は居住国の言語であるため、社会的な言語環境が十分だと考えるが、韓国語は韓国に住まない限り子どもが自然に習得できる環境が不十分であることを意識し、積極的に家庭教育に取り入れようとしている。

　〈**事例8**〉申明愛（仮名）、女性、30代、朝鮮族、会社員、中国で学士号取得、日本で専門学校卒業。夫は韓国人。長男3歳。

　　夫は韓国人で、私も母語は朝鮮語（主に中国にいた時に使っていた朝鮮語を指す）なので、夫との間では韓国語を使うほうが便利です。子どもも韓国語ができなければならないと思うので、保育園では日本語を使い、家では韓国語を使うようにしています。夫は息子を韓国人として育てたいので、小学校に入学する時には韓国の学校に通わせたいと言っています。私の実父母や義母、そして親戚の多くも韓国に住んでいるので、私も韓国で暮らしたいと思います。夫は

子どもが中国語も学んでほしいと言っていますが、家で私1人だけが中国語を使うのはなかなか難しいです。私は、むしろ子どもに中国語より世界的に通用する英語を学ばせたいのです。今年の初めからベネッセの英語教材を使っていますが、子どもがDVDを見て少しずつ覚えています。でも、家で主に使うのはやはり韓国語です。

（2012年9月2日、東京にてインタビュー）

　申さんが家庭内で韓国語を主に使うのは、夫婦との間で一番多く使われるのが韓国語であると同時に、子どもにも習得させたいからである。申さんの3人家族は現在日本で生活しているが、将来韓国に帰ることを予定し、子どもが小学校に入学する際には韓国の学校に入れようとする。子どもに韓国の学校教育を受けさせたいと考えるのは、申さんの夫が子どもを「韓国人」として育てたいという意識が強いことによる。したがって、申さんの家庭は事例7の全さんの家庭と異なり、韓国へ移動するための準備として家庭内で韓国語の教育を行っている。そして、申さんは日本語は日本で暮らすためには必要な言語であり、子どもが保育園で習得することに任せているが、必ずしもそれを1つの言語資本として蓄積しようとする意識はあまり見られない。そして夫は申さんが中国語を駆使できることから子どもにも中国語を教えることを希望するが、申さんはむしろ世界的に使用範囲が広く、自分は十分習得できなかった英語により投資する価値があると考えているため、子どもに英語を習得させようとしている。

　上記の事例7と事例8の共通点は、韓国語の教育を行う要因の1つが、子どもに「朝鮮族」あるいは「韓国人」というアイデンティティを獲得させることである。けれども、両者の異なる点は、全さんは日本や中国（東北部の朝鮮族学校以外の教育機関）の学校教育では保障できない朝鮮語／韓国語を家庭教育によって補おうとする一方、申さんは子どもを韓国の学校に通わせるためにその準備の一環として家庭内で韓国語の教育を行うことである。

4.3. 日本語を重視する家庭

　日本在住の朝鮮族は、まず日本で生活するためには日本語を習得することが必要になる。本章で取り上げた朝鮮族はほとんど中国の中等教育で日本語を外国語として習得し、さらに日本の高等教育機関で教育を受けたため、日常生活における日本語の使用には特に困難を感じない。そのため、彼らは日本語を学び始める自分の子どもへの指導もできる。彼らは子どもが保育園や幼稚園に通う前から、日本語を教え始めることが多い。けれども、子どもが保育園で保育士やほかの子どもたちとのコミュニケーションがある程度できるようになると、すでに述べたように家庭内で主に中国語や朝鮮語／韓国語を教える場合が少なくない。しかし、下記のように家庭の中で子どもとは日本語のみ用いる場合もある。

　〈**事例 9**〉徐英実（仮名）、女性、30 代、中国で学士号、日本で修士号取得、現在博士後期課程在籍。夫も朝鮮族。長男 4 歳。

　　私は、子どもにはまず 1 つの言語をちゃんと学んでほしいのです。現在日本に住んでいるので、日本語をしっかり学べばそれでいいと思います。家で私は夫との間では朝鮮語と中国語そして日本語の 3 つの言語を混ぜて使う場合が多いのですが、息子とはほとんど日本語のみを使います。息子は朝鮮語が少し聞き取れますが、あまり話せません。私の母親や姉妹そして親戚の多くは、普段朝鮮語／韓国語を使いますので、息子もある程度学べると思います。将来中国に帰る予定なので、中国語は中国に帰ってから学んでも間に合うと思います。中国で暮らすためには、中国語をちゃんと学ばなければならないと思うので、子どもが小学校に入る時は中国の漢族学校に通わせるつもりです。私が日本のことを好きだからかもしれませんが、息子が日本にいる間に日本語をちゃんと学んでほしいし、中国に帰っても忘れないでほしいのです。将来息子が中国の学校に通っても、夏休みとかに日本に来てもっと日本語を学んだり、日本社会

を体験できるようにしてあげたいです。

（2011 年 12 月 18 日、名古屋にてインタビュー）

　中国に帰ることを予定している徐さんは、日本で子育てする間に子ども
に中国語を教えるのではなく、日本語の習得に専念させている。そのため
に、子どもが保育園で日本語を学ぶだけでなく、家でも日本語のみ使用で
きるように積極的にそのための言語環境を作っている。徐さんは、居住国
の言語をちゃんと学ぶべきだという考えを持ち、日本にいる間には子ども
に日本語を習得させている。それは、中国に帰ると日本語に接する環境が
限られているため、日本にいる時の社会的な言語環境を最大限に生かした
いという考えによる。けれども、徐さんが子どもの日本語の習得を重視す
るのは、単にそれを 1 つの言語資本として蓄積するという考えに限られ
るものではない。それは、徐さんの「日本人の仕事に真摯に取り組む姿勢
や人への思いやりなどに魅力を感じる。息子にも是非そういった面を見
習ってほしい」[9]という文化的な側面から、子どもに日本への理解を深めさ
せ学ばせることが重要な目的でもある。そのために、子どもが自ら情報収
集を行ったり、コミュニケーションを行う際の重要な道具として日本語を
習得する必要があると強く意識している。

　以上、家庭教育においてそれぞれ中国語、朝鮮語／韓国語、日本語を重
視する 5 家庭の事例を見てきた。これらの事例から、日本在住の高学歴
朝鮮族の人びとは子どもの教育において主に 3 つの言語を考えている
ことが分かる。すなわち、居住国の言語、家族の間でコミュニケーションを
とると同時に「朝鮮族」や「中国人」という帰属意識を獲得させるための
言語、そして今後の移動や子どもの将来の就職に有利な言語などである。
そして、彼らはそれぞれの言語を子どもに習得させるために、学校教育と
語学学校のような学校外教育および家庭教育といったさまざまな教育の方

9　　筆者のインタビューによる（2011 年 12 月 18 日、名古屋）。

法を用いて、それぞれの教育の目標を達成しようとしている。

　しかし、その中でも高学歴朝鮮族の親たちは、特に家庭教育を重視し、自ら持っている言語文化資本を家庭の中での教育を通じて積極的に次世代に継承させようとしている。朝鮮族の親たちが家庭内において言語教育戦略を行うことができるのは、彼ら自身が3言語あるいは4言語の言語資本を有すると同時に高等教育を受けたことが不可欠である。複数の言語を身につけることによって、居住国での適応やさらなる移動の準備そして家族や親戚との繋がりおよびエスニック・アイデンティティの維持といった拮抗する諸要素のバランスを保つことが、移動する高学歴朝鮮族の生き方であり、彼らの次世代への教育の臨み方でもある。このように、日本在住の高学歴朝鮮族の家庭内の言語使用と言語資本の再生産は、彼らのはっきりとした目標と子どもの受容に合わせた戦略的行為によって進行している。

5．ハイブリッド・アイデンティティの構築

5.1．高学歴朝鮮族のハイブリッド・アイデンティティの創造

　日本在住の朝鮮族は、一般的に日本の人びとから「中国人」と呼ばれている。それに対して、朝鮮族の人びとも一般的に「中国人」と自称する。彼らの「朝鮮族」としてのエスニックな部分は、日本社会であまり知られていないと同時に、あまり問われないものでもある。それは主に、朝鮮族の人びとの自己主張によって初めて周りの人びとに知られる場合もあれば、単に朝鮮族のエスニック・グループの中にとどめられる場合もある。朝鮮族の中で「日本人に自分が朝鮮族であることを説明しても、相手にはよく分からないし、関心もないようだ」という発言がよく聞かれる。こうした「朝鮮族」というエスニックな部分が日本社会で明確にカテゴリー化されていないことが、むしろ朝鮮族の人びとに自分たちのアイデンティティを自由に表現する空間を与えていると考えられる。

　グローバル化の進展とともに人の国際移動が急速に増加する今日、移動

する人びとの帰属意識も多様に変化している。平野（2000）は「現代の重層的な国際社会のなかでは、個人は異なる次元上の複数の集団に、意識の強度に違いはあっても、同時に帰属することを意識する。今日の国際社会のなかで、個人のアイデンティティーは複合的な性格を帯びるようになっているのである」（同上：p.193）と述べ、個人の複合的なアイデンティティについて指摘した。

　本書で取り上げた朝鮮族の中でも、国際移動によってアイデンティティが多様に変化していることが見られる。彼らの中には、移動によって「中国人」意識や「朝鮮族」意識が強くなる場合もあるが、新しい現象としては自分の属する国籍にこだわらず、複数の国や地域およびそれとは異なる次元の共同体にも強い帰属意識を持つことが見られた。朝鮮族のこうした新しいアイデンティティの構築は、主に文化的な要素による自己規定である。

　先に序章で述べたように、本書では複数の文化を併せ持ち、それらが融合して創造される新しいアイデンティティを「ハイブリッド・アイデンティティ」と呼び、以下では具体的な事例を通じて検討する。まず30代前半に日本に留学し、すでに日本国籍を取得した朝鮮族の林さんの事例を見てみよう。

〈事例10〉林晋洙（仮名）、男性、50代前半、中国で学士号、日本で修士号と博士号を取得、専門職。日本国籍取得。

　最初に日本に来た時に、日本人の方から「あなたは何人ですか」と聞かれましたが、当時はとても答えにくかったです。私は、自分が中国から来たが「朝鮮族です」と答えると、彼らは理解できないようでした。それを説明するのも、とても難しかったです。その後、また息子との対話もあったのですが、息子は日本で生まれ育ったので、私が中国から来た朝鮮族だと言っても、なかなか理解できなかったようです。そうした理解してもらえないことで、私は一体自分が何者だろうという葛藤を経験しました。それで、考えた末に、

それも日本に来てから約10年経った後ですが、自分のことを「東北アジア人」と自称することにしました。それは、近年私が東北アジアのさまざまな国（主に中国、韓国、北朝鮮、日本、ロシア、モンゴルなど）や地域を訪問することが多かったからですが、それらの国の言語もある程度できるし、それらの国の人びととも仲良くしてきているので、そうした地域にも親しみを感じているからです。これで、私のアイデンティティの問題は解決できたと思います。それに対して、息子も納得できたようです。

（2011年12月17日、京都にてインタビュー）

　林さんは仕事による海外出張が多いが、中国国籍であることと海外への移動の際にビザの申請の手続きが複雑であるため、出張の日程に合わない場合が多いことから、6年前に日本国籍を取得した。林さんは自分が国籍を変えたのは、国際移動が自由にできることが目的であるため、名前は昔のままだという。そして、林さんは多様な国へ移動する中で、すでに「朝鮮族」という言葉だけでは自己規定できなくなったことに気づいた。彼が上記の東北アジアのそれぞれの国や地域に帰属意識を持つことになったのは、来日してから約10年経った後のことであり、それまではさまざまな呼び名で自称したりしていた。けれども、林さんが自称する「東北アジア人」という言葉には、「中国人でもあり、朝鮮半島（韓国と北朝鮮両方を含む）の人でもあり、日本人でもあり、モンゴル人でもある」ことを意味すると同時に、その反対である「中国人でもなく、朝鮮半島の人でもなく、日本人でもなく、モンゴル人でもない」ことも意味すると語る。それは、林さんの中にある多様な言語や文化がそれぞれ彼の一部であると考える時には、そうした言語や文化が各自創造される地域やそこにおける人びとと一定の共通点があると言えるが、単に1つの地域に時間的および空間的に深く関わることを基準として規定する場合には、彼をどの国や地域の人としても定義できないということである。

ベネディクト・アンダーソン（2007）は、「国民とはイメージとして心に描かれた想像の政治共同体である――そしてそれは、本来的に限定され、かつ主権的なもの〔最高の意志決定主体〕として想像される」（同上：p.24）と定義している。こうした「国民」概念は、主に国籍の属する国に限定することを指し、近代社会において正当性を持っていた。したがって、このような国民概念では林さんの「中国人でもあり、韓国人や北朝鮮人でもあり、日本人でもある」という定義は成立しにくいのである。平野（2000）も指摘したように「近代においては、個人が帰属意識をもつべき集団は、国民あるいは国民国家に限定された。（中略）平面的な構造の国際社会のなかでは、個人が国家Ａに帰属するということは、同時にそれ以外のどの国家にも帰属できないということに等しかった。Ａの国民であることが個人の人格そのものでさえもあった」（同上：p.193）。グローバル化時代における人びとの国際移動が日常化しつつある今日、人びとのライフスタイルも大きく変化している。すでに複数の国や地域において人生のそれぞれの時期を過ごす人びとが増えつつある中で、従来の国民概念では彼らの帰属を規定することに限界があるだろう。

　したがって、移動する朝鮮族の人びとは国籍や出身のエスニック・グループにかかわらず、文化的な側面から自分の帰属を規定し、新しい自分を表現しようとしている。白石（2007）は「共同体は、その成員となる人々によって『我々』という一体性をもつ集合体として想像されることで成立する。それは人々の文化的アイデンティティの問題である。すなわち、1人ひとりの成員が、自己の帰属に関する時間的空間的な意味の創造／想像を行い、あるいは、創造／想像された時間空間を自己のものとして受容することである」（同上：p.203）と指摘している。上記の林さんは、複数の国や地域の人びとを言語的・文化的に相互に認識し、相互に受け入れることで「われわれ」意識を持つことになった。そして、彼はそうした複数の国や地域を1つの空間的な共同体として想像することで、その共同体に帰属意識を持つことができた。

このほかにも、国際移動を行う朝鮮族の若者の中には、国民的帰属意識に加えて日常において本人と密接な関係がある企業といった集団に対する帰属意識をも新たに獲得する事例が見られる。以下では、中国でアメリカ資本の会社に就職した後、日本に派遣され、日本と中国の間を行き来する朝鮮族の若者の帰属意識の変化について見てみよう。

　　〈事例11〉徐基峰（仮名）、男性、20代、朝鮮族、中国で学士号を
　　取得、アメリカ資本の企業の社員、日本に転勤。
　　　私は自分の「中国人」としての国民意識が薄くなっていると思います。それに代わって生まれたのは、会社への帰属意識と自己認識です。今の私にとって最大の利益集団は会社であり、私のほとんどの社会活動は会社の環境を通じて表すことになります。それに個々人の競争力が最も重要になっています。中国にいた時は、常に国家情勢によく関心を寄せていたし、自分のやっていることを常に国家の発展につなげて考えていました。しかし、企業に勤めてからは企業意識がだんだん強くなり、自分と企業との関連性にだんだん気づくようになりました。特に多国籍企業は利益を創出することが前提になりますが、多様な考え方や価値観が受け入れられることもあるため、そうした環境がますます好きになってきました。
　　　　　　　　　　　　　　（2010年2月13日、東京にてインタビュー）

　徐さんは中国で暮らしていた時は、中国国民として「中国人」意識が強く、常に自分を国と関連づけて考えることが多かったが、企業に勤めてからは国より企業への帰属意識を強く持つようになった。そして、特にアメリカ資本の企業に勤めるようになり、さらに日本に転勤することで徐さんのそうした変化はより顕著に現れている。中国で生まれ育ち、朝鮮族学校に通うことで中国語と朝鮮語、そして日本語を習得し、その後英語も独学した徐さんは、多様な考え方が受け入れられる多国籍企業の中に自分の居

場所を見つけ、それによって「居心地の良さ」も感じるようになった。ここでの「居心地の良さ」とは主に、ある集団において、個人がその集団の多数の人びとにその一員として認められると同時にその個人の背景や個性などがその集団の人びとに受け入れられることで、安心感を得ることを指す。そして、個人はそうした集団の中で緊張感をほぐし、心を解いて自分を表現することで、一種の喜びと満足を感じ、したがって心理的な安定をもたらすことができる。徐さんの場合には、彼が自分の中にある多様な文化的な要素による価値観や考え方が多国籍企業といった集団において受容され、それによってこれまで維持してきた多様な言語的・文化的な要素を肯定的にとらえることができた。さらに、そうした言語や文化的な要素を隠すことなく表現できることと引き続き維持できることによる一種の安心感を覚える。したがって、徐さんはこの企業に居心地の良さを感じることで、その集団への帰属意識を強く持つようになったのである。

　このように、国際移動の中で自分の中にある複数の言語や文化に気づくことで、林さんや徐さんのアイデンティティは大きく変化している。彼らは移動の中で自分がだれなのかを考えるようになり、したがって主体的に自分を表現するようになった。国民国家の枠組みを超え、政治的および歴史的な枠組みを超えた一種のハイブリッドな文化的アイデンティティが高学歴朝鮮族の中で創出されている。

5.2. 子どもの名前と親のアイデンティティ

　日本で生まれた朝鮮族の子どもたちは、両親によって作られた名前が中国式、韓国式、日本式などさまざまであり、その読み方も多様である。その読み方が日本語読みなのか、中国語読みなのか、韓国語読みなのかによって、その意味も少し異なる。例えば、「李」という名字の中国語読みは「リ」であるが、韓国語読みは「イ」となる。日本における朝鮮族の親自身の名前は漢字の発音において、その発音を中国語読みにして使用してきたが、彼らの子どもの場合には必ずしも中国語読みの名前が再生産され

ておらず、韓国語読みや日本語読みにすることも多い。以下では、日本在住の朝鮮族の子どもたちの名前の諸相とそこに表われている親の考えやアイデンティティについて検討したい。

　朝鮮族の子どもたちの名前の中には、「徐百合」のように、名字は親の名字のままであるが、名前は日本人の名前によくある名前の発音と漢字を選ぶことが珍しくない。さらに、子どもの名前において、「金政浩」のように漢字を見ると韓国や中国で使われる名前だと推測されるだろうが、読み方を見ると興味深いところがある。「金」という名字は、「きん」という呼ぶ場合もあるし、「きむ」という呼ぶ場合もある。日本在住の中国人（朝鮮族を含む）の場合には「きん」と発音する場合が多いが、韓国人の場合には韓国語の発音に近い「きむ」と発音することが一般的である。「政浩」を「まさひろ」と発音する場合には、日本人の名前と判断されやすいだろう。それを中国語として発音する場合には「チョンハォウ」となり、韓国語として発音する場合には「ジョンホ」となる。そして、漢字としての音読みは「せいごう」になる。このように、1つの名前において漢字の選び方とその読み方の選択には、朝鮮族の多様な考えが込められている。

　以下では、日本で生まれた朝鮮族の子どもたちの名前をめぐる、親の考えについて見てみよう。

　　　日本国籍を申請した時に、家族の名字を統一する必要があって、家族全員が夫（漢族）の名字の「張」に統一しました。そして、子どもたちの名前を漢字は変えず、発音だけを変えました。つまり、日本人が読みやすいように、中国式ではなく、日本式の読み方にしました。というのも、長男と次男のもともとの名前の発音は、「かくぐん」「かくしょう」という中国式の読み方だったため、保育園で保育士たちがそれを発音しにくかったようです。それで、（日本に）帰化する時に子どもたちの名前を、名字は変えなくて、名前だけを日本人になじみのある発音に変えました。別に外国人だから日

本で差別を避けるために行った戦略ではありません。

（姜海月（仮名）、2010 年 3 月 28 日、東京にてインタビュー）

　子どもの名前を日本人が読みやすいようにするために、日本式の読み仮名を付けた姜さんと比べて、下記の李さんの場合には日本の文化を取り入れたいという考えから、子どもの名前の発音を日本式の読み仮名にしている。

　　　私は日本が好きで、日本に留学に来ました。そして、すでに日本で 10 年以上暮らしています。娘も息子も日本で生まれたので、子どもたちの名前に日本の文化も取り入れたいという気持ちが強かったのです。娘と息子の名前の漢字は、中国人や韓国人の名前によく見られる文字ですが、その読み方は日本人の名前によく見られる「みえ」と「まさお」という発音を使っています。

（李明華（仮名）、2010 年 7 月 12 日、東京にてインタビュー）

　上記の 2 つの事例から、朝鮮族の若い人たちの中には子どもの名前の付け方やその読み方において、多様で柔軟な考えを持っていることが分かる。2 つ目の事例の場合には、移動先の日本が好きで子どもの名前にも日本の文化を表現したいという考えがあり、1 つ目の事例の場合には日本での集団生活において子どもの周りの人たちへの配慮として、彼らが呼ばれやすいように名前の発音を変えるなどの行為が見られる。李さんの発言からは、李さん自身の中にある日中韓 3 国の言語的・文化的な側面が子どもの名前に十全に反映されていることが分かる。李さんの場合には、子どもの名前が日中韓 3 国のどの国においても通用することを期待して作った名前でもあると考えられる。それは、親がこの 3 つの国を 1 つの活躍の場として考えていると同時に、それぞれの国や地域に対して一種の文化的な帰属意識を有していると言えよう。

また、上記の事例以外にも、一部の朝鮮族の中には子どもが外国人として学校で日本人の子どもたちにいじめられることを恐れ、子どもの名前を日本人の名前に変えるケースも見られる。そうした人たちの場合には、子どもが小学校に入る前に日本に帰化し、日本国籍を取得することで家族の姓名を日本人式の名前に変えている。けれども、彼らの元来使用していた名前は依然として家族や親戚および友人（日本人以外の友人を指す）の間では使い続ける場合が多い。移動先において、状況によって子どもの名前を変更することは、新しい社会環境に置かれることの不安とそうした環境の中で最大限に子どもを守ろうとする親の行為と考えられる。

　ほかにも、朝鮮族の子どもの中には「美蘭」（みらん／びらん）のように、朝鮮族の中で伝統的に付け続けてきた名前を抵抗なく子どもに付ける場合もある。また、韓国の好きな俳優の名前を子どもに名づけることもある。

　このように、子どもへの名前の付け方から、日本在住の朝鮮族の多様で柔軟な考え方と彼らの中にある複数の文化の融合によるハイブリッドなアイデンティティが形成されていることを見ることができる。多くの朝鮮族にとって、名前は単にエスニック・アイデンティティを表現したり、自分のエスニックな出自を隠したりするための手段ではなく、自分の文化の多様性や個性を積極的に表現する１つの方法であると考えられる。

5.3.　朝鮮族の多様な食生活

　朝鮮族の人びとは中国で暮らしていた時には中国式と韓国・朝鮮式の結合による朝鮮族の独特な食文化を維持していたが、彼らが日本に移動した時にはそれまで維持してきた食生活にさらに日本食や洋食も積極的に取り入れている。日本在住の朝鮮族は普段の食生活において、一般的に中国式の炒め物（豚肉と野菜の炒め物など）を作ることが多いが、韓国式のデンジャンチゲやキムチなども食生活の一部として欠かせない。それに、朝鮮族式のムチム（野菜や山菜などの和え物）や日本式の焼き魚、煮物、すきやき、洋式のハンバーグやサラダ、インド式のカレーなども普段の食卓に頻

繁に現れる。特に、キムチ（白菜キムチ、大根キムチ、水キムチなど）は家庭内で作る場合もあれば、新大久保（東京都内）のコリアンタウン（図31と32を参照）やインターネット上の通信販売を通じて購入する場合もある。コチュウジャンのような伝統的な調味料は、韓国食品店で購入する場合が多いが、中国の実家から自家製のものを送ってもらう場合もある。

　以下では張さんと李さんの家の食卓の食べ物について見てみよう。

図31（上）／図32（下）　新大久保のコリアンタウ
ン：ここには韓国から直輸入した食品・食材を販売するスーパーが多い。そして，韓国の本場の味を味わえる韓国料理店や韓国のポピュラーカルチャーに関する店も多い。さらに，朝鮮族料理店や中華料理店もある。（2009年5月1日，筆者撮影）

　　中国にいた時は母親がいつもコチュジャンやデンジャン、キムチを作っていま
した。それで、小さい頃から私はそれらを食べていたのですが、日本に来ても食べ続けています。コチュジャンや漬物は、毎年中国の実家に帰る時、母親と義母が作ったものを日本に持ってきます。キムチは妻もよく作っています。お正月とかの時には、新大久保（コリアンタウン）に韓国のお餅やトックを買いに行ったりします。娘たちは私が食べるのを見て、よく真似して食べたりします。長女は

すでに辛いものを平気で食べるようになりました。けれども、娘たちの好きな食べ物は私より多様なので、妻は娘たちのためにハンバーグや日本食もよく作ります。このような多様な食生活は子どもたちにきっと何らかの影響を与えると思います。

（張仁哲（仮名）、2010年9月4日、東京にてインタビュー）

うちの普段の食生活には中華料理、韓国料理、日本料理がそれぞれ入っています。中国式の炒め物

図33（上）／図34（下）　池袋のリトルチャイナタウン：地下鉄池袋駅北口近くにある中国食品店と中国書店。この一帯の中国食品店には朝鮮族もよく訪れるため、韓国食品コーナーも設けられている。（2010年11月9日，筆者撮影）

もよく調理し、子どもは餃子が好きなので普段よく作ります。中国のラー油とか乾豆腐、香菜などの食材を家の近くの中国食品店でよく買います。韓国のコチュジャンやキムチなども、中国にいる時からずっと食べてきたもので、今も続けています。コチュジャンは、韓国食品店で買ったり、義母が日本にくる時に作ってもらったりします。夫はキムチが大好きなので、今は自家製で作れるようになりました。私と夫は韓国風のチゲが好きで、味噌も韓国味噌を使って

調理することが多いです。けれども、子どもたちが生まれてからは、日本の味噌も好きになりました。日本の味噌は味が浅いので、子どもたちが飲む味噌汁にはぴったりだと思います。日本の焼き魚や煮物、お鍋もおいしいし、体にいいと思うのでよく作ります。娘もこのような多様な食生活にすでに慣れているようです。

(李明華（仮名）、2010 年 7 月 12 日、東京にてインタビュー)

　上記のように、日本在住の朝鮮族は中国に暮らしていた時からコチュジャンやキムチのような祖父母の手料理を家庭内の食生活の一環として継承してきたことが分かる。こうした朝鮮族の食文化が、彼らの移動とともに国境を越え、移動地において定着している。そうした中国で維持してきた食文化が、日本での生活においても依然として維持され、それが朝鮮族の次世代にも継承されつつある。それだけでなく、日本在住の朝鮮族の人びとは、移動先で出会った新しい食品や食材も積極的に家庭の食生活に取り入れている。特に朝鮮族の母親たちは、子どもの健康を考慮して食材を選ぶことが多く、これまで維持してきた料理にこだわらず、刺激性の少ない日本の食材や子どもの好きな洋食も抵抗なく家庭料理の中に組み入れる傾向がある。

　一方、朝鮮族の家庭の食生活において、親が子どもの影響を受ける場合も多い。子どもたちは日本の保育園や幼稚園および学校で給食を食べることで、日本食に徐々に慣れていく。したがって、子どもたちは保育園や学校で食べた日本食を家庭の中でも求めることが多くなる。そうした子どもの希望を受け入れることで、家庭内の食卓も変化していく。例えば、朝鮮族の親にとってカレーやハンバーグは必ずしもなじみのある食べ物ではないが、「子どもが好きだから」という理由から、試す段階から徐々に受け入れるようになる。そして、子どもたちも保育園や学校では中華料理や韓国料理を食べることが少ないが、家庭内では親が毎日食べるのを見て、徐々に受け入れていくようになる。したがって、夫婦とも朝鮮族の家庭で

図35　池袋の朝鮮族料理店：この店では，朝鮮族料理の代表的な羊串焼きやムチムだけでなく中国東北料理や韓国料理も提供している。（2010 年 11 月 9 日，筆者撮影）

図36　日本の大みそかに餃子を作る朝鮮族家庭（2012 年 12 月 31 日，筆者撮影）

は、毎日中華料理や韓国・朝鮮料理、日本食および洋食といった多様な料理が同時に食卓に現れるのはすでに珍しいことではない。

　朝鮮族の人びとは、日本での滞在期間が長くなるにつれて、徐々に日本の料理を受け入れていくが、そうした過程においても自分が中国で食べていた朝鮮族料理や韓国料理および中国の東北料理を放棄することはほとんどない。彼らは中国や韓国の食品や食材、そしてそうした地域の料理を求めて新大久保のコリアンタウンや池袋のリトルチャイナタウンを定期的に訪れる。また、彼らは同窓会や同郷会などの集まりがある時には、朝鮮族料理店を訪れる場合が多い。彼らが朝鮮族料理店を訪れるのは、そこが彼らにとって朝鮮語や中国語で気楽にコミュニケーションができる言語空間であるだけでなく、そうした店には羊串焼きやムチムといった朝鮮族の代表的な料理や中国東北料理および韓国料理も提供しているからである（図35 を参照）。朝鮮族の家庭内の多様な食生活がこうした朝鮮族料理店にお

いても同様に現れている。朝鮮族の人びとの中には、それぞれの国境を越えたさまざまな料理が互いに退け合うことなく、それぞれの居場所が与えられている。彼らのこのような多様な食べ物への積極的な受け入れ方と継続的な維持は、それぞれの食べ物と関連する空間的な記憶や想像およびそこにおける人びととの連帯感を意識させる一種のアイデンティティの表れでもあると考えられる。すなわち、日本在住の朝鮮族の食生活の多様さが彼らのハイブリッド・アイデンティティの表れでもある。

6.　むすび

　本章では日本在住の高学歴朝鮮族の日中韓 3 国における移動の実態と彼らの家庭教育における言語教育戦略を明らかにし、高学歴朝鮮族の新しいアイデンティティについてハイブリッド・アイデンティティという概念を用いて説明した。

　朝鮮族の人びとが中国の朝鮮族学校において中国語と朝鮮語および外国語として日本語を習得したことが、彼らの東アジアの域内における移動を活発化させている。特に、高学歴朝鮮族の若い人たちは、より良い教育やより良い仕事の環境を求めて、日中韓 3 国の間で移動している。そして、両親や親戚の人びとの国際移動も彼らの移動を促している。特に、韓国は朝鮮族にとって先祖の生まれた地としての「故国」であると同時に、若い朝鮮族の場合には両親や親戚の多くが中国から韓国に移動し、さらに韓国で長期滞在しているため、彼らにとって韓国は中国に加えてもう 1 つの「帰る場所」となっている。その中でも、国際的な移動が比較的容易である日本在住の朝鮮族にとって、日中韓 3 国はすでに国境を超えた 1 つの生活圏となっている。

　朝鮮族の人びとは国際移動の中で、自分はだれなのか、どんな言語を学ばなければならないのかを意識するようになり、さらに子どもの言語習得やアイデンティティの獲得についても考えるようになった。日本在住の高

学歴朝鮮族の人びとは、子どもの言語教育を重視し、一般的に3つの言語を考えている。すなわち、居住国の言語、家族の間でコミュニケーションを行うための道具であると同時に「朝鮮族」や「中国人」という帰属意識を獲得するための言語、そして今後の移動や子どもの将来の就職に有利な言語などである。高学歴朝鮮族の人びとは、こうした3つの言語を学校教育だけでなく、家庭教育や語学学校といった学校外教育を通じて、それぞれ子どもに習得させようとしている。

　日本在住の高学歴朝鮮族の人びとは、特に家庭教育を重視し、学校では習得しにくい中国語や朝鮮語／韓国語を家庭教育によって子どもに習得させようとしている。中国に帰ることを予定する家庭では、中国の学校では習得しにくい日本語の教育を重視する場合も見られた。こうした言語教育戦略を行う朝鮮族の親たちは、3言語あるいは4言語の言語資本を有し、出身国や移動先の国で高等教育を受けたという特徴がある。高学歴朝鮮族の人びとは、国際移動の中で自分たちの言語資本に目覚め、長期的な視野から子どもたちが激しい競争社会の中で生き残るための一種の生きる力として、自分たちの言語資本を戦略的に次世代へ再生産しようとしている。

　また、朝鮮族の多言語能力とダイナミックな国際移動は、彼らのアイデンティティにも影響を与えている。家庭教育において、子どもに中国語を教えるのか、朝鮮語／韓国語を教えるのかによって、朝鮮族の親の「中国人」意識や「朝鮮族」意識に強弱の変化が観察された。一方、日本在住の高学歴朝鮮族の中には、国籍や出身のエスニック・グループにこだわらず、複数の国や地域およびそれとは異なる次元の共同体に同時に帰属意識を持つ現象が見られる。彼らは、国際移動の中で主体的な考えを持つようになり、言語的・文化的な側面から自分を規定することで、政治的および歴史的な枠組みを超えたハイブリッドな文化的アイデンティティを創造している。このように彼らは、子どもにも多様で柔軟なアイデンティティの構築を目指していると考えられる。戦略的な言語教育はそのための手段でもあるだろう。

移動からみる朝鮮族のアイデンティティと教育戦略

　本書は、1990年代以降中国内外へと活発な移動を行っている中国朝鮮族に着目し、彼らの移動の実態と移動におけるアイデンティティの変容および子どもへの教育戦略などを明らかにしたものである。

　朝鮮族の人びとは中国の東北部および内モンゴル地域において100年以上居住し、村を中心とする農村的な民族共同体を形成し、そこにおいて彼らの言語や文化を維持・継承してきた。それが、1990年代以降中国内外への移動とともに、彼らの生活空間や人間関係および子どもの教育環境は大きく変化している。そうした朝鮮族社会の大変動は、従来の朝鮮族社会の崩壊や朝鮮語の喪失などの朝鮮族の危機を主張する議論を生じかねない。そうした朝鮮族社会の変容やその社会において最も注目されている次世代の言語教育の問題に関して、本書は移動する朝鮮族、その中でも高学歴朝鮮族に焦点をあて、彼ら1人ひとりの主体的な活動に注目し、彼らの声を反映することで、グローバル化時代の朝鮮族の新たなライフスタイルと教育の実態を明らかにしようとしたものである。以下においては、本書で主に論じてきた朝鮮族の移動先における生活空間やアイデンティティの構築／再構築および教育戦略などについてまとめる。

1. 移動と新しい生活空間の創造

　従来の中国東北部の朝鮮族集住地域を離れて移動する朝鮮族にとって、移動は新たな生活環境への挑戦を意味するものでもある。本研究では、まず彼らが移動先においてどのような空間の中で生活しているのかを明らかにするために、北京、ソウルおよび東京においてフィールドワークを行った。その結果、北京とソウルにおいては彼らの集住地域が形成されていることが明らかになった。

　北京で朝鮮族の人びとが集住している地域は、望京「韓国城」と呼ばれるコリアンタウンであった。この地域は、1990 年代以降に北京政府の都市大開発の一環として開発された新しい住宅地であり、家賃が比較的安く、空港にも近いことから、北京に住んでいる韓国人が入居し始めた。ほぼ同時期に彼らと言語的・文化的に共通性を持つ地方から北京へ移動した朝鮮族の人びとも徐々に住み始めたのである。この一帯は、韓国人や朝鮮族の住民が増えることで、彼らをターゲットとする飲食やビジネスを中心とする商業・サービス業が発達するようになり、韓国人や朝鮮族に加えて北朝鮮の人びともこの地域において飲食サービス業を営むことになった。そうした中で、望京地域はコリアンタウンとして徐々に中国内外に知られるようになり、「韓国城」という名前が与えられた。さらに、この地域は新興都市開発区として不動産価格や物価が上昇しつつあり、北京の中では若年層の高所得層が選好する住宅地として姿を現している。また、この地域には外資系企業も多く、日本人の人びとも居住することが多い。この地域の住民たちは韓国・朝鮮文化を積極的に受け入れると同時に、自分たちの文化も積極的に表現している。

　望京の「韓国城」において、韓国人や朝鮮族や北朝鮮の人びとは、政治的な関係を超えた、経済的、言語的、文化的に共生できる空間を創造している。彼らのそれぞれの言語は多少差異が見られるとしても、この空間に

おいて彼らは各自自分たちの言語で互いにコミュニケーションを行うことができる。中国東北部を離れて北京へ移動した朝鮮族の人びとは、この街において日常的に朝鮮語を使用し、自分たちの食習慣を維持することで、安心感を覚える。同時に、彼らの飲食や居住スタイルは、この街の住民の多様性により過去と似ていながらも異なる形に変化している。このコミュニティは、朝鮮族の子どもたちにとっても言語的・文化的に積極的な役割を果たす空間になるものと考えられる。

　このように、「韓国城」は中国に移住した韓国人だけの閉鎖的コミュニティではなく、中国朝鮮族や北朝鮮からの人びとに加えて、現地の中国人や、韓国の流行に敏感な「哈韓族」^{ハーハンズー}（韓国好きな人びと）の若者を魅了し、日本人駐在員の家族も好んで居住する、東アジアの最新のファッションと食材とを提供するハイブリッドな文化街となっている。

　ソウルでは、北京と異なり朝鮮族の労働者たちが集住するガリボンドンの「同胞タウン」というコミュニティが注目される。この地域は、1960年代以降に韓国の輸出産業公団の団地が設立され、その公団に勤めていた女工たちが住んでいたことから、家賃の安い「くぐり村」として知られていた。2000年代以降には、韓国における産業構造が変わることで女工たちはガリボンドンを離れ、彼女たちに代わって住み始めたのが外国人労働者たちである。彼らにとって、この地域は入居費用を最低限に抑えられる地域でもあり、移動初期にこの地域に居住することが多い。朝鮮族の中でも、1990年代に韓国に移動し始めたばかりの単純肉体労働に従事する人びとが選好する地域でもあった。特に彼らの移住初期において、生活の費用を抑えることや非合法滞在などの境遇から、ガリボンドンは自分たちを守る1つの場所にもなっていた。この地域には朝鮮族同士の助け合いもあるが、彼らをサポートする多数の韓国人市民団体があるため、彼らにとっては比較的安心できる場所である。また、このコミュニティにおいて、朝鮮族の人びとは自分たちのなまりのある朝鮮語や中国語と朝鮮語を交えた言葉を自由に表現することや、朝鮮族料理や中国の東北料理といった彼ら

に馴染みのある食文化および娯楽文化、そして人の付き合い方などを維持することが可能となっており、彼らのアイデンティティの核と感じられる場所にもなっている。こうした「居心地の良さ」から、彼らが移動初期より経済的に豊かになってもこの地域を離れようとしない者が多い。近年、韓国政府もガリボンドンおよびその周辺地域に注目し、多様な住民の共生に向けて政策の改善に努めようとする動きが見られる。今後もこの点に注目し、考察を進めていきたい。

このように、朝鮮族の人びとは移動先においてさまざまな人びとと関わりながら新しい生活空間を創造している。そうした空間は、朝鮮族の移動先によってそれぞれ異なる形を呈するものであっても、共通に見られるのは彼らの言語の維持や継承および新しいライフスタイルの創造、アイデンティティの安定などにおいて重要な役割を果たしていることである。

2. 社会的まなざしとアイデンティティの構築／再構築

朝鮮族の人びとは、中国においては国民であり少数民族であるという状態が戸籍上で明確に示されている。また、社会的にも一般的に「中国人」そして「朝鮮族」として認識され、受け入れられている。中国政府の少数民族政策により、朝鮮族の人びとは中国東北部において自分たちの自治機関（延辺朝鮮族自治州など）を有しており、そうした自治地域およびその他の彼らの集住地域において、彼らは自分たちの言語（朝鮮語）を維持するとともに、飲食、居住、冠婚葬祭などを含めた彼ら独自のライフスタイルを維持・継承してきた。特に、中国政府の少数民族教育の実施によって、朝鮮族の子どもたちは朝鮮族学校において二言語教育を受け、それによって自民族の言語を2世、3世へと継承させることができた。こうした背景から、朝鮮族、その中でも朝鮮族学校の中等教育において二言語教育（中国語と朝鮮語の教育）を受けた人びとは、中国国民としての帰属意識と朝鮮半島にルーツを持つ朝鮮族としてのエスニック・アイデンティティの両方

を相互矛盾なく維持することができた。

　しかし、改革開放政策後に実現した移動の自由は、朝鮮族のライフスタイルだけでなく、彼らのアイデンティティにも変化をもたらした。そのアイデンティティの変化の背景には、彼らの移動先における受け入れられ方と大きな関連がある。本書で論じてきたように、朝鮮族の移動先としての北京、ソウルおよび東京では、朝鮮族のアイデンティティの構築のありかたがそれぞれ異なる様相を呈している。国内の移動先である北京の場合には、朝鮮族の「中国人」としての国民的帰属意識にほとんど変化が見られないが、「朝鮮族」としてのエスニック・アイデンティティは子どもに朝鮮語を習得させる場合により強く意識されることが観察された。

　ソウルの場合には、移動する朝鮮族のアイデンティティの変化がほかの移動先より顕著に現れている。朝鮮族の人びとの韓国への移動については、最初は「親戚訪問」という形での故国への「帰郷」が行われたが、その後は中国との賃金格差などによる出稼ぎや朝鮮族の若い人たちの留学およびさまざまな文化的な要因による故国訪問などが行われている。彼らに共通に見られるのは、韓国の人びとと「同じ民族」として「同胞」意識を共有したいということであった。しかし、学歴や職業による法律面および社会面での差別的な扱いや、朝鮮語のなまりや韓国語との言語的な「差異」を強調することが、韓国で社会的・文化的な差別の構造を生み出した。そうした差別の構造が形成された理由は、韓国政府の在外同胞法における「同胞」の定義の曖昧さや朝鮮族の人びとに「在外同胞」という法的地位を与えることに対する姿勢の揺らぎなどに求められる。こうした背景も含めて、朝鮮族に対する韓国社会のまなざしは、朝鮮族の人びとのアイデンティティの葛藤と揺らぎをもたらしている。特に高学歴朝鮮族の場合には、「中国人」なのか「韓国人」なのかの二者択一への戸惑いを感じることが多い。彼らの中には、自ら「中国人」そして「朝鮮族」と称することで、社会に対してアイデンティティの抵抗を行うことがあり、非高学歴者の中には「韓国人」になれないことから、「中国人」や「朝鮮族」そし

て「同胞」を自称することで、自分を肯定的に捉えようとする動きが見られる。けれども、韓国社会の高学歴朝鮮族に対する受け入れのまなざしは積極的な役割も果たしている。高学歴朝鮮族の中には、韓国において「韓国人」そして「同胞」として受け入れられることで、自ら「韓国人」としてのアイデンティティを構築し、同時に「朝鮮族」であることも自ら肯定的に捉える様子が見られる。このように、韓国在住の朝鮮族の人びとは韓国の人びとから見られる「自分」と自分が見る「自分」との間にずれが生じることで、葛藤を経験し、自己との交渉や統合を経てアイデンティティの再構築を行い、アイデンティティのバランスを取ろうとしている。

　日本の場合には、朝鮮族のアイデンティティはより多様に表現されている。日本において朝鮮族の人びとは社会的に「中国人」として見られ、朝鮮族の人びとも「中国人」と自称することが一般的である。朝鮮族のエスニックな部分は、朝鮮族の人びとの自己主張によって周りに知られることが多く、単に朝鮮族のエスニック・グループの中で維持される場合もある。日本社会では「朝鮮族」やそのエスニック・グループに関して、あまり知られていないだけでなく、関心を示すことも少ないことが見られる。しかし、そうした「無関心」は、むしろ朝鮮族の人びとに自分たちのアイデンティティを主体的かつ自由に表現する空間を与えている。日本在住の朝鮮族の中には、日本への移動によって「中国人」意識が強まった者もいれば、「朝鮮族」意識を強めた者もいる。そして、個人の言語的・文化的な多様性から、時間的・空間的な境界を超えた複数の国や地域に同時に帰属意識を持つことや、国民的帰属意識に加えて日常的により緊密な関係がある企業といった集団に対する帰属意識を新たに獲得するなどが確認された。彼らは言語的・文化的な要因によって自己規定し、ハイブリッドなアイデンティティを創造することで、これまでのカテゴリーに当てはまらない新たな自分を表現しようとしている。その意味で「朝鮮族」という呼び名やカテゴリーは、すでに日本にいる朝鮮族、特に高学歴朝鮮族の人びとの帰属意識を表現するには不十分なものになっている。

以上のように、日中韓3国の3つの都市において、それぞれ異なる社会的環境に置かれている朝鮮族のアイデンティティの構築／再構築のありかたがどのように異なっているのかを見てきた。ある社会において、その社会の成員たちが新しく入ってきた人びとを受け入れる方法は、入ってきた人びとの現地での生活や心理的な安定および彼らと移動先の人びととの相互関係の構築の点で無視できない影響を与えている。本書では、朝鮮族の移動先における生き方を描き出すことで、彼らのアイデンティティのありかたが従来のような一貫したものでも、固定的なものでもなく、人びとの置かれた社会的環境やさまざまな要素に左右されながら、その都度選択され、柔軟に変化するものであることが分かる。こうした変化の中で構築／再構築されていくアイデンティティのありかたを、本書では「ハイブリッド」という言葉で表現しているのである。

3．移動と教育戦略

　移動する人びとにとって、子どもの学校選択や母語の習得は常に課題となる。特に、移動先の言語と母語が異なる場合、その母語を次世代に継承させるのは容易なことではない。さらに、移動先の言語を含めて複数の言語を習得する場合、どの言語を優先的に習得させるのか、それぞれの言語をどのように使い分けるのかに工夫が必要になる。それには彼らの置かれている言語環境や子どもに与える教育が重要になる。

　本書で取り上げた朝鮮族の場合、彼らは移動する中で子どもの教育を戦略的に行っていることが分かる。彼らは子どもの言語教育において学校教育だけでなく、家庭教育や学校外教育も積極的に行っている。

　それでは、まず学校教育について見てみよう。すでに述べたように、朝鮮族は中国において2、3世にわたって自民族の言語としての朝鮮語を維持・継承してきた。それが可能であった背景には、彼らが村を中心とした集住生活を維持してきたことで日常において母語を使用する言語環境が備

えられてきたことが挙げられる。また、公的な朝鮮族学校において少数民族教育の一環として朝鮮語を習得することができたことにある。

　しかし、中国東北部を離れて中国内外へと移動する朝鮮族にとって、移動先の言語環境は東北部とは大きく異なるため、子どもの教育環境も変化せざるを得ない。本書では移動する朝鮮族が重視する言語を、主に移動先の言語、家族の間のコミュニケーションに必要な言語であると同時に「朝鮮族」、「中国人」という帰属意識を獲得するための言語、そして今後の移動や子どもの将来の就職に有利な言語などの3つに分けて分析した。

　朝鮮族の親たちは、子どもの言語教育において、学校教育に頼ることで1つか2つの言語を習得させるか、学校外教育などを行うことで複数の言語を同時に習得させるかの選択を迫られている。こうした移動による状況の変化の中で、朝鮮族の人びとは自分はどの言語を習得しなければならないのか、子どもにはどの言語を習得させるのかを主体的に考えるようになった。彼らの中には、学校教育に頼る事例も見られた。例えば、北京では中国語を重視する親が子どもを朝鮮族学校ではなく、漢族学校に通わせることで中国語の熟達を達成させようと考える姿が認められる。ソウルの場合には、子どもに「韓国人」としての帰属意識を獲得させるために韓国の教育機関に送り、子どもに「中国人」という帰属意識を獲得させるためには中国の漢族学校に通わせようとする事例が見られた。東京の場合にも、子どもに中国語を学ばせるために中国の漢族学校を選択したり、子どもを「韓国人」として育てるために韓国の教育機関に送ろうとする親たちがいる。このように、学校は依然として言語習得やアイデンティティの獲得のための重要な教育空間として認識されている。

　次に、家庭教育について、本書では北京、ソウル、東京に移動した朝鮮族、その中でも高学歴朝鮮族の人びとが子どもの言語習得において積極的に家庭教育を行っていることが観察された。北京では、家庭教育において朝鮮語を教え、ソウルでは家庭教育において中国語を教える事例が見られた。また、日本在住の朝鮮族の場合には、家庭教育において子どもにより

多様な言語（中国語、朝鮮語／韓国語、日本語など）を教える傾向がある。それは、日本に移動した高学歴朝鮮族の人びと自身が、複数の言語（中国語、朝鮮語、日本語、英語）が駆使できるため、彼らは子どもの言語習得の指導に活用できる知識があることによる。北京では、本研究の調査対象の家庭内において子どもに朝鮮語を教えることは、家族の間のコミュニケーションが主な目的である一方、ソウルでは中国に帰るための準備として子どもに中国語を教えることもある。また、日本の場合には言語教育の目的も多様であり、家族の間でコミュニケーションを行うことや子どもに「中国人」や「朝鮮族」という帰属意識を獲得すること、そして今後の移動や子どもの将来の就職などに有利であるなどの理由が含まれる。特に、夫婦とも朝鮮族である家庭では、夫婦の間で用いる言語が多様であるため、子どもに多様な言語環境を提供している。日本の朝鮮族の親たちが子どもに多様な言語を教えることには、彼ら自身が多様な言語や文化を獲得していることやそれによってハイブリッドなアイデンティティを構築していることも関わる。このように、朝鮮族の事例から見れば、親が多様な知識と柔軟なアイデンティティを有していることが、次世代にその文化資本を継承させる可能性が高く、継承の点で家庭教育が重要な機能を果たしていると見られる。

　最後に、主に学校教育と家庭教育以外の教育としての学校外教育について見てみよう。移動する朝鮮族の親たちは、移動先において学校外教育を積極的に利用している。特に日本在住の朝鮮族の場合、そうした傾向が顕著に現れている。彼らは、教育熱心であるとともに経済的にも余裕があるため、学校外教育を通じて子どもに言語（英語、日本語、中国語など）や算数や思考力を高めるレッスンを受けさせる場合もあれば、ピアノやバレエなどの習い事をさせる場合もある。これは一種の都市中間層の教育のスタイルと言えよう。彼らが学校外教育を利用することには、親が子どもを指導する時間がなかったり、その能力が不十分であったり、家庭教育を行っても教育の目標が達成できなかったことなどが主な理由として挙げられた。

北京の場合には現地に朝鮮族学校がないため、子どもに朝鮮語を習得させようとする朝鮮族の親たちは、北京韓国語学校のような民営の補習校や漢族学校における朝鮮語補習クラスを積極的に利用することもあれば、子どもに言語を学ばせるために家庭教師を雇うことを考えることもある。また、ソウルの場合には子どもを塾に通わせることで英語を学ばせたり、算数や韓国語を学ばせる親もいる。このように、日中韓3国における移動する朝鮮族の人びとは、子どもの教育において学校教育、家庭教育、そして学校外教育など多様な方法の活用を考えている。学校外教育は、学校教育や家庭教育で実施できない教育を補助的に行う役割を果たし、今後も移動する人びとにとってその需要はますます高まるものと考えられる。

　以上、日中韓3国における移動する朝鮮族の人びとの子どもへの言語教育について見てきた。彼らは中国内外へと移動する過程において、自分たちのアイデンティティだけでなく子どもにもどのようなアイデンティティを獲得させるかを考え、そのアイデンティティの獲得の有効な手段として教育戦略を行っている。すなわち、朝鮮族の親たちは子どもにどのようなアイデンティティを獲得させるのかを考え、そのためにはいかなる言語が必要なのか、その言語を獲得するにはまたどのような教育が必要なのかを考えている。彼らは主体的に学校を選び、教育の内容を選んでいる。そして、学校教育だけに頼るのではなく、学校教育で実施できない教育を家庭教育や学校外教育を通じて補おうとしている。このように積極的に自分で人生を選んで行こうとするのが移動する朝鮮族の生き方であり、彼らの次世代への教育の臨み方でもある。

　このように、本研究では文化人類学的な研究方法を用い、複数の国や地域においてフィールドワークを行うことで、中国朝鮮族の歴史的な大移動に視座を置いて、1人ひとりの主体的な動きや考えに注目し、彼らの声に耳を傾けることで、彼らの移動先での葛藤や包摂および希望や文化創造を記述することができた。こうした複数の国や地域における人びとに関する記述によって、国民国家の境界的制約にも拘束されない広い視野において

個々の人間の生き方を理解し、さらに移動する人びとだけでなく、彼らの家族や親戚および彼らと移動先の人びととの人間関係なども把握することができた。これらは、統計データや理論的枠組みでは見られないものである。

　人の移動をめぐる問題は、政治学、経済学、歴史学、社会学、教育学、人類学など多様な側面からの検討を要する課題である。国際移動を行う人びとが増加する今日において、さまざまな国や地域や都市における文化の多様性は急速に進行している。そうした中で、移動する1人ひとりが何を求め、移動先の人びととどのような関係性を構築し、彼らの次世代はどうなるのかなどを理解することはますます重要になると考えられる。朝鮮族の人びとの移動の実態と彼らの考えや文化創造を反映してきた筆者は、今後も彼らの動向に注目していきたい。

あとがき

　本書は、私が 2012 年 12 月に東京大学大学院教育学研究科に提出した博士学位論文に加筆・修正したものである。本書の出版にあたっては、成蹊大学アジア太平洋研究センターの助成を受け、「成蹊大学アジア太平洋研究センター叢書」の 1 冊として刊行された。

　本書を完成させるにあたり、すでに学術雑誌上で発表した小論を利用しており、以下に初出を記す。

● 「グローバル化時代の少数民族教育の実態とその変容：中国朝鮮族の事例」(『東京大学大学院教育学研究科紀要』第 47 巻、2008 年 3 月、pp.177-187)

● 「北京の『韓国城』(コリアンタウン)：改革開放が生み出した新しい都市コミュニティ」(『成蹊大学一般研究報告』第 46 巻第 5 分冊、2012 年 10 月、pp.1-20)

● 「高学歴者が「帰郷」するとき：韓国在住の朝鮮族のアイデンティティの揺らぎをめぐって」(朝鮮族研究学会編『朝鮮族研究学会誌』第 2 号、2012 年 12 月、pp.52-68)

● 「高学歴中国朝鮮族の移動：先を見つめる子育てとハイブリッド・アイデンティティ」(成蹊大学アジア太平洋研究センター紀要『アジア太平洋研究』第 37 号、2012 年 12 月、pp.47-63)

博士論文の執筆に際しては、多くの方々のお世話になった。

　まず、何にもまして、指導教員の白石さや教授に深く感謝の意を表したい。白石先生は筆者が東京大学に研究生として入学した時からの指導教員であり、修士課程への進学や修士論文及び博士論文の執筆など、長年にわたって丁寧かつ熱心に指導してくださった。先生は、時には厳しく時には優しく筆者を激励・鞭撻し、学問の追及の楽しさを教えてくださった。先生の豊富な知識と鋭い感覚、そして個性豊かな表現は、筆者の学問への探求心を大いに刺激した。そして先生の大学院ゼミは、先輩、後輩たちとの議論の場でもあり、私は多くのことを学ぶことができた。白石先生は私の留学生活においてさまざまなことの相談に乗っていただき、勉学と研究が順調に進むように多くのサポートをしてくださった。深夜までの指導やフィールドワーク中にもアドバイスをいただくなど、先生の隅々にまでいたる熱心なご指導とご鞭撻そして最後までの励ましがなかったら、博士論文は完成に至らなかったと思う。言葉に尽くせないほど感謝している。

　恒吉僚子先生は、私の博士論文の主査として審査にあたってくださった。恒吉先生は、私が東京大学に研究生として在籍している時からさまざまなご助言や研究発表の場を与えてくださった。心底から感謝申しあげたい。また、博士論文の審査にあたってくださった川本隆史先生、牧野篤先生、李正連先生、中村高康先生にも大変お世話になった。川本先生の側面からの激励には大きく勇気づけられた。牧野先生は、私自身の移動に興味を示してくださり、論文に反映することを助言していただいた。中村先生は私が高学歴者を取り上げることに興味を示していただいた。李先生は韓国での研究を紹介してくださることで、私は研究の位置付けをより明確にすることができた。

　博士論文の執筆において、また成蹊大学の川村陶子教授には大変お世話になった。川村先生は私が成蹊大学アジア太平洋研究センターに特別研究員として在職している時から、多くのサポートをしていただき、私の博士論文の執筆や学術雑誌に論文を投稿する際にも貴重なアドバイスと意見を

くださった。深く感謝申し上げたい。ほかに、東京大学名誉教授の平野健一郎先生にはいつも温かく見守っていただき、学会での研究発表などの際には貴重なコメントをいただいた。

　本書はフィールドの多くの方々の協力なしには成り立たなかった。ここですべての方の名前を挙げることができないが、調査と資料収集が可能になるよう積極的に協力してくれたすべての方に感謝の意を表したい。まず、延吉市、ハルビン市そして北京における学校の関係者の方々、インタビューに真摯に答えてくれた生徒と保護者の方々にお礼を申し上げたい。また、ソウルの市民団体の方々やハルビンの新聞社にも感謝する。特に、北京では、数回にわたる調査にいつも積極的に協力していただいた中央民族大学の黄有福教授に感謝申し上げる。そして、ソウルでは同胞世界新聞社の金容弼氏には大変お世話になった。資料収集を手伝ってくれた南ソウル大学の崔雲善先生にも感謝している。ソウル大学のグォン・テファン名誉教授は、病院の受診に向かう際にもかかわらず、筆者のインタビューに快く応じてくださり、受診後にはおいしい韓国料理とお茶もごちそうしてくださった。温かい人格に感銘を受けた。さらに、私の研究を励ましてくださった北陸大学の李鋼哲教授と龍谷大学の李相哲教授にも感謝申し上げる。このほかに、私のフィールドでの調査がより順調に進むように、調査対象を紹介してくれたり、便利な宿泊先を提供してくれた友人たちに深く感謝している。

　本書を完成するにあたって、友人たちの温かい支えがあった。東京大学の山本一生さんとは、第4章における文章表現や分析の枠組みなどについて何度も意見を交わし、コメントをいただいた。東京大学の堤ひろゆきさんには、多くの時間を割いていただき、言葉の表現や内容について丁寧なコメントをいただいた。また、法政大学の鈴村裕輔さんには原稿の隅々にまで目を通してもらい、貴重なアドバイスをいただいた。心から感謝している。

　私がこれまで勉学や研究を続けられたことには、資金的な援助も欠かせ

なかった。まず、東京大学からは学費免除や学術奨励費などのサポートをいただいた。辻アジア国際奨学財団と樫山奨学財団の奨学金をいただいた。また、成蹊大学アジア太平洋研究センターからは、数回にわたる海外調査の助成金をいただき、すでに言及したように本書の出版においても助成金をいただいた。同研究センターからは優れた研究環境を提供していただき、私の研究活動を積極的にサポートしてくださった李静和所長と中神康博前所長および事務室の方々に、心より感謝申し上げる。

　本書の刊行に際しては、成蹊大学の石剛先生と三元社の石田俊二さん・上山純二さんにお世話になった。三元社を紹介してくださった石先生に感謝している。そして、出版を引き受けていただき原稿を忍耐強く待ってくださった石田さん、編集を担当してくださった上山さんには深く感謝の意を表したい。

　最後に、私の日本での留学生活を温かく支えてくれた家族に感謝したい。私の日本留学を実現してくれた姉と、長い留学生活を物心両面で支えてくれた姉夫婦には、尽きぬ感謝でいっぱいである。私の研究を暖かく見守り、博士論文を書き上げるまで全力でサポートしてくれた母には、敬意と感謝の意を表したい。そして、私が日本に留学きた年に急病で入院し、最期にも家族の反対にもかかわらず、病状の詳細を大学院の入試準備をしていた私と修士論文執筆中だった姉に教えないよう頼んでいた亡き父に、本書を留学の報告として捧げたい。

参考文献

【日本語文献】

青木恵理子　1993「第 1 章　人間と文化」『文化人類学［カレッジ版］』医学書院

アベラ，マノロ　2009「東アジアにおける専門職労働移動」アジ研ワールド・トレンド No.164（2009.5）pp.14-15

アンダーソン，ベネディクト（白石隆・白石さや訳）　2007『定本　想像の共同体―ナショナリズムの起源と流行―』書房工房早山

飯田哲也・坪井健編　2007『現代中国の生活変動』時潮社

厳汝嫻主編（江守五夫監訳）　1996『中国少数民族の婚姻と家族』上巻　第一書房

伊豫谷登士翁編　2007『移動から場所を問う―現代移民研究の課題―』有信堂高文社

上野千鶴子編　2005『脱アイデンティティ』勁草書房

植野弘子　1999「移民社会における姻戚関係」中国東北部朝鮮族民俗文化調査団代表：竹田旦編『中国東北部朝鮮族の民俗文化』（文部省科学研究費補助金研究成果公開促進費刊行）第一書房 pp.67-86

大川真由子　2010『帰還移民の人類学―アフリカ系オマーン人のエスニック・アイデンティティ―』明石書店

大橋史恵　2011『現代中国の移住家事労働者―農村‒都市関係と再生産労働のジェンダー・ポリティクス―』御茶の水書房

岡本雅享　2008『中国の少数民族教育と言語政策』［増補改訂版］社会評論社

小川佳万　2001『社会主義中国における少数民族教育―「民族平等」理念の展開―』東信堂

小野原信善　2004「アイデンティティ試論：フィリピンの言語意識調査から」小野原信善・大原始子編著 2004『ことばとアイデンティティ―ことばの選択と使用を通してみる現代人の自分探し―』三元社 pp.15-51

小野原信善・大原始子編著　2004『ことばとアイデンティティ―ことばの選択と使用を通してみる現代人の自分探し―』三元社

韓光天　2006「中国朝鮮族の都市移動の実態に関する報告」中国朝鮮族研究会編『朝鮮族のグローバルな移動と国際ネットワーク：「アジア人」としてのアイデンティティを求めて』アジア経済研究所 pp.159-163

菅野博貢　2001「シーサンパンナにおける漢族流入とタイ族―床下居住民の生活―」塚田誠之・瀬川昌久・横山廣子編『流動する民族―中国南部の移住とエスニシティ―』平凡社 pp.129-152

金花芬・安本博司　2011「コリア系ニューカマーの教育戦略―韓国人と朝鮮族の学校選択と家庭内使用言語を中心に―」人間社会学研究集録 6（2010）pp.27-49

金旭賢　1999「食文化の変遷―延辺朝鮮族の事例―」中国東北部朝鮮族民俗文化調査団　代表：竹田旦編『中国東北部朝鮮族の民俗文化』（文部省科学研究費補助金研究成果公開促進費刊行）第一書房 pp.119-137

倉石忠彦　1997『民俗都市の人々』吉川弘文館

権香淑　2011『移動する朝鮮族―エスニック・マイノリティの自己統治―』彩流社

厳善平　2009『農村から都市へ―1億3000万人の農民大移動―』岩波書店

――――　2010『中国農民工の調査研究―上海市・珠江デルタにおける農民工の就業・賃金・暮らし―』晃洋書房

小泉聡子　2011「多言語話者の言語意識とアイデンティティ形成―「ありたい自分」として「自分を生きる」ための言語教育―」細川英雄編『言語教育とアイデンティティ―ことばの教育実践とその可能性―』春風社 pp.138-158

呉詠梅　2009「日劇のように優雅に、韓劇のように温かく―中国における日本と韓国テレビドラマの受容―」谷川建司・王向華・呉詠梅編『越境するポピュラーカルチャー：リコウランからタッキーまで』青弓社 pp.82-125

佐々木衛　2007「都市移住者の社会ネットワーク―青島市中国朝鮮族の事例から―」佐々木衛編著『越境する移動とコミュニティの再構築』東方書店 pp.3-18

シュルツ，E. A.／ラヴェンダ，R. H.（秋野晃司・滝口直子・吉田正紀訳）　1993『文化人類学Ⅰ』古今書院

白石さや　2003「文化人類学と大衆文化―マンガ・アニメのグローバリゼーションを事例として―」綾部恒雄編『文化人類学のフロンティア』ミネルヴァ書房 pp.121-154

――――　2007「ポピュラーカルチャーと東アジア」西川潤・平野健一郎編『東アジア共同体の構築 3　国際移動と社会変容』岩波書店 pp.203-226

――――　2009「エスニック・アイデンティティの再考―アチェ語の教科書を読

　　む―」アジア教育学会編『アジア教育』第 3 号 pp.1-31

―――　2012「私はここに属さない―グローバル化の時代の若者文化を考える
　　―」アジア太平洋研究センター紀要『アジア太平洋研究』第 37 号 pp.31-46

鈴木一代　2007「国際家族における言語・文化の継承―その要因とメカニズム―」
　　『異文化間教育』26 号 pp.14-26

徐国興　2004「中国における国・公立大学授業料政策の変容」『東京大学大学院教
　　育学研究科紀要』第 43 巻 pp.99-108

―――　2006「中国の授業料政策と大学進学行動：予想授業料を手がかりとして」
　　『東京大学大学院教育学研究科紀要』第 45 巻 pp.77-85

田辺繁治　2003『生き方の人類学―実践とは何か―』講談社

谷川建司・王向華・呉詠梅編　2009『越境するポピュラーカルチャー：リコウラ
　　ンからタッキーまで』青弓社

池春相　1999「通過儀礼の特性と変容―産育・婚姻の習俗を中心に―」中国東北部
　　朝鮮族民俗文化調査団　代表：竹田旦編『中国東北部朝鮮族の民俗文化』（文
　　部省科学研究費補助金研究成果公開促進費刊行）第一書房 pp.173-202

中国朝鮮族研究会編　2006『朝鮮族のグローバルな移動と国際ネットワーク：「ア
　　ジア人」としてのアイデンティティを求めて』アジア経済研究所

中国東北部朝鮮族民俗文化調査団　代表：竹田旦編　1999『中国東北部朝鮮族の
　　民俗文化』（文部省科学研究費補助金研究成果公開促進費刊行）第一書房

趙貴花　2008「グローバル化時代の少数民族教育の実態とその変容：中国朝鮮族
　　の事例」『東京大学大学院教育学研究科紀要』第 47 巻 pp.177-187

張琼華　2001「中国における多文化教育のメカニズムと機能に関する研究：民族共
　　生と社会統合の視点から」東京大学大学院教育学部博士論文

鄭雅英　2000『中国朝鮮族の民族関係』東京：アジア政経学会

―――　2008「韓国の在外同胞移住労働者―中国朝鮮族労働者の受け入れ過程と
　　現状分析―」立命館国際地域研究第 26 号 pp.77-96

鄭菊花　2012「延辺朝鮮族自治州における労働力移動の原因―1994 年を中心とし
　　て―」佐賀大学経済論集第 45 巻第 2 号 pp.95-109

鄭暎恵　2005「言語化されずに身体化された記憶と、複合アイデンティティ」上
　　野千鶴子編『脱アイデンティティ』勁草書房 pp.199-240

塚田誠之　2010「中国広西壮（チワン）族とベトナム・ヌン族との交流とイメー
　　ジ」『中国国境地域の移動と交流―近現代中国の南と北―』有志舎 pp.84-116

―――・瀬川昌久・横山廣子編　2001『流動する民族―中国南部の移住とエス
　　ニシティ―』平凡社

津田幸男　1990『英語支配の構造』第三書館

坪井健　2007「在日中国人留学生の動向」飯田哲也・坪井健共編『現代中国の生活変動』時潮社 pp.151-177

出羽孝行　2001「中国の朝鮮族の生徒の言語と民族文化の維持」『異文化間教育』15号 pp.198-208

中川裕　1996「少数民族と言語の保持」宮岡伯人編『言語人類学を学ぶ人のために』世界思想社 pp.263-280

ナカミズ，エレン　2004「在日ブラジル人における言語使用と言語教育」『異文化間教育』19号 pp.30-41

波平恵美子編　1993『文化人類学［カレッジ版］』医学書院

―――・道信良子　2005『質的研究　Step by Step―すぐれた論文作成をめざして―』医学書院

西川潤・平野健一郎編　2007『東アジア共同体の構築 3　国際移動と社会変容』岩波書店

西原鈴子　2007「バイカルチュラル家族の子ども―言語獲得と言語運用―」『異文化間教育』26号 pp.54-60

バウマン，ジグムント（澤田眞治・中井愛子訳）　2010『グローバリゼーション：人間への影響』法政大学出版局

長谷川清　2010「人の流動と民族間関係、文化的アイデンティティの動態―雲南ビルマルート、徳宏傣族の事例―」『中国国境地域の移動と交流―近現代中国の南と北―』有志舎 pp.45-83

平野健一郎　2000『国際文化論』東京大学出版会

広田照幸　2003『教育には何ができないか―教育神話の解体と再生の試み―』三水舎

福岡安則　1993『在日韓国・朝鮮人―若い世代のアイデンティティ―』中央公論社

馮文猛　2009『中国の人口移動と社会的現実』東信堂

細川英雄　2011『言語教育とアイデンティティ―ことばの教育実践とその可能性―』春風社

本多俊和（スチュアートヘンリ）・棚橋訓・三尾裕子編著　2007『人類の歴史・地球の現在―文化人類学のいざない―』放送大学教育振興会

松岡正子　2001「四川チベット族地区における漢族の移入―漢方薬原料の産地にて―」塚田誠之・瀬川昌久・横山廣子編『流動する民族―中国南部の移住とエスニシティ―』平凡社 pp.153-174

マリィ，クレア　2011「《わたし》は何を語ることができるのか―ことばの学びにおける複合アイデンティティ―」『言語教育とアイデンティティ―ことばの教育実践とその可能性―』春風社 pp.63-74

三田千代子編著　2011『グローバル化の中で生きるとは―日系ブラジル人のトランスナショナルな暮らし―』上智大学出版

箕浦康子編著　1999『フィールドワークの技法と実際―マイクロ・エスノグラフィー入門―』ミネルヴァ書房

―――　2009『フィールドワークの技法と実際 II ―分析・解釈編―』ミネルヴァ書房

宮岡伯人　1996「文化のしくみと言語のはたらき」宮岡伯人編『言語人類学を学ぶ人のために』世界思想社 pp.3-41

―――編　1996『言語人類学を学ぶ人のために』世界思想社

山下晋司　2005「人類学をシステムアップする―現代世界との関わりの中で―」山下晋司・福島真人編『現代人類学のプラクシス：科学技術時代をみる視座』有斐閣アルマ pp.1-11

―――・福島真人編　2005『現代人類学のプラクシス：科学技術時代をみる視座』有斐閣アルマ

―――編　2005『文化人類学入門―古典と現代をつなぐ 20 のモデル―』弘文堂

山田礼子　2008「異文化間教育 25 年間の軌跡―大会発表と学会紀要から見る研究動向―」『異文化間教育』27 号 pp.47-61

山ノ内裕子　2011「日系ブラジル人の移動とアイデンティティの形成―学校教育とのかかわりから―」三田千代子編著『グローバル化の中で生きるとは―日系ブラジル人のトランスナショナルな暮らし―』上智大学出版 pp.184-193

山本雅代　2007「複数の言語と文化が交叉するところ―「異言語間家族学」への一考察―」『異文化間教育』26 号 pp.2-13

尹敬勲　2010『韓国の教育格差と教育政策：韓国の社会教育・生涯教育政策の歴史展開と構造的特質』大学教育出版

李鋼哲　2006「グローバル化時代の朝鮮族社会構図―重層的アプローチ―」中国朝鮮族研究会編『朝鮮族のグローバルな移動と国際ネットワーク：「アジア人」としてのアイデンティティを求めて』アジア経済研究所 pp.3-19

李向日　2009「改革開放政策と中国朝鮮族社会の変容」国際文化研究紀要 16 号 pp.1-24

―――　2010「中国朝鮮族の韓国ドリームとその意識変化」国際文化研究紀要 17 号 pp.165-186

李天国　2000『移動する新疆ウィグル人と中国社会―都市を結ぶダイナミズム―』
　　ハーベスト社

ロメイン，スザーン（土田滋・高橋留美訳）　1997『社会のなかの言語』三省堂

渡辺己　2004「北アメリカ北西海岸先住民にみる言語とアイデンティティ」小野
　　原信善・大原始子編著『ことばとアイデンティティ―ことばの選択と使用を通
　　してみる現代人の自分探し―』三元社 pp.127-149

【英語文献】

Friedman, Jonathan, 1997, "Global crises, the struggle for cultural identity
　　and Intelle-ctual porkbarrelling: Cosmopolitans versus locals, ethnics and
　　nationals in an era of de-hegemonisation," Pnina Werbner and Tariq Modood
　　eds., *Debating Cultural Hy-bridity: Multi-Cultural Identities and the Politics
　　of Anti-Racism*, London: Zed Books, pp.70-89.

Marcus, George E, 1995, "Ethnography in/out the world system: The emergence
　　of multisited ethnography", *Annual Review of Anthropology*, 24, pp. 95-117.

Schumann, Stefanie, 2011, *Hybrid identity formation of migrants: A case study of
　　ethnic Turks in Germany*, Norderstedt: GRIN Verlag.

Smith, Keri E.Iyall, 2009, "Hybrid Identities:Theoretical Examinations", Keri
　　E.Iyall Smith, Patricia Leavy, *Hybrid Identities:Theoretical and Empirical
　　Examinations*, Chicago:Haymarket Books, pp.3-11

【中国語文献】

崔成学　2001 "中国朝鲜族社会及青少年的教育问题"《中国朝鲜族社会及青少年问
　　题研究》延边人民出版社

――――　2002 "朝鲜族少年儿童就读于汉族学校问题研究"《开创 21 世纪的儿童教
　　育》中朝韩国际学术会议论文集

葛新斌・胡劲松　2007 "非户籍常住人口子女义务教育的地方立法与政策探索：一
　　项基于广东省东莞市的实地研究"《华南师范大学学报（社会科学版）》2007 年
　　第 5 期 pp.95-101

何俊芳　1998《中国少数民族双语研究：历史与现实》中央民族大学出版社

户力平　2009 "京郊儿多『望京』处"《前线》2009 年第 02 期 p.63

黄有福　2009《中国朝鲜族史研究 2008》民族出版社

金舜英　1994 "论朝鲜族教育与延边地区经济发展"《延边大学学报：哲社版（延吉）》
　　1.85-90

姜永徳　1992 "延辺的漢語教学" 東北朝鮮民族教育出版社漢語文編集室編集《朝鮮族中小学漢語文教学四十年経験論文集》東北朝鮮族教育出版社

陆益龙　2003《户籍制度：控制与社会差别》商务图书馆

柳承华・金源坤　2009 "对中国和日本"韩流"现象的特性分析及利用方案"《当代韩国》夏号 pp.47-52

马晓燕　2008 "移民社区的多元文化冲突与和谐：北京市望京韩国城研究"《中国农业大学学报 (社会科学版)》第 25 卷第 4 期 pp.118-126

朴泰洙　2002 "中国朝鲜族教育史研究及其评价"《开创 21 世纪的儿童教育》中朝韩国际学术会议论文集

―――主編　2003《中国延边朝鲜族儿童的双语教育环境研究》书林出版社

滕星・王军主编　2002《20 世纪中国少数民族与教育：理论、政策与实践》民族出版社

肖艳新主编　2005《延吉统计年鉴 2005》中国统计出版社

张丽娜・朴盛镇・郑信哲　2009 "多民族、多国籍的城市社区研究：以北京市望京地区为主线"《大连民族学院学报》第 11 卷第 2 期（3）pp.113-117

郑信哲・黄娜　2010 "少数民族人口流动与城市民族教育问题：以山东省青岛市朝鲜族教育实践为例"《中南民族大学学报》（人文社会科学版）第 30 卷第 1 期 pp.30-34

【朝鮮語・韓国語文献】

김귀옥　2005 「한국 안의 조선족 여성들 : 심층면접 자료를 중심으로」 권태환편저 『중국조선족사회의변화 : 1990 년이후를중심으로』 서울대학교출판부 pp.207-229

김병운　2007 「중국조선족의 한국어교육의 현황과 발전방향 : 초・중・고등학교 교육을 중심으로」 이중언어학. 제 33 호 pp. 395-422

김상철・장재혁　2003 『연변과 조선족 : 역사와 현황』 백산서당

김현선　2010 「한국체류 조선족의 밀집거주 지역과 정주의식 : 서울시 구로・영등포구를 중심으로」 사회와 역사 . 제 87 집 pp. 231-264

권태환편저　2005 『중국조선족사회의 변화 : 1990 년 이후를 중심으로』 서울대학교출판부

―――――・박광성　2005 「조선족의 대이동과 공동체의 변화 : 현지조사 자료를 중심으로」 권태환편저 『중국조선족사회의변화 : 1990 년이후를중심으로』 서울대학교출판부 pp.35-66

문형진　2008 「한국내 조선족 노동자들의 갈등사례에 관한 연구」 국제지역연구.

제 12 권제 1 호 pp.131—156

박광성 2006 「세계화시대 중국조선족의 노동력이동과 사회변화」 서울대학교대학원사회학과 박사학위논문

박세훈·이영아 2010 「조선족의 공간집적과 지역정체성의 정치 : 구로구 가리봉동 사례연구」 다문화사회연구. 제 3 권 2 호 pp.71-101

박청산·김철수 2000 『이야기 중국 조선족 력사』 연변인민출판사

여수경 2005 「한국체류 조선족의 갈등과 적응」 人文研究. 제 48 호 pp.243-277

예동근 2009 「글로벌시대 중국의 체제 전환 과정하의 종족 공동체의 형성 : 북경왕징 코리아타운을 중심으로」 고려대학교대학원사회학과 박사학위논문

우영란 2008 『중국의 한겨레 : 한국인、조선족』 한국학술정보 (주)

윤황·김해란 2011 「한국거주 조선족 이주노동자들의 법적·경제적 사회지위 연구」 디아스포라연구. 제 5 권제 1 호제 9 집 pp.37-60

이송이·홍기순·손여경 2010 「한국에서 조선족이모로 살아가기 : 조선족 육아가사도우미의 삶에 대한 해석학적 현상학」 한국가정관리학회지. 제 28 권 11 호 pp.25-36

이주행 2008 「중국조선어와한국어의비교연구 : 규범문법을 중심으로」 『한국 (조선) 언어문학연구국제학술회의논문집』 민족출판사 pp.39-67

이진산주필 2006 『중국 한겨레사회 어디까지 왔나 ?』 흑룡강조선민족출판사

이진영·박우 2009 「재한 중국조선족 노동자집단의 형성과정에 관한 연구」 한국동북아논총. 제 51 집 pp.99-119

이혜경·정기선·유명기·김민정 2006 「이주의 여성화와 초국가적 가족 : 조선족 사례를 중심으로」 한국사회학. 제 40 집 5 호 pp.258-298

임계순 2003 『우리에게 다가온 조선족은 누구인가』 현암사

전형권 2006 「모국의 신화、노동력의 이동、그리고 이탈 : 조선족의 경험에 대한 디아스포라적 해석」 한국동북아논총. 제 38 집 pp.135-160

정희숙·최호 주필 2011 『조선족 언어문화교육의 발전전략』 민족출판사

조복희·이주연 2005 「부모와 별거하는 중국 조선족 아동의 생활환경과 적응문제」 아동학회지 . 제 26 권 4 호 pp.231-245

차한필 2006 『중국 속에 일떠서는 한민족 : 한겨레신문 차한필 기자의 중국 동포사회 리포트』 예문서원

蔡漢泰 2005 「中國同胞勤勞者의 法的 地位에 관한 考察」 中央法學. 제 7 집제 1 호 pp.77-99

최금해 2006 「한국남성과 결혼한 중국 조선족 여성들의 한국생활 적응에 관한 연구」 서울대학교대학원 사회복지학과 박사학위논문

황유복　2002『중국속의 한글학교 中国的韩国语学校』미·중한인우호협회
───　2011「조선족언어문화교육의 발전전략」정희숙·최호 주필『조선족언어문화교육의 발전전략』민족출판사 pp.10-21

著者紹介

趙 貴花（ちょう・きか）

1976 年、中国・ハルビン生まれ。

東京大学大学院教育学研究科博士課程修了（教育学博士）。

専門領域は、教育人類学、アジア研究。

成蹊大学アジア太平洋研究センター特別研究員を経て、同研究センター客員研究員および城西国際大学語学教育センター非常勤講師を務める。

主要論文に「グローバル化時代の少数民族教育の実態とその変容：中国朝鮮族の事例」（『東京大学大学院教育学研究科紀要』第 47 巻、2008 年、日本国際文化学会研究奨励賞受賞）、「高学歴中国朝鮮族の移動：先を見つめる子育てとハイブリッド・アイデンティティ」（成蹊大学アジア太平洋研究センター紀要『アジア太平洋研究』第 37 号、2012 年）など。

成蹊大学アジア太平洋研究センター叢書

移動する人びとの教育と言語
中国朝鮮族に関するエスノグラフィー

発行日	2016年2月10日　初版第1刷発行
著　者	趙 貴花©2016
発行所	株式会社三元社
	〒113-0033 東京都文京区本郷 1-28-36 鳳明ビル 1 F
	電話／03-5803-4155　FAX／03-5803-4156
	郵便振替／00180-2-119840
印刷＋製本	モリモト印刷株式会社
コード	ISBN978-4-88303-398-0

表示は本体価格

欧州諸国の言語法　欧州統合と多言語主義
渋谷謙次郎／編　●7000円

多言語多文化社会である欧州各国の言語関連立法を法文と解説で俯瞰し、その現状と展望をさぐる。

言語にとって「人為性」とはなにか　言語構築と言語イデオロギー
木村護郎クリストフ／著　●7000円

意識性を不可避的に含む「人為性」によって、社会制度としての言語がいかに構築されるのか。

多言語主義再考　多言語状況の比較研究
砂野幸稔／編　●8500円

「多言語主義」は、本当に普遍的な価値たりえるのか。世界各地域の多言語状況から問いかえす。

アフリカのことばと社会　多言語状況を生きるということ
梶茂樹＋砂野幸稔／編著　●6300円

サハラ以南14カ国の、ことばと社会をめぐる諸問題を論じ、アフリカ地域研究への新たな視点を提示。

ポストコロニアル国家と言語　フランス公用語国セネガルの言語と社会
砂野幸稔／著　●4800円

旧宗主国言語を公用語とするなかで、言語的多様性と社会的共同性はいかにして可能かをさぐる。

言語戦争と言語政策
L＝J・カルヴェ／著　砂野幸稔ほか／訳　●3500円

言語を語ることの政治性と世界の多言語性が孕む緊張を鋭く描き出した社会言語学の古典的名著。

言語学と植民地主義　ことば喰い小論
L＝J・カルヴェ／著　砂野幸稔／訳　●3200円

没政治的多言語主義者や危機言語擁護派の対極にたち、言語問題への徹底して政治的な視点を提示する。

もうひとつのインド、ゴアからのながめ　文化、ことば、社会
鈴木義里／著　●2600円

植民地時代の欧州文化を残すゴアから、多言語多文化社会インドの言語とナショナリズムの行方を占う。

東アジアにおける言語復興　中国・台湾・沖縄を焦点に
パトリック・ハインリッヒ＋松尾慎／編著　●3000円

記述研究と復興研究を総合的に捉え、言語復興のための危機言語研究の新たな方向性と在り方を探る。

表示は本体価格

ことばの政治社会学 日本の言語景観
庄司博史＋P・バックハウス＋F・クルマス／編著
●2100円
公共の書きことばの西欧化・国際化・多民族化の歴史と現状から日本社会の変容を読みとく。

ことばの「やさしさ」とは何か 批判的社会言語学からのアプローチ
義永美央子＋山下仁／編著
●2800円
日本語教育、ろう教育等における「やさしさ」という古くて新しい価値を再評価し、対話の可能性を提起。

「共生」の内実 批判的社会言語学からの問いかけ
植田晃次＋山下仁／編著
●2500円
多文化「共生」の名のもとに何がおこなわれているのか。図式され、消費される「共生」を救いだす試み。

ことば／権力／差別 批判的社会言語学の試み
ましこ・ひでのり／編著
●2800円
「正しい」日本語・敬語・ことばづかい、といった、その「正しさ」のからくりに迫る試み。

「正しさ」への問い 言語権からみた情報弱者の解放
野呂香代子＋山下仁／編著
●2600円
現代標準日本語の支配的状況に疑問をもたない多数派日本人とその社会的基盤に知識社会学的検討を。

ことばの政治社会学
ましこ・ひでのり／著
●2800円
ことばの政治・権力・差別性を暴きだし、「透明で平等な媒体」をめざす実践的運動の理論的運動を提起する。

「多言語社会」という幻想 近代言語史再考IV
安田敏朗／著
●2400円
突然湧いてきたような「多言語社会」言説の問題を析出し、多言語性認識の新たな方向を提起する。

言語帝国主義 英語支配と英語教育
R・フィリップソン／著　平田雅博ほか／訳
●3800円
英語はいかにして世界を支配したのか？　英語教育がはたしてきた役割とは？　論争の書、待望の邦訳。

アイデンティティの危機 アルザスの運命
ウージェーヌ・フィリップス／著　宇京頼三／訳
●3500円
戦後フランス領となったアルザスの文化的独自性を守るための闘い、地域言語を巡る問題の深層を描く。

表示は本体価格

世界をつなぐことば　ことばとジェンダー／日本語教育／中国女文字

遠藤織枝＋小林美恵子＋桜井隆／編著　●7800円

日本語を研究し、日本語教育を追求し、ことばとジェンダーを思索し、中国女文字を惜しむ、画期的論集。

日本語は美しいか　若者の母語意識と言語観が語るもの

遠藤織枝＋桜井隆／編著　●2300円

「美しさ」は、どのように語られてきたのか。そして、現代の若者は、その日本語をどう捉えているのか。

韓国における日本語教育

櫻坂英子／編著　●2400円

複雑な反日感情と日本大衆文化開放にみられる容日のはざまの日本語教育の現状を明らかにする。

海外の「日本語学習熱」と日本

嶋津拓／著　●2400円

海外の「日本語学習熱の高まり」の実態とは？この漠然とした言説をめぐる問題を歴史的に検証する。

海外の日本語の新しい言語秩序　日本語による敬意表現を中心に

山下暁美／著　●4500円

移民と共に海を渡った日本語。百年の時を経て、それぞれの地域で変貌した日本語の姿を描きだす。

▼日本語教育

言語学の戦後　田中克彦が語る①

田中克彦／著　安田敏朗＋土屋礼子／聞き手　●1800円

異端の言語学者が縦横に自己形成の軌跡を語り、今日の言語研究の到達点や知的状況を照射する。

日本語点字のかなづかいの歴史的研究

なかの・まき／著　●3800円

日本語文とは漢字かなまじり文のことなのか。日本語表記史における日本語点字表記の位置づけを考察する。

多言語社会日本　その現状と課題

多言語化社会研究会／編　●2500円

「多言語化」をキーワードに日本語・国語教育、母語教育、言語福祉、言語差別などを解説する入門書。

表示は本体価格